四川省高等教育自学考试教材

• 人力资源管理丛书 •

培训与开发

附：培训与开发自学考试大纲

（2022年版）

主编 ▪ 沙治慧　杨帆

四川大学出版社

SICHUAN UNIVERSITY PRESS

图书在版编目（CIP）数据

培训与开发 / 沙治慧，杨帆主编. -- 成都：四川
大学出版社，2022.12
（人力资源管理丛书）
ISBN 978-7-5690-5915-1

Ⅰ. ①培… Ⅱ. ①沙… ②杨… Ⅲ. ①企业管理—职
工培训 Ⅳ. ① F272.92

中国版本图书馆 CIP 数据核字（2022）第 256165 号

书　　名：培训与开发
　　　　　Peixun yu Kaifa
主　　编：沙治慧　杨　帆
丛 书 名：人力资源管理丛书

选题策划：梁　胜　陈　纯　傅　奕
责任编辑：梁　胜
责任校对：傅　奕
装帧设计：裴菊红
责任印制：李金兰

出版发行：四川大学出版社有限责任公司
　　　　　地址：成都市一环路南一段 24 号（610065）
　　　　　电话：（028）85408311（发行部）、85400276（总编室）
　　　　　电子邮箱：scupress@vip.163.com
　　　　　网址：https://press.scu.edu.cn
印前制作：四川胜翔数码印务设计有限公司
印刷装订：成都金龙印务有限责任公司

成品尺寸：185 mm×260 mm
印　　张：21
字　　数：433 千字

版　　次：2024 年 9 月 第 1 版
印　　次：2024 年 9 月 第 1 次印刷
定　　价：84.00 元

扫码获取数字资源

四川大学出版社
微信公众号

本社图书如有印装质量问题，请联系发行部调换

四川省高等教育自学考试省统考课程

系列专业教材编委会

丛 书 主 编：游劲松

丛书副主编：潘霜柏　汪东升

成　　员（按姓氏笔画排序）：

王　谦　何　宇　张凤英　王浩浪　钱晓群　顾　绚

田孟良　张必涛　罗　哲　赵启军　姚黎明　张婧怡

四川省高等教育自学考试省统考课程

——《人力资源管理》专业专升本教材编委会

主　编：罗　哲

副主编：张必涛　罗　娜

成　员(按姓氏笔画排序)：

刘智勇　李贤娟　杨　红　吴静汶　沙治慧　范逢春

罗　哲　赵建伟　黄国武　韩　英　蒲晓红

总　序

党的二十大报告从战略全局上对全面建设社会主义现代化国家作出战略擘画部署，充分肯定了新时代中国教育的成就，强调了教育的战略地位，对于加快建设高质量教育体系，办好人民满意的教育进行了详细丰富、深刻完整的论述，报告对学科建设和教材建设问题给予了特别的关注，提出要加强教材建设和管理。教材建设问题，第一次出现在党代会的报告之中，表明了教材建设国家事权的重要属性，凸显了教材工作在党和国家事业发展全局中的重要地位，体现了以习近平同志为核心的党中央对教材工作的高度重视和对"尺寸课本、国之大者"的殷切期望。教材是学校教育教学的基本依据，是育人育才的重要载体，教育思想和理念的贯彻、人才培养目标和要求的实现等，都集中体现在教材中。"十四五"时期，教材建设的首要任务，是深入推进习近平新时代中国特色社会主义思想进课程教材，为学生培根铸魂，培养"四有"新人。

高等教育自学考试制度是我国创立和实行的、富有中国特色的高等教育制度。自学考试是个人自学、社会助学、国家考试相结合的高等教育形式。在满足社会对接受高等教育的巨大需求中，自学考试发挥着不可替代的巨大作用，为我国高等教育从精英化阶段迈入普及化阶段作出了突出贡献！据教育部《2021 年全国教育事业发展统计公报》显示，到 2021 年末，参加全国高等教育自学考试学历教育报考仍有 625.78 万人次，取得毕业证书 48.94 万人。高等教育自学考试的教材是实现教育目标的主要载体，是教学大纲的具体化，为自考助学和学生学习提供了关键支撑、基本线索。从一定意义上讲，自学考试人才培养质量取决于自考教材的质量。但是，随着高等教育人才培养质量的不断提高和自学考试改革的不断深化，自学考试教材建设中存在的问题也日益突出。诸如内容陈旧、更新缓慢；体例单一、形式简单；重视不够，缺乏特色等等。专家们纷纷呼吁要顺应新时代自学考试的特点和发展趋势，及时调整教材建设结构，加快更新陈旧教材，开发自学考试特色教材，形成在线数字学习资源，改革教材运行和评价机制，进一步建设形成高质量自学考试教材体系，促进新时代高等教育自学考试高质量发展。

为全面贯彻党的教育方针，进一步落实立德树人根本任务，适应新形势下我国和四川省高等教育自学考试教学改革和人才培养的需要，在四川省教育考试院的大力支持下，根据《教育部办公厅关于加强高等学历继续教育教材建设与管理的通知》（教职成厅函〔2021〕28号）和《教育部办公厅关于印发〈高等教育自学考试开考专业清单（2021年）〉和〈高等教育自学考试专业基本规范（2021年）的通知〉（教职成厅〔2021〕2号）》等文件要求，四川大学主动承担起高等教育自学考试主考学校的职责，对主考专业进行了规范，对省考课程进行了调整。为及时回应社会关切，加强自考教材建设和管理，四川大学成人继续教育学院设立继续教育教材专项出版基金，并联合电子科技大学、西南交通大学、西南财经大学、四川农业大学等高校成立"四川省高等教育自学考试省统考课程系列专业教材编委会"，组织编写四川省高等教育自学考试省考课程系列教材，进一步增强教材育人功能，为服务高等学历继续教育高质量发展做出有益的探索和实践。

本套系列教材的编写和建设旨在适应新时期高等教育自学考试事业发展和教学手段变革的需要，彰显高等教育自学考试现代教育理念，在继承中创新，在发展中提高，打造符合高等教育自学考试教育教学规律的经典教材。囿于编写者的学术视野、写作水平和对高等教育自学考试的认知能力，本套系列教材肯定还存在一些不足之处，恳切希望学界专家、行业领导和从业者不吝赐教，更希望千千万万的自考学习者在学习中反馈联系我们，以便我们在再版时及时修订，进一步提高教材实效，促进高等教育自学考试质量。

四川省高等教育自学考试省统考课程系列专业教材编委会
2022年12月于成都

前　言

四川省高等教育自学考试教材《人力资源管理丛书》于2007年首次出版至今，在自学考试教学和实践领域发挥了重要作用。2022年，四川省高等教育自学考试省统考课程系列专业教材编委会再次集结熟悉继续教育教学规律和特点，熟悉行业发展和职业岗位要求，有较为扎实学术功底和教学实践、职业经验专家的智慧和力量，修订出版这套教材。

该书是四川省高等教育自学考试人力资源管理专业较权威、系统、完整的考生自学参考书，本次修订着眼新时代的新特征，根据教育部关于"加大学历继续教育教材建设力度，开发适应成人在职学习需要、深度广度与人才培养目标相匹配、满足交互式学习要求，支持学习者自学自测、随学随练的高质量教材"要求，充分考虑到了目前学科的发展，以及我国社会、经济、文化的背景。为了使本教材更好地反映企业人力资源管理及环境的新发展和变化，本次对《人员素质测评理论与方法》《劳动关系与劳动法》《薪酬管理》《人力资源管理》《工作分析》等5本教材进行了修订，并新编《绩效管理》和《培训与开发》2本教材。

在编写和修订教材过程中，力求做到以下几点：

第一，内容时代性强。把握人力资源管理理论发展前沿和实践进展，吸纳国际、国内最新成果。

第二，知识系统性强。知识点突出，内容完整，层次分明，结构合理。

第三，案例具有典型性和启发性。突出理论联系实际，强调应用和解决问题导向。

第四，加强系列化、多样化和立体化教材建设，服务线上教学、混合式教学，更能适应学员在职、业余自学。

这套《人力资源管理丛书》教材在策划、编写和出版过程中，得到四川省教育考试院的大力支持和帮助，谨表深切谢意。我们相信，本书能够惠及广大人力资源管理专业的自考学生，将为促进我国高校继续教育教学质量的提高做出贡献。

四川省高等教育自学考试省统考课程

《人力资源管理》专业专升本教材编委会

2022 年 12 月

目 录

第一章　培训与开发概论

☆ 学习目标 ☆

明确培训与开发的概念与作用

掌握培训与开发的类型和原则

了解培训与开发的历史比较与新发展

掌握战略性培训与开发的方法

☆ 关键概念 ☆

培训

开发

员工培训与开发

思维培训

组织战略

战略性培训与开发

☆ 引导案例 ☆

中广核：核电发展　人才先行

从依托外援到自主培养人才，从一穷二白到坐拥亿万资产，中广核的发展离不开其对人才的重视和培养。在中广核集团大亚湾核电人才培养基地有八个醒目的大字："核电发展，人才先行"，这八个字是中广核集团遵循的人才培养理念。

20 世纪 60 年代，受石油危机的影响，西方一些经济发达国家建设大量核电站，快速形成了核电建造和运营体系。到 20 世纪 80 年代，由于能源过剩而放缓了核电建设。但当时中国经济的发展对电力需求强劲，于是公司不惜重金派出 113 名人员赴法国电力公司核电站进行培训。中国广东核电集团核电学院执行副院长陈泰表示，由于每个人的培训费用平均高达130 万法郎，约 200 万元人民币，如果按当时的金价折算成等值的黄金，其重量接近一个人的体重，"黄金人"的称呼便由此而来。之后，这批人在自身技能得到提升的同时，也在中广核发挥着传帮带的作用，为中广核培养了一批又一批人才，逐渐实现了核电站人才的自主培养。"黄金人"用实际行动证明了自身黄金般的价值。

思路决定出路，有了"黄金人"的人才培养基础，中广核通过三十余年的积累和沉淀，不断吸收国际先进人才的培养经验，最终形成了授权上岗、全员培训、终身教育；培训就是生产力；培养人而不仅仅是培训人、知行合一等人才培养理念。

正是在这些理念的带领下，中广核才在不断地探索和创新学习中，逐渐走出了一条自主培养核电人才的发展之路。

资料来源：《培训》2012 年 9 月刊

第一节 培训与开发的基本内涵

一、培训与开发的概念

培训与开发是人力资源管理的重要内容，是对员工进行人力资本投资、提高员工素质的重要形式，是组织实施发展战略中获取所需要的人力资源的一种有效手段，其重要性日益为更多的组织所认识，成为预测其未来竞争潜力的关键因素。培训和开发是一个发展的概念，产生于 18 世纪，20 世纪 40 年代开始被广泛关注，20 世纪 80 年代开始广泛使用。

"培训""开发"在一定意义上是等同的概念，虽然从传统培训的角度来看，存在着一些区别，见表 1－1。培训在不同的组织中有不同的表述，如训练、发展、继续教育等。不同的学者也给出不同的定义，罗伯特·L. 马希斯认为培训是企业和个人获得有助于促进实现其目标的技术或知识的学习训练过程。乔治·威斯特认为培训的实质是为保证员工和企业有效率的工作，提高和丰富其工作、知识、技能和观点的过程。总体上来说，培训是指根据某个时期的企业发展和工作的需要，增进和改进员工的知识、技能和行为规范等的过程。开发是指为了员工和企业的发展，在挖掘员工本身固有的知识、经验、技能、创造性和积极性等资源的基础上，开展诸如正规教育、在职实践、个性和能力的测评等使其知识和技能得以良性显现的系列活动。二者的区别主要在于目标的指向，培训指向近期目标，为了完成当前的工作和任务，帮助员工掌握一定的知识、方法和技能等，侧重于短期的绩效改进。开发的指向是培养提高员工的与工作和任务匹配的各种素质，帮助员工胜任企业的其他职位做准备，提高其面向未来职业的能力，促使员工在未来承担更大的责任。相对于培训来看，持续时间长，分散性比较明显。

表 1-1　传统开发与培训的比较

比较项目	培训	开发
目标	工作效率提升	企业和员工的未来发展
对象	基层员工或管理者	管理者或后备管理者
与当前工作的相关度	高	低
参与	强制性	自愿
侧重点	当前工作	未来岗位或发展

随着培训地位的不断提高，其目标也越来越需要与企业的发展、战略安排相契合，培训和开发的界限日渐模糊。从实质上讲，培训与开发都是一种战略性人力资本投资和系统化的智力投资过程，都是一个有计划、有组织的学习过程。主要目标都是为了满足企业发展战略的需要，将员工现有的知识、技能和能力提升到一定的水平。作为培训与开发的结果，员工在现有的岗位上能表现得更为出色，能胜任更多岗位的需要，甚至在未来能承担更大的责任，满足更高的组织层次的需求。目标的实现表现为员工个人发展和企业发展的双向有效互动。

3

在现代意义下，培训与开发不是割裂的，是一个有机统一的整体。培训与开发可以理解为基于企业发展的长远目标、战略和愿景的系统考虑，针对员工有计划、有组织、连续地实施系统培养、训练、学习和潜力挖掘等活动，使其具备完成现在或将来工作所需要的知识、技能、能力，并改变工作态度、思维乃至行为发生定向改进，以促进其工作绩效的提高，并最终实现企业整体绩效的提升。具体来讲，理解培训与开发的含义，需要把握以下几个要点：

第一，培训与开发的主体是企业。

第二，培训与开发的客体是企业全体员工。

第三，培训与开发的目的是提高企业和员工绩效，实现企业和员工的双重发展。

第四，培训与开发的内容范围与员工工作和发展有关。

二、培训与开发的类型

1. 按照培训与开发的对象分类

根据培训与开发对象的管理层次，可分为操作人员的培训与开发、基层管理人员的培训与开发、中层管理人员的培训与开发和高层管理人员的培训与开发。操作人员的培训与开发注重实用性，主要是集中在工作心态、工作方法的掌握、安全事故的防止和劳动效率的提高等方面。基层管理人员是企业基层工作的关键人物，起着联系纽带的作用，对他们的培训与开发主要集中在领导能力、组织协调能力、工作技能、人际关系能力和创新能力等方面。中层管理人员是企业中第二层次的管理者，他们需要掌握企业的经营目标和方针、各职能部门的运转状况以及专业的、先进的管理技能，需要形成良好的协调、沟通能力以及和谐的人际关系。他们培训与开发的内容包括：企业经营管理计划的制定和实施，与各职能部门业务变化相关的专业知识，设计和实施有效的群体和群际关系，部门间的沟通和协调，信息技术的应用。高层管理人员是企业第一层级的管理者，是"最高领导层"，包括了董事长、总经理、副总经理等。他们的培训与开发应侧重于思想理念和境界的升华，人际网络的搭建与拓展，领导全局的战略意识和能力，商业道德和法律等。

根据培训对象的工作职能，可以把培训与开发划分为管理人员的培训与开发、外派人员的培训与开发、技术人员的培训与开发、营销人员的培训与开发、服务人员的培训与开发和生产人员的培训与开发。

根据培训对象在企业战略中的地位及专业水平，培训与开发可以分为核心人才培训开发、专业人才培训开发、通用人才培训开发和辅助人才培训开发。核心人才处于战略核心地位，并具有相关领域最高的专业水平，主要包括现任和未来的执行层领导者、公司高级技术专家等。专业人才一般都是具有某个特定领域突出专长的人才，包括专业团队领导者、部门负责人、项目经理和各部门的技术专家。通用人才是业务计划的执行者，主要包括各部门业务执行人员和后勤保障人员。辅助人才主要是企业内部具有基本劳动技能、从事辅助工作的人员，包括保洁人员、保安人员和其他劳务派遣人员。

2. 按照培训与开发的内容分类

按照内容进行分类有两种分法，一种是三分法，将培训与开发分为技术技能培训与开发、人际关系能力培训与开发和解决问题能力的培训与开发。另一种是五分法，将培训与开发分为知识、技能、态度、思维和心理五个方面。这是目前比较常用的分类方法。

（1）知识培训。

　　知识培训就是为了不断开拓员工的发展期，促进其不断适应新的变化，因此，这是企业培训中最基本也是最常用的培训。它是根据工作中要求更新的知识内容和结构对员工进行培训与开发，一方面解决如何通过掌握知识完成既定工作任务；另一方面通过培训与开发，使参训对象学会知识的迁移以及对其他相关工作的完成能力的提高。培训与开发的知识包括员工完成本职工作需要的知识，包括企业发展战略、发展历史、运营领域等与企业基本情况相关的知识，包括企业规章制度、员工行为和岗位规范等工作标准知识。

　　（2）技能培训。

　　随着时代的发展，无论是行业，还是岗位，对能力的要求都在不断提高，以胜任力为基础的培训越来越受到企业的欢迎。技能培训的目的是提高参训人员的技能水平，开发其技能潜力，将知识及时转化为能力。这里的技能可以是企业专有的，也可以是通用的。一般技能培训分为操作技能、管理技能和决策技能。

　　（3）态度培训。

　　态度培训的目的是帮助参训者建立起与企业文化、发展理念和价值观相匹配的工作和生活意识、态度，建立参训者对企业的信任感和认同感，从而培养员工对企业的归属感和职业忠诚度。

　　（4）思维培训。

　　无论是高层管理者，还是基本员工，都会受长期工作、生活经验的影响，看待事物和解决问题时，产生思维定势。而这种思维定势会对解决新问题和新困难产生不利影响，因此，需要改善参训人员的思维方式，形成良好的思维习惯，特别是在面对复杂问题、新的工作、学习任务或困难时，能创造性思考，具备崭新的视野。思维培训的步骤见表1－2。

表1－2　思维培训的步骤

步骤	内容
第一步	设计一个活动场景。思维起于疑难，疑难产生于活动，没有活动就没有疑难
第二步	在情境中产生一个真实的问题，作为思维的刺激物
第三步	让受训人员占有知识资料，充实必要的观察，为解决问题做准备
第四步	让受训人员负起责任，一步步地提出他的解决办法
第五步	让受训人员有机会验证自己的想法，并判断自己的想法是否有效

　　资料来源：袁声莉，刘莹. 培训与开发［M］. 北京：科学出版社，2012.

　　（5）心理培训。

　　在激烈的竞争中，特别是在面对一些突发事件或企业的重大变革时，企业的员工容易产生不良心态，超出心理承受能力时，还会做出对企业发展产生不利影响的行为。因此，需要从心理疏导、心理教育，增强参训者意志力、抗挫能力和自控能力等方面进行培训与开发。心理培训是将心理学的理论、方法、技术运用到培训与开发中，重点在于能够使参训者"转识成智"。

3. 按照培训对象与工作岗位的关系分类

按照培训对象与工作岗位的关系，可以分为新员工培训、在岗培训、半脱产培训和脱产培训。

新员工培训是新员工职业生涯的新起点。培训的目的是为了使新员工能快速熟悉入职企业的基本情况，了解担任工作的基本内容与方法，明确工作的职责、程序、标准，能较好地融入工作，顺利通过磨合期。

在岗培训是指在工作岗位上，上层管理者或者是技能娴熟、经验丰富的老员工对下属、同事，针对必要的知识、技能、工作方法等进行指导和开发的一种学习方法。这是提高员工胜任能力，促使其成长的最有效的方法，这是能够较好地解决工学矛盾，将培训与解决工作中难点问题进行有机结合的最好的方法。

半脱产培训是在工作中抽出部分时间参加学习的培训形式，这种培训能够兼顾工作和学习，既不会影响工作进程，也不会打乱工作计划。由于都是根据工作要求，安排培训内容，可以实现工作和培训的有机结合，利于贯穿员工整个发展过程。培训的方式主要有："四四制"，即半天工作，半天学习；"七一制"，即7小时工作，1小时学习；"六三制"，即6小时工作，3小时学习；"五一制"，即5天工作，1天学习。

脱产培训是指完全停止工作，全职进修或培训，这种完全离开工作岗位进行培训，可能会给现时工作的安排带来不利的影响，需要在人数和岗位之间进行协调处理、妥善安排，例如可以采用定期轮训的形式。这种培训一般用于综合培训和专业培训。

三、培训与开发的原则

培训与开发的原则是培训与开发的行为准则，对培训与开发进行基本的规范和指导，使其达到既定目标。应遵循的基本原则包括以下内容。

1. 战略性原则

战略性人力资源管理强调人力资源管理应与企业的使命、核心价值观、愿景和发展战略协调一致，培训与开发作为战略性人力资源管理的一个重要部分，应提升到战略层面，基于企业战略和人力资源管理战略来制定和实施，才能给企业带来更高的价值。其一，培训与开发作为人力资源管理的一个重要子战略，要服从或服务于企业的整体发展战略，才能有利于企业发展目标的最终实现。其二，培训与开发的具体实施，不能仅局限于单一项目或单一需求，要从战略安排的角度进行培训与开发的组织，避免与整体战略的脱节。其三，培训与开发的内容不仅要与员工的工作相关，还要涉及企业战略的具体安排，不仅要有利于提高员工掌握工作所需的技能和能力，还需要培养其对企业战略、愿景的认同感和使命感。

2. 长期性原则

通过培训与开发，促进员工的职业发展，不是一蹴而就的事，有的培训与开发需要经过一段时间才能在员工的工作绩效和企业的经济效益上反映出来，特别是企业的管理人员和员工的观念更是如此。而且随着科学技术的日益发展和竞争的日渐加剧，员工必须持续学习，不断接受更多新的知识和技术，因此，培训与开发必须是企业长期坚持的、持续开展的人力资源管理活动。根据战略性培训与开发的目标，培训与开发应具有纵向的深度，深度的达到只能是一个长期的过程，需要通过培训与开发的诸环节与组织学习相对应，从而形成一系列持续、循环的活动。

3. 按需培训原则

虽然企业的培训与开发属于教育的一种形式，也需要运用教育的基本原理和方法，但是其目标与院校的普通教育不同，是服务于企业发展的，这就要求培训与开发要根据企业经营和发展的状况及员工的特点来进行，培训的内容要与工作实践密切结合，培训的形式要能为培训对象提供实践和操作的机会，便于其掌握要领。按需培训与开发还需要充分考虑企业员工在工作性质、特点和任务等方面的个体差异。不同的员工从事不同的工作，具有不同的能力，创造不同的价值，因此，培训与开发需要针对员工的不同文化水平、不同职务和不同要求，区别对待。

4. 激励性原则

激励性原则是指在培训与开发中，培训者要善于运用考核、奖赏、赞扬、评比等激励手段，将培训的要求转化为员工的内在需求，激发培训对象的学习动机，充分调动员工学习的积极性和主观能动性。在培训中，培训者要善于提出问题，多启发员工思考，培养和提高员工发现问题、分析问题和解决问题的能力。培训与开发是针对全体员工的，要让员工接受培训时，感受到企业对他们的重视，愿意在提高自我价值的同时，为本职工作岗位做更多的贡献，把个人的发展和企业的发展有机融合。

5. 全员培训与重点提高相结合原则

全员培训就是有计划、有步骤地对在职各类人员进行全面培训，旨在提高全体员工的素质和增强企业整体竞争能力。目前一定规模的企业都建立了全员培训与开发制度。但是全员培训不等于全体员工的培训与开发都是完全相同的，应是有重点地实施。企业的各项资源是有限的，不可能也没有必要在培训与开发上平均的用力，应重点培训管理骨干、技术骨干和业务骨干，特别是中高级管理人员和关键技术骨干，这样才能使培训与开发的效率最大化。

6. 反馈与强化培训效果相结合原则

在培训过程中，要注意对培训效果和结果的强化。反馈的作用在于巩固学习技能、及时纠正错误和偏差。反馈的信息越及时、准确，培训的效果就越好。强化是结合反馈对接受培训人员的奖励和惩罚。这种强化不仅应在培训结束后马上进行，还应该在培训之后的上岗工作中对培训的效果给予强化。

四、培训与开发的作用

康奈尔大学的调查显示，与组织成功、组织核心能力密切相关的人力资源管理职能中，学习和开发被排在首位。培训与开发是企业提高员工素质和能力，挖掘企业潜在竞争优势的重要工具，在企业和员工发展方面占据重要地位。具体来看，企业培训与开发的作用体现在对企业、经营管理者和员工的作用三个方面。

1. 有利于提高企业劳动生产率

凯恩斯·克罗斯在《资本在经济进步中的地位》中提出，在任何储蓄率和收益率假设的前提下，物质资本本身只能构成经济增长的部分原因，经济发展过程中必然存在与资本积累相伴随的其他因素。舒尔茨则进一步用人力资本概念反映劳动力要素的改善。提出"劳动者所掌握的具有经济价值的知识和技能同其他人力资本结合在一起是造成技术先进国家生产优势的重要原因"。从这个意义上说，通过对人力资源进行一定的投入，提高人力资源的数量和质量，从而实现劳动产出的增加，这就是人力资本投资的价值。在职培训是重要的人力资本投资形式，加里·贝克尔提出对培训对象供给知识和技能，可以提高培训对象的未来边际生产力，即培训后的员工在与相同要素结合后产生更多的边际产品，这对提供培训的企业和其他企业都是有价值的。

员工经过知识和技能的培训，直接的效果是增进了工作中所需知识的掌握，劳动技能水平提高，劳动的熟练程度提高，间接地吸收新知识和新技能的能力也得到了提高，在生产中被加以利用，能促进技术的进步，改善生产要素组合，提高企业的工作质量，间接地提高了劳动生产率。与此同时，各种损耗也可以得到有效降低，安全工作意识和质量得到提高，工作中的人际关系得到改善，企业的凝聚力和向心力提高，工作绩效会得到明显改善。日本的一项调查证明了这一点：工人的教育水平每升一级，技术革新者的人数平均增加 6%，工人提出的建议能降低 5% 的生产成本，技术革新人员的建议可以降低 10%～15% 的生产成本，而受过良好教育的管理者创造和推广现代化管理技术则可降低生产成本 30% 以上。

2. 有利于提高核心竞争力

企业的核心竞争力是能够给用户带来特殊价值的一系列知识、技能、技术的组合，是在经营过程中形成的能带来超额利润的独特能力。而这种独特能力是对手不能轻易效仿的，需要通过不断的创新和变革才能形成，是创新和变革的产物。以百度为代表的一批高科技企业在激烈的竞争环境中不断创新，形成了独具竞争力的产品与独特的创新文化，多年来取得的成果和积累的技术经验成为创新之源，甚至为世界科技创新带来产品和服务的"颠覆性"变革。

针对企业创新、变革的培训与开发，目的是解决员工对企业创新的认识和接受。这能提升员工对企业的认识水平和信任程度，能增强企业发展和创新的信心。创新和变革是一种风险，是打破旧的习惯和状态，会给那些长期在熟悉的环境、稳定状态中形成的观念和行为带来冲击，从而使得员工会本能地做出抵制的行为。培训与开发就是为了让员工能领悟到企业保持恒久竞争优势的动力是不断的变革和创新，形成与之相适应的观念，并让员工发现这个过程中自己的潜能，不断完善自我，增强投身其中的信心。

3. 有利于培育良好的企业文化

企业文化是一个企业的灵魂，是企业生存和发展的根源，良好的企业文化能够为企业的良性发展提供强有力的保障。企业文化的相关内容是企业培训和开发的重要内容，通过培训与开发，可以让员工对企业的发展方向和价值观念有清楚的了解，了解企业的经营理念和规章制度，并通过员工的主动遵守和维护，促进企业文化的进一步完善和提升，使价值和流程能得到有效的转化，使企业文化的导向功能、凝聚功能、激励功能和优化调节功能得到充分的发挥。例如西门子公司经过100多年的发展，形成了独特的企业文化，文化渗透到了公司的各个部门、生产的各个领域和管理的各个环节，西门子的管理学院就起到了文化载体的作用，培训与开发作为传播手段发挥了重要作用。

企业文化的培训能使企业中具有不同价值观、信念和工作作风的员工和谐地统一起来，在对企业文化认同度提高的同时，提高对自身价值的认识，从而对企业产生强烈的认同感和归属意识，员工的忠诚度和满意度不断提高。在遇到困难和问题时，在企业文化的熏陶下，能承载一份责任和担当，不产生抱怨的心理，积极地改变工作态度，缓解可能的波动情绪，增强企业的稳定性。百事可乐的深圳公司做过一项调查，在受训的 270 名员工中抽取了 100 名员工进行抽样调查，结果显示，80％的员工愿意继续留在公司，95％的参训者满意度很高，认为企业给了他们成长的空间和动力，愿意继续为公司的发展做出贡献。

4. 有利于提高员工的素质和能力

企业培训员工的首要目的就是提高员工的知识水平和工作能力，提高工作的胜任力。从企业的角度来看，希望每一位员工的工作都能处于较高的绩效水平，都能够具备成功完成本职工作的胜任力，如知识、能力、态度和特质等，这就需要企业对员工的这些关键特质进行培训与开发，以增强员工取得高绩效的能力和适应企业未来发展的能力。

培训与开发主要有两种基本培训，一种是对新员工进行培训。有研究表明，企业新招募的员工，通常会有3—6个月的过渡期，在这期间，大多数新员工都会凭借自己的直接感受，决定自己工作的表现，进而决定是否继续留在企业谋求个人发展。在这个时候，对员工及时、正确的引导显得尤为重要。企业通过系统性的、针对性的培训，快速地、最大程度地消除新员工的各种困惑和不安，使其能最大程度地、客观地掌握各项方针政策、规章制度、岗位职能、组织文化及工作岗位所必须的知识和技能，并尽快进入岗位角色。另一种是对现有员工进行培训。日益激烈的竞争，不断发展的新技术和不断变化的环境，都迫使企业对现有员工进行行之有效的培训与开发。特别是生产型企业，都普遍认为推行培训与开发计划，对于提高员工的操作能力、沟通能力以及解决问题的能力等就业能力有着非常重要的作用。同时通过培训与开发，提高的劳动生产率和工作质量直接反映在员工的收入上，为了追求更高的收入、获得更好的晋升机会，员工会积极提高自己的工作技能，技能越高收入越高。

5. 有利于满足员工实现自我价值的需要

以人为本的现代人力资源管理，既要追求组织整体利益最大化，也要把员工的职业生涯发展放在重要的位置。根据马斯洛的需要层次论，自尊、自我价值实现的需要是一个人较高层次的需要。在现代企业中，员工追求的目标已经不仅仅停留在低层次的需要上，越来越多的员工追求自我价值的实现。培训与开发的激励作用，不仅要给员工物质上的满足感，而且要让他们情神上获得成就感。

员工实现自我价值和得到全面发展必须依靠企业。没有企业，员工也就谈不上职业生涯。员工只要能抓住各种培训与开发的机会，努力学习，就会使自己的知识结构得到改善、技能有所提高、人际关系处理能力增强，自己的管理能力也会得到提升，从而为自己的成长奠定基础。因此培训往往被当作是给员工的最大福利，增强培训与开发，是企业生存的需要，也是员工发展的需要。

第二节 培训与开发的历史回顾与新趋势

一、培训与开发的历史回顾

有人认为培训与开发是一个新兴的领域，因为从 20 世纪 40 年代这个领域才引起人们的广泛关注，直到 20 世纪 80 年代"人力资源开发"这个概念才开始广泛使用。然而有关人力资源培训与开发的实践早在 18 世纪就已经产生了。近 200 年来，培训与开发主要经历了以下四个阶段：早期的师徒制阶段；早期的职业技术教育阶段；工厂学校阶段；培训职业的创建与专业培训师的产生阶段。

1. 早期师徒制阶段

18 世纪，手工业出现了。与农牧业不同的是，手工业有明显的技术性，这些技术必须通过一定的训练才能够掌握，于是就出现了师徒制。由熟练技术工人经营的小店铺为了满足顾客对商品不断变化的需求，店主不得不额外雇用工人。但当时并没有出现类似今天的职业学校和技术学校，所以店主们只能自己培训新雇用的且毫无工作经验的工人。这些学徒学习手艺，只能拿到很少的工资或根本就不拿工资，直到自己成为熟练工为止。后来，这种模式在内科医生、老师、律师等行业也开始采用。这个时期的人力资源开发活动，基本是一对一的师傅带徒弟式的培训。

随着经济的发展，师傅带徒弟的培训方式越来越流行，并逐渐正规化，尤其在那些需要特定技能的行业，这种培训方式得到了广泛的应用。即使在今天，师傅带徒弟这种培训形式在一些行业或岗位也被普遍采用。

2. 早期的职业技术教育阶段

工业革命的爆发使企业大量涌现，企业对技术工人的培训就显得非常重要和迫切，传统的师傅带徒弟的培训方法已经不能满足企业对员工数量和技术细分的需要了。1809 年，美国人戴维德·克林顿在纽约建立了第一所私人职业技术学校，这是一所手工技能培训学校。克林顿建立这所学校的目的是给失业的年轻人提供职业培训。随后，类似的手工技能培训学校在美国普遍建立，尤其是在中西部各州。这种手工技能培训学校可以看做是职业技术教育的雏形。

此阶段的出现，预示着培训已经迈向了专门化和正规化的阶段。这个时期培训的特点是标准化、高效率，培训的个性化逐渐消失。

3. 工厂学校阶段

工业革命发生后，新机器和新技术得到了广泛应用，作坊式的传统生产方式被打破。一方面，新员工不具备操作新机器的知识和技能；另一方面，老员工也需要重新参加培训，因此学徒制培训已经不能适应当时的需要了。随着工厂数目的增加，对技术工人的需求量很快超出了手工技能学校的供给量，而且手工技能学校培养的学生也不能完全符合各工厂个性化的需要，为此，各个工厂开始尝试自行建立培训机构，即工厂学校。

第一个有文字记载的工厂学校由美国厚和公司（Hoe and Company）于 1872 年建立。1888 年威斯汀豪斯、1901 年通用电气和包德文机车、1907 年国际收割者，以及后来的福特、西部电力、固特异等公司都纷纷建立了自己的工厂学校。工厂学校和早期的师徒制培训不同，它倾向于要求工人在短期内掌握完成某项特定工作所需要的技术。其中比较有代表性的是福特公司的工厂学校，它为福特 T 型汽车引领时代潮流起到了极大的推动作用。第一次世界大战期间，为了满足对军事设备的巨大需求，许多生产非军工产品的工厂不得不重新装配机器并培训它们的工人，这更加促进了对非熟练工人的培训。这期间美国海运委员会主管查尔斯·艾伦创建的"演示、讲解、操作、检验"四步骤指导方法至今仍在企业员工的培训中使用。

4. 培训职业的创建与专业培训师的产生阶段

第二次世界大战爆发，对工厂生产军需产品的需求日益强烈，美国联邦政府为此建立了行业内部培训服务机构（Training Within Industry，TWI）来组织和协调培训计划，培训项目包括与国防领域有关的各个工业领域。TWI 同时还开展了公司的培训员如何在各自的工厂里开展培训项目的活动，并对工厂和培训服务机构的主管进行培训资格认证。随后，许多美国国防产业公司利用接受过 TWI 培训的培训指导员建立了自己的培训部门。这些部门负责制定、组织并协调企业内部的培训项目。

1942 年成立的美国培训指导协会（American Society for Training Directors，ASTD）为这个正在兴起的行业领域建立了标准，培训职业得以创建，专业培训师由此产生。

二、培训与开发的新趋势

1. 培训理念的新趋势

（1）战略投资理念成为主导。

传统观念认为，企业培训只是一种岗位技能的培养和训练，培训的计划与决策都是根据企业目前的需求而制定的，培训的费用支出则被视为多余的负担。改革开放后，国外企业的先进管理模式被引入中国，培训的重要性也随着国际大企业在培训上的大量资金投入而显现，许多企业将其工资总额的 3%~5% 用于培训与开发。于是培训一度被看成企业正规化的象征，同时也成为企业吸引人才的一种手段和福利，更有甚者将其看成激励员工的方式。在快速变化和激烈竞争的时代，企业的竞争战略就是人才的竞争战略，人才竞争力的强弱主要取决于人力资本的增值和人才资源的有效运作，而人力资本增值的主要手段是培训与开发。现代培训与开发已经成为企业提升竞争力的一把"利器"。新的培训理念不是将培训投入看成成本费用，而是将其当作企业的战略投资。当培训投入被视为投资时，则意味着培训不再是一个固定的、不计收益的成本费用支出点，而成为有投入、有收益的一个持续的经济活动过程。这个过程也是将员工的知识和技能的开发与企业长期发展战略相结合的过程。在这种理念的指导下，培训一改往日头痛医头、脚痛医脚的万金油身份，成为决定企业成败的重要战略性工作。

（2）系统化导向的趋势。

企业在培训与开发时，一般采用教育、培训、学习等人才培训途径，这些途径涉及的范围广，除企业本身，还涉及学校（如大专以上院校）或社会教育。这些途径应相互配合，否则会损害人才培训的成果。例如，大学所培养的通才或专才如不能为企业组织所用，或学与用之间严重脱节，则所学非所用或所用非所学。为了业务发展需要，有些企业会选送人员赴国内外各大学或大型培训机构进修或深造。如果这些培训机构不能针对企业的需要提供适当的人才培训与开发课程，则必会影响企业人力培训与开发的绩效成果。在知识经济背景下，企业的人才培训途径彼此间的相关性与互动性增强，使得培训与开发的系统化、连贯化导向日趋强化。

所谓系统化导向是指企业的教育、培训、学习等途径必须破除形式化的弊端，改变为力求质量效益而具连续效果的系统化措施。人的才能并非呈直线的上升状态，有时常会衰退。著名的彼得定律（Peter Principle）指出，各企业组织的员工在初任职务时，虽具相当程度的能力，但时间持久后，则工作才能逐渐递减而终致能力不足以胜任工作，彼得特别强调这是一般组织员工才能发展的病态，其问题在于潜能未能发展。从人力资源管理的立场来看，彼得定律所指的才能递减病态，是员工欠缺足够而有效的培训所造成的。员工担任的职务并非一成不变，且在升迁后，因欠缺有效的培育与开发，导致才能与职位不匹配。补救之道在于系统地实施培训与开发措施，以系统而连贯的方式挖掘员工的潜能。

（3）从"以工作为导向"到"以人为本"。

传统培训与开发是以工作为导向的，培训过程就像机械化的产品生产一样，即：输入毛坯—机械加工—输出产品。这种培训的优点是标准化、效率高，但其缺点是缺乏激励性、能动性和灵活性，很难开发人的潜能。未来的培训与开发，企业将更重视员工的潜能开发和个人价值的提升。企业为了留住人才和提高人才的竞争力,不断在开发人才自身潜力上下工夫。因此,培训与开发不仅要满足工作的需要,更要体现以人为本,注重人的潜能开发。近年来,许多企业在员工培训与开发中贯彻以人为本的中心思想,采取了许多积极的尝试,如提倡员工根据自身需求设计培训计划,提倡参与式培训、职业生涯设计和终生教育以及开展各种丰富的培训与开发活动。

2. 培训模式的新趋势

(1)企业联合培训成为重要途径。

全球经济一体化,企业组织结构的虚拟化以及各种资源的匮乏,改变了企业经营者的经营理念,"共赢"的经营意识日益强烈。企业在合作与竞争中,人力资源利用发达的交通技术和先进的信息技术实现共享成为一个重要选择,企业间的联合培训是实现这一共享的重要途径。这种培训可通过兄弟厂家互派员工进行实地考察学习,或者互派专家进行实地技术指导来完成,也可以通过企业间共同聘请资深的培训师进行统一培训来实现。它的优点在于能节约成本,并可相互利用优势,取长补短,形成资源上的互补。

(2)企业办学进一步发展。

企业办学途径有两种:第一种是企业自身成立专门的培训大学,自行设计课程,安排培训时间。据《美国新闻与世界报道》预测,未来企业将会深度参与教育和职业训练。目前,美国可授予学位的企业学院的学位标准与传统学院或大学的学位标准一样,也通过了教育机构的鉴定。如美国兰德公司的博士培养水平很高,可以与加州大学伯克利分校、哈佛大学、卡耐基梅隆大学中的相同学科相媲美。在日本,各大工厂、企业纷纷投资办学,建立自己的技术学院、培训中心。这些培训机构除培训技术人员和企业管理人员外,还设有培训中层领导干部的研修中心。国内一些有远见的企业,如联想集团,也把培训纳入了集团的战略规划,建立和发展联想管理学院,并加大资金投入。阿里巴巴公司创办的阿里学院是中国互联网企业学院的先行者,学院在不断的探索与实践中逐步形成了在线培训、现场授课和培训认证三位于一体的教学模式。华为大学依据华为总体发展战略和人力资源战略,推动和组织公司培训体系的建设,并通过对各类员工和管理人员的培训与开发,支持公司的战略实施、业务发展和人力资本增值。海尔集团创建的海尔大学搭建的培训平台,持续为员工提供开放的学习资源。员工可以根据自己的能力差距和实际需要,自主学习、自主发展。企业办大学使培训管理科学化、制度化,可大规模地培训企业员工,提高企业员工素质,使员工具有良好的团队工作能力和娴熟的技术技能,从而使企业能更及时地适应现代高新技术发展的需要。另外也可以借助企业大学的资源,支持和帮助其上下游企业及其他业务合作伙伴。例如,在企业大学中享有盛名的摩托罗拉大学,不只针对摩托罗拉公司本身开课,也提供对外培训,如培训跟自己相关的供应商，或者经营渠道中的伙伴。不过这一模式只适用于实力雄厚的大型企业，中小企业只能采取联合办学方式或委托公共教育机构培训员工。

第二种企业办学的途径是与独立大学和学校进行联合办学。国外一些企业在进行员工培训时，很注重与高校的联合与协作。美国教育理事会的调查证实，早在1984年美国就有半数的高校在企业里开设课程。例如，著名的贝尔实验室就与麻省理工学院、斯坦福大学等37所高等院校合作，借助高校培养研究生。在法国，企业员工在高校学习的形式分为三种：为期3个月至一两年的"长期进修班"，主要针对企业的需要，进行从一个技术领域转到另一个技术领域的长期培训；为期一周至数周的"短期培训班"，主要针对某一专业领域出现的新技术、新知识组织培训；为期一两年的"晋级培训班"，主要为受训人员提供担任更高一级职务所需的知识。产学合作不仅发挥了高校科技、人才、校舍的优势，也利用了企业基础设施、资金的优势，相互促进，将产、学"两张皮"变成"一张皮"，真正做到以产助学，以学兴产的良性循环。

（3）培训职能部分外包。

一个企业要想拥有领先于竞争对手的竞争力和独特性，就必须关注企业核心竞争力的塑造。以往为了提升核心竞争力，企业战略的重心主要集中在基本活动上，但是随着外界环境的变化，辅助活动的重要性也越来越突出。培训对于企业来说虽然并不产生直接利润，但它却以特有的贡献力支持企业的价值创造，并且为企业的价值提高承担责任。在培训部门编制有限，而员工所需学习的知识不断更新，对培训服务的需求又日新月异的情况下，企业需要加强与外部培训机构的合作。外部专业的培训机构通常拥有人力资源管理各方面的专家，具有丰富的综合性专业知识，经验和技能。企业的培训部门只需要进行培训战略与目标的制定，培训计划、培训课程的实施可以交给专业的培训机构进行。在培训外包以后，可以让员工在更大范围内接受新思想、新知识，使企业充满活力和创造力。目前，一些世界著名的管理培训公司已经进驻中国，如美国管理协会亚太培训中心、Achieve Global 等。国内小型的培训公司也应运而生，如优仕、中联咨询等。

15

3. 培训内容的新趋势

（1）从技能培训到知识化管理。

在传统的大工业生产方式下，企业的培训几乎就是单纯的岗前技能培训，注重的只是技能素质的提高。但随着科技革命带来的生产力和生产方式的大变革，"未来唯一持久的优势，是谁有能力比自己的竞争对手学习得更快"。① 而员工培训正

---

① 彼得·圣吉. 第五项修炼——学习型组织的艺术与实务［M］. 郭进隆，译. 上海：上海三联书店，2003.

是组织不断学习新知识的源泉，知识成为培训的重要内容之一。

从 20 世纪 80 年代开始，在企业界和管理思想界，出现了推广和研究学习型组织的热潮，并逐渐风靡全球。美国的杜邦、英特尔、苹果、联邦快递等世界一流企业，纷纷向学习型组织转型。在我国，建立学习型组织也是当前管理界和企业界共同的认识和关注的热点。可见组织学习已成为组织和管理理论与实践的一个中心议题，所以今后的培训将从一般意义上的员工培训发展为整个组织层面上的学习。这中间，一个为人所关注的方面就是知识管理。

企业知识管理所"管理"的知识是"组织知识"，主要来源于企业内部，[①] 是为能实现组织目标所"使用和共享"的信息。这也为公司的培训部门增加了新的职能——将员工的知识转变为企业的共享财产。比如惠普公司的内部咨询小组负责收集各种以往的案例和各种最佳练习，把它们收进公司的网站内，并为各业务部门提供咨询服务。因此，业务部门经理很容易就知道公司内其他部门有没有做过某类事，以及是怎么做的。许多公司还设立了知识管理经理甚至首席知识官（CKO）等新职位，其主要职能就是在组织的各个层面进行知识管理，使员工个人知识能传递并且保留下来。

（2）素质培养成为重要内容。

除此之外，新的培训理念把员工的素质培训也视为培训内容的一个重要方面。企业价值观、经营理念、员工严谨的工作态度及良好的生活习惯都是员工素质培训的内容。这主要是因为世界经济全球化以及人才的流动特性，加上员工个体的独立性与差异性，给企业原有的文化带来很大的冲击。这时对员工进行统一的企业价值观和经营理念的教育显得尤为重要。企业只有在强大的凝聚力作用下才能充分利用人力资源的潜能，而在职员工也只有具备良好的工作和生活态度，才会积极进取，持续不断地学习，以提高自身的技能。团队精神培养也是必不可少的企业培训项目，员工对企业的归属感和忠诚度直接影响到员工的工作绩效和企业内部的协调，进而影响企业的发展。因此企业必须将目光放长远，用员工可感受到的方式进行企业文化和团队精神的灌输，以积极的价值观引导员工，让员工对企业产生忠诚和归属感。

（3）国际化和本土化的结合。

越来越多的公司意识到，"如果我们自己不走向全球化，全球化就将走向我们"。全球化已经成为一种趋势，这也对企业的经营战略、人力资源管理以及培训与开发产生了深远的影响。过去，跨国公司在对中国员工进行培训时，采用的往往是母国的培训体系和内容，有时会让员工感觉与中国实际相差太远。后来一些公司

---

① 杨开峰. 知识管理［M］. 北京：中国人民大学出版社，2004.

加以改进，在中国的培训采用中国的案例和实践，进一步的趋势是既吸取国际的优秀实践案例又结合当地的具体情况开展培训。另外，国际化要求经理人员了解和领悟各地的文化，能胜任全球范围的工作。带着这样的观念，一些企业不惜重金开展驻外培训。如德国大众公司的驻外培训措施有：①加强对教师的国际化培训；②德国本部与海外公司交流管理人员；③开展国际青年交流活动，与国外公司或大专院校签订交换学员培训、教师培训或专业培训的协议。韩国三星集团为跟上产业国际化的趋势，每年派出400名"独身业务员"到世界各地驻外培训进修一年，以训练一批"地区性业务专家"。

这些国际化培训满足了企业对外拓展的需要，是企业跨国经营成功的基础。国际化员工素质的提高促进了企业海外业务的发展。国际化和本土化相结合的培训内容安排将是对经济全球化形势下企业培训提出的一个新要求。

4. 培训方法的新趋势

（1）从硬性培训转向柔性培训。

硬性培训就是在规定的时间、地点传授培训内容。近年来，随着信息技术、网络技术、通信技术、第三方服务等迅猛发展，一些新兴的技术手段可以借鉴用来辅助开展培训，根据培训对象、内容与目标的特异性，设计多样化培训课程和培训方式，突破对传统面对面授课的限制，激发员工对培训的兴趣和内在需求，增强教学效果。这些培训方法不受时间、地点限制，以学员为中心而不是以教员为中心，使"因材施教"变为现实，也使学习培训变得更轻松更自然。正因为柔性培训具有其无可比拟的优越性，它才在国外企业职工培训中被广泛地采用。如美国英特尔公司大学，其培训宗旨就是围绕学员尽可能方便地提供培训。学员可通过电脑自我学习、自我掌握进度，随时向老师提问。美国DEC公司在全世界共有3000名培训员，仅亚太地区就有26个培训中心，设有600种课程，以15种语言讲授，其员工可通过公司电脑网络了解课程情况，自己选择感兴趣的课程。

（2）培训师与学员角色的变化。

企业教练的出现引发了培训师与学员角色的变化。传统师资培训一般都以讲座的形式展开，穿插有讨论、录像等，而随着时代的发展，传统的培训师与学员的角色已不能满足各个企业的培训需求。培训师不再是以传授知识为主，更在于帮助学员去寻找、发现、组织和管理知识。因此，培训师与学员之间需要建立一种新的教与学的关系。培训师要从单纯的知识传授者向学习的指导者、协调者和合作者转变。现在企业所采用的培训方法主要有小组活动、案例分析、游戏、教学观摩等，以实现每位参与者的充分参与，实现学员与培训师的角色转换。企业教练就是其中的代表形式。教练帮助学员提高技能、磨砺技术、制定重大活动的行动战略。简而言之，教练主要着眼于激发学员的潜能，它是一种态度训练（Attitude Training），

17

而不是知识训练（Knowledge Training）或技巧训练（Skill Training）。教练不是帮学员解决具体问题，而是利用教练技术提供一面镜子，使学员洞悉自己，从而理清自己的状态和情绪。教练会对学员表现的有效性给予直接的回应，使学员及时调整心态，认清目标，以最佳状态去创造成果。以谈话沟通的形式促成学员主动改变心态，是教练技术的基本方式。[①]

（3）测评技术引导个性化培训。

测评的引入促进了培训针对性的提高。一般认为，根据测评目的的差异，测评有两种主要形式：一种是主要用于选拔人才的测评，如我们在人才招聘、内部竞聘过程中常常使用的现代测评技术；另一种主要为了通过测评找出被测对象的知识、技能等方面的差距，进而更为准确地为被测对象提供精准而个性化的培训与开发。以往，测评技术更多地应用在人才的甄选上，近年来随着测评技术的发展，在选择培训对象之前，对于培训对象进行测评，根据测评的结果设计更加具有针对性的培训方法与内容，已经成为培训与开发的一个趋势。目前很多国际大企业把传统的评价中心（Asssment Center）进一步提升改造为发展中心（Development Center）就是最好的证明。

（4）培训的技术支持手段更加先进。

科学技术的飞速发展给人们的生活带来了深远的影响，也给培训提供了更多的方法和途径：从依据于 CD-ROM 的计算机辅助学习，到视听培训和计算机辅助学习相结合的多媒体教学，再到以内部网和互联网为基础的网络培训（俗称 e-Learning），加上其他一些新技术（如学习软件）的广泛采用，这些信息技术的运用既丰富了培训手段，又提高了培训质量。

目前用来支持培训的先进技术有专家系统、电子会议软件、电子技术系统等。这些技术除了可用来帮助未参加培训的员工了解有关的培训内容外，还可以让员工按照自己的需求来获取有关信息和决策规则。新技术支持下的培训方式有软件培训、光盘培训、虚拟现实培训、网络培训、互动式视频培训等。在新技术的支持下，受训者在培训时间、地点、进度、途径以及培训内容方面的自我控制程度都大大提高了，使基于员工需求的个性化培训成为可能，使企业的市场应变能力提高。同时，新技术的使用能提供更多的实践与交流机会，并能及时反馈信息，减少培训环境与工作环境的不利影响，从而提高培训成果的转化率。

① 苟晓霞. 21 世纪我国企业管理培训内容、方式和方法的改革［J］. 甘肃社会科学，2001（1）：91-92.

第三节 战略性培训与开发

一、战略性培训与开发基本内涵

1. 战略性培训与开发的定义

组织战略、人力资源管理战略、培训与开发战略三者是层层包含的关系。培训与开发战略包含于企业人力资源管理战略，是其关键一环。同时，人力资源管理战略又包含于整个组织战略，是其重要一部分。因此，在了解战略性培训与开发的内涵之前，我们首先要简单了解什么是组织战略。

组织战略是组织在内外环境的不确定性变化中，基于自身各种资源的限制，为了实现稳定经营和可持续发展而进行的一系列谋划和决策。组织战略是表明组织如何达到目标，完成使命的整体谋划，是提出详细行动计划的起点，它所反映的是管理者对于行动、环境和业绩之间关键联系的理解，用以确保已确定的使命、愿景和价值观的实现。值得注意的是，组织战略凌驾于任何特定计划的各种细节之上，主要起约束与导向作用。

19

现代企业培训与开发的价值取决于它是否与组织的战略相一致，是否紧密围绕着组织战略。根据企业战略目标、使命、愿景和价值观的达成要求，将培训与开发活动提升至战略层面，紧密围绕组织战略对员工进行的培训，即战略性培训与开发。

战略性培训与开发，与一般的培训开发，或者与传统的培训开发不同，它更加突出培训与开发在组织人力资源管理中的作用，更加注重培训开发与组织人力资源发展战略的有机结合，更加强调培训开发与组织整体发展步调的一致性。面对越来越猛烈的组织内外部环境变化，战略性培训与开发越来越受到企业管理者的重视，战略性培训与开发成为影响，甚至是决定企业成败的关键环节。

2. 培训与开发的战略性表现

培训与开发的战略性主要体现在战略制定和实施两个过程中。在战略制定时，要考虑员工素质存量和可能的增量，并制定出高效可行的培训与开发战略规划；在战略实施时，对员工的素质提出要求，培训要能适应战略，落实对员工素质的各种要求。

我们可以从通用汽车、通用电气、英特尔和肯德基的例子进行进一步理解，见表1-3。

表 1-3　培训与开发的战略性表现[*][①]

公司名称	公司战略	人力资源管理战略	培训开发
通用汽车	成本有效性	裁员、人工成本控制、提高生产力、工作再设计	岗位培训、专业培训
通用电气	并购	有选择性地裁员、再安置	培训系统整合、导向培训、文化融合、团队合作
英特尔	成长	招聘甄选，快速增长的工资	广泛的培训开发项目、专业培训、团队合作、人际技能
肯德基	利基市场战略	专门化工作设置	专业培训项目

[*]注：战略背景为 20 世纪 90 年代。

二、战略性培训与开发的制定

1. 影响培训与开发的因素

韦克斯勒和莱瑟姆认为，培训与开发主要受到组织战略、组织结构、技术因素和组织对培训开发的态度四种因素的影响。

（1）组织战略。

战略性培训与开发是人力资源管理战略的重要组成部分，而人力资源管理战略必须以整个组织战略为基准，在组织发展中与组织战略整合在一起，并在人力资源管理的各个方面体现出关联性，因此可以说，影响战略性培训与开发的核心因素是组织整体性、纲领性和长远性的战略，在此影响下，就要求培训与开发的负责人对组织战略和人力资源管理战略以及两者之间的关系有深刻的理解和领会。

（2）组织结构。

在不同的组织结构中，采用不同的管理模式会影响组织对培训开发的规划、制定和实施。一般来说，这样的影响有两种情况，一是培训与开发直接由公司总部统一制定和设计，这适用于采用集中或集权式管理的组织；二是总部下属的分公司和分支机构根据自己的发展需要自行制定培训与开发目标和计划、培训内容和实施方式，这适用于采用分权式管理的组织。

如今，对于分支机构日益增多的中大规模组织而言，最佳的方式是介于两者之间，即总部和下属机构负责培训的人员共同参与形成具体的培训方案。在这种情况下，总部负责培训与开发的人员的主要职责是为下属机构提供有关培训与开发的建议，协调各个培训开发项目并及时传达公司总部的最新消息，有时还会开发一些培

---

① 李前兵，周昌伟. 员工培训与开发 [M]. 东南大学出版社，2013.

训项目，交由下属机构实施。

（3）技术因素。

伴随世界进入知识经济时代，科学技术的发展更加迅速和猛烈，深刻影响着组织的培训与开发活动。不同的企业对技术革新的反应是有区别的，例如互联网、信息技术、医疗等行业技术变化快，就要求员工和管理层不断进行再培训，以确保组织中有足够合适的人员承担现有的工作。此外，企业所提供的产品和服务的种类和复杂性也会对战略性培训与开发系统产生影响。

（4）对培训与开发的态度。

不同的组织对培训开发的必要性和重要性认识程度存在差异，也就决定了不同组织对待培训开发的态度不同，或积极对待，或不重视培训与开发。高层领导者的想法、组织文化和人员晋升方式都会影响组织对培训必要性和重要性的认识，从而形成对培训开发的态度。

2. 战略性培训与开发制定过程

战略性培训与开发的制定过程在本书后面章节会详细介绍，在这一部分我们将重点突出制定过程中的战略考量，其中包括战略性培训开发分析、制定、实施与评估。

（1）战略分析。

首先，战略性培训与开发的起点是进行战略分析，而战略分析的第一步是经营战略的分析与确定。开发一项新的经营战略或改变一项现有经营战略通常包括五个部分内容：使命、目标、内部分析、外部分析与战略选择。其中使命是对企业存在理由的陈述，内涵是对企业愿景和价值观的陈述；目标是企业中长期的计划；而内外部分析合称 SWOT 分析；在完成 SWOT 分析后，企业管理者将基于结果作出战略选择。

SWOT 分析，即优势（Strengths）、弱势（Weaknesses）、机会（Opportunities）和威胁因素（Threats）分析，这是组织内外部环境分析，也是人力资源管理战略和培训开发战略分析的第一步。外部环境的影响包括经济环境、劳动力市场技术环境、社会文化环境和竞争对手的挑战，内部环境的影响来自组织类型、员工类型、组织目标和组织活动。通过运用 SWOT 分析法将企业各方面内容进行综合概括，分析企业的优劣势、面临的机会和威胁。同时，利用变量因素法给 SWOT 矩阵中每个维度的每一项因素配以权重，并根据权重进行定量分析。构建出企业的 SWOT 矩阵，认清优势和劣势、利用机会、化解威胁，从而确定需要采取的行动来解决培训与开发中存在的问题，并制定出相互匹配的战略，以获得企业的竞争优势。

（2）战略制定。

在培训与开发战略分析后，应根据分析结果确定能够实现企业绩效与员工能力同步提升的培训与开发战略，但在开始这一环节前，我们需先明确制定培训与开发战略的基本原则。

基本原则

第一，战略性人员培训与开发必须遵循行为科学的基本理论，符合人员发展的基本要求，按照科学的培训与开发体系进行培训与开发活动。

第二，战略性人员培训与开发必须符合企业的实际情况，能够直接解决企业可以预见的问题，或者为企业的发展目标服务。

第三，人员培训与开发的战略需要和企业战略相一致，且在企业长期性的培训与开发工作中必须要保持前后的连贯与统一，避免重复、低效。

制定培训与开发战略主要有以下五个步骤：

① 确定培训与开发总体目标，这一目标是对未来组织内部人力资源所要达到的人力资源数量、结构、素质、能力和员工工作态度，企业发展需要的组织精神与文化，员工培训与开发的方式和方法等更高层次的具体要求。

② 分解总目标，即将目标层层分解并落实到子公司、部门和个人，确定各个层次的字母表。首先，在这个过程中要注意具体问题具体分析，切勿提出不符合子公司实际的目标；其次，分解后的目标应是有效、明确的目标，应具有可操作性和可监控性。

③ 制订培训与开发战略实施计划，即要将人员培训与开发战略分解为行动计划与实施步骤，前者主要提出人员培训与开发战略目标实现的方法和程序，而后者是从时间上对每个阶段部门与个人应完成的目标或任务作出规定。

④ 制定培训与开发战略实施的保障计划，这一计划是基于战略实施的需要而制定的，从政策、资源、管理模式、时间和技术等方面，对培训与开发战略实施提供必要的条件。

⑤ 考量战略平衡，即要考量员工培训与开发战略与企业其他战略，如财务战略、营销战略、运营战略等之间的综合平衡。在平衡战略的过程中，要减少各部门为争取利益而作出的有利于自身的具有倾向性的选择和行为。

（3）战略实施。

在培训与开发战略实施过程中，首先，要创造适宜并且有利于员工发展的环境，使员工都有通过努力就能实现个人发展目标的舞台，并以此激励员工全身心投入工作。其次，最重要的是实施人员培训与开发过程的战略化、系统化管理，要把人员培训与开发活动中培训与开发需求的分析、培训与开发计划的制订、培训与开发项目的实施、培训与开发效果的评价这四个部分视为一个整体，使之有效地联系起来。要全面分析人员培训与开发需求，严格制订人员培训与开发计划，认真实施人员培训与开发项目，深入评估培训与开发的效果。有关培训与开发的具体实施将在后面章节进行详细介绍。

（4）战略评估。

培训与开发战略评估与后面章节将要介绍的培训与开发效果评估有所差异，前者的重点在于"战略"，主要考量培训开发战略在实施过程中与现实的差距，是找准战略有无偏失之处，并不断调整战略，使之更加符合组织战略的过程。在培训与开发战略的评估过程中，将受到很多因素的影响从而降低评估的客观性和准确性，这些影响因素包括评估主体对于风险的态度、外部环境变化及其带来的新的压力、企业文化、企业内部的各种关系等。

一般来说，培训与开发战略评估可分为确定评价内容、建立评价标准、衡量实际业绩、比较实际业绩与标准业绩、采取矫正行动五个阶段，如图 1—1 所示。

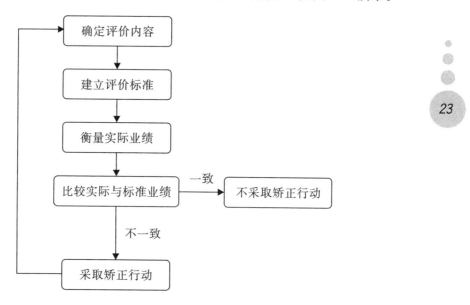

图 1—1 培训与开发战略评估过程

三、培训与开发的战略性管理

员工培训与开发的战略性管理置于企业战略指导之下。企业的战略主导着企业的人才政策和技术发展方向，针对企业员工的培训与开发也应当与企业的总体发展战略相契合。如当企业采用成本领先战略时，主要依靠低成本来获得市场竞争优势，此时对员工进行的培训与开发工作强调低成本、低风险和低不确定性，培训内容以较低层次的技能技巧训练为主，在培训结果上不要求成果创新。当企业采用差异化战略时，主要是依靠产品创新或优质服务来获得市场竞争优势，此时对员工进行的培训与开发工作强调技能提高、弹性，内容和成果创新，不考虑培训的成本和不确定性，培训内容以培养员工较高层次的服务能力、营销能力、产品设计、研究能力等为主。当企业采用集中化战略时，其战略特征结合了成本领先战略和差异化战略，因此与其相匹配的员工培训与开发工作也应当是上述两种工作特征的综合。培训与开发战略服从于企业战略，见表1-4。

表1-4　不同企业战略对培训与开发的需求①

企业战略	经营重点	培训要求	培训重点
成本领先战略	精简规模，转产，剥离，债务清算	降低培训成本和培训的发生，效率	缩短培训时长，领导力培训，保证工作的低风险，员工进行基本的自主管理，重新求职培训，寻找新工作技能培训
差异化战略	市场开发，产品开发，产品、服务创新，提高顾客满意度	保持掌握关键技术的员工的稳定性，工作与任务一体化	文化培训，团队培训，确定被兼并企业员工的能力，培养创造性思维和能力，给予员工自主权
集中化战略	集中特定领域，增加市场份额，降低运作成本，建立和维护市场地位	加强对员工工作行为的控制，培养开发员工的先进技能	团队建设，跨职能培训，专业化培训计划，人际关系培训，注重质量控制和工作监督

培训与开发基于战略构想的需要，在企业人员无法满足企业战略目标的情况时产生，需要在满足企业当前发展的基础之上，努力做到为企业未来的发展战略服务。

案例启发

摩托罗拉大学在企业战略变化中的灵活应对

摩托罗拉大学是摩托罗拉公司的培训机构。作为企业学习组织的领头人，它的功能之一就是通过培训满足摩托罗拉的业务需求，而且辅助公司提升形象。长久以来，摩托罗拉大学在各个不同的发展阶段，协助摩托罗拉达到经营目标的过程当中扮演了重要的角色。正如摩托罗拉大学的使命中所提到的，它是：摩托罗拉的变革驱动者；为摩托罗拉全球员工提供培训、发展和教育；成为摩托罗拉经营价值链中的一部分；对摩托罗拉所有员工来说，它是摩托罗拉价值观的捍卫者和传达者。

① 袁声莉，刘莹. 培训与开发［M］. 北京：科学出版社，2012.

摩托罗拉大学成立于 1981 年。彼时，摩托罗拉正处于电信行业高速发展的阶段，企业自身也是高速成长，正在电信市场中努力开拓。在这种情况下，摩托罗拉需要员工具有扎实先进的知识和能力帮助公司实现目标，同时需要形成质量导向的企业文化和经营模式。摩托罗拉大学作为一个培训中心成立了，它致力于培养员工职业技能和公司整体解决问题的能力。它为员工提供技能培训，加速公司文化的形成，辅助文化的推广与深入。

1985—1995 年是摩托罗拉快速发展的时段，它已在电信市场站稳脚跟，需要进一步探求如何广泛深入地发展业务。摩托罗拉要求员工清楚企业下一步的发展目标。摩托罗拉大学仅仅作为培训中心已不能满足企业需要了。在这一阶段，摩托罗拉大学把它的角色扩展为培训中心和教育中心。这个教育角色不仅是拓展摩托罗拉员工的技能，更多地是拓宽他们的视野，让他们了解整体市场以及公司在这个市场中的位置与机会。这不仅帮助员工关注自身工作以外的广阔视野，使他们具有全局观，也帮助摩托罗拉向更高目标进军。

1995 年后，摩托罗拉进入成熟和稳步发展阶段。摩托罗拉需要总结它快速发展阶段的成功经验和缺失，这些将成为公司的财富，不会随着人员的改变和企业的变化而流失，从而帮助公司的未来发展。这时的摩托罗拉大学发展的重点从人员的培训与开发转变到知识管理。它帮助公司收集知识和经验，把它们编入课程，之后通过一系列不同的培训项目传播给所有员工。这不仅为公司完善管理积累了珍贵的知识财富，而且逐渐将这些做法形成方法论，使摩托罗拉持续地妥善管理和应用这些无形的财富。在之后的很长一段时间里，摩托罗拉也和整个电信行业一起经历了一段困难时期。

1998 年及之后几年，摩托罗拉的营收大跌。为了生存和发展，摩托罗拉不得不拓展业务、节省开支来维持业绩的增长。这对摩托罗拉大学有着重大影响。摩托罗拉大学重新考虑自身的角色，它采取措施改变自身管理架构和运行方法，节省开支，支持公司经营目标。

总而言之，摩托罗拉大学总是根据摩托罗拉公司的发展及时调整自身角色，坚持和摩托罗拉一起肩负使命。即使是在最艰苦的时期，摩托罗拉也要求它的全体员工一年参加 40 个小时的培训，摩托罗拉大学帮助公司实现了这一目标。在如今，摩托罗拉大学致力于培训业务管理人员解决企业中的重要事务，从而帮助摩托罗拉持续盈利。

（案例来源：全民终身学习公共服务平台）

培训与开发的战略性管理重视领导力的开发。当前企业不仅面临更加激烈的市场竞争、激变的市场环境，同时需要应对国际化人才紧缺、员工多元化的管理难题，企业的高层管理者需要以更远见的视野、更迅速的决策能力来把握企业的发展方向，因此有必要对高层管理者进行领导力的培训与开发，不仅是让高层管理者获取新知识、了解市场新动态、掌握新的管理技能，更是要从整体素质，如心理素质与创新思维等方面上提升能力。领导力的开发与培训需要在实践中通过自我学习、自我反思、自我管理实现。多元化、国际化背景下，发展学习型组织，让领导者亲历与员工的多层次互动有助于领导力的提升。

丹尼尔·温特兰德基于多家企业的个案研究提出战略性员工培训模型，模型指出培训与开发的战略性管理当中的实施阶段分为宏观组织阶段、微观组织阶段和实施、反馈、评价阶段。培训与开发的战略管理发生在集团、业务、职能和运作四个宏观维度之下的所有微观层面，这就要求企业不仅在宏观组织阶段将战略与培训内容紧密结合，在微观组织阶段也需要基于工作分析内容，从不同的岗位工作对企业战略的支持性作用出发制定员工的培训项目。借助温特兰德的 4P 模型来说明如何决定战略性培训的内容，"产品"指培训内容，"地点"指培训在哪里进行，"促销"指和培训有关的信息，"价格"指培训的相关成本，确定培训内容以后，即可进入实施、反馈和评估阶段。其中，在实施战略管理过程中，应当主动分析企业所处的内外环境因素、考虑员工的职业发展、整合企业各种资源、持续不断的鼓励学习并塑造学习氛围。

复习思考题

1. 培训与开发的类型有哪些？
2. 培训与开发的原则是什么？
3. 培训与开发工作有什么作用？
4. 培训与开发的新趋势有什么表现？
5. 战略性培训与开发的含义是什么？怎么制定战略性培训与开发？
6. 企业如何进行培训与开发的战略性管理？

案例分析

搞员工培训值得吗？

青春化妆品公司是南方某市一家有名的生产女用系列化妆品的国营公司，公司创办于 1981 年。在创办最初的十多年里，该公司每年以 25% 的速度迅速地发展，产品不但销往全国各省市，而且销往国外十多个国家和地区，成为一家国内外享有声誉的化妆品公司。1985 后，原来负责销售的副总经理张一民退休后，由原销售部经理杨旭接任负责销售的副总经理，而原来销售部的负责国外地区销售的副主任春花被提升为销售部经理。春花上任后不久，即参照国外的经验制订了有关销售人员的培训计划。计划规定对销售人员集中培训两次，一次是在春节期间，另一次为六月份最后一个星期，每次时间为 3 至 5 天。把所有的销售人员集中起来，听取有关国内外最新销售技术知识的讲座和报告，再结合公司的销售实际进行讨论。每次都聘请了一些专家顾问参加讲座和讨论。这样每年集中培训两次的费用不大（每次 40 多个人，费用只用了 6000 多元），但培训收效却很大。

近年来，由于化妆品市场的剧烈竞争，公司的生意停滞不前，在经济上陷入了困难。为了扭转局势，总经理下令，要求各副总经理都要相应地削减各自负责领域的费用开支。在这种情况下，负责销售的副总经理便找销售部经理春花商讨，他们两人在讨论是否应削减销售人员的培训问题上进行讨价还价。副总经理杨旭建议把销售人员原来一年两次的培训项目削减为一次。杨旭提出："春花，你知道，我们目前有着经济上的困难，一则希望通过裁减人员来缩减开支。你我都知道，公司的销售任务很重。目前 40 多位销售人员还转不过来，所以，人员不能裁减。那么剩下的一条路就是削减培训项目了。我知道，我们目前的销售人员大多数都是近几年招进来的大学毕业生，他们在学校里都已经学过关于销售方面的最新理论知识，他们中有些人对这种培训的兴趣也不是很大。而少数一些销售人员，虽不是大学毕业，但他们都在销售方面有了丰富的经验。因此，我认为，销售人员的培训项目是不必要的开支，可以取消或缩减。"春花回答道："老杨，我知道，我们大多数销售人员都是近几年来的大学毕业生。但是，要知道，他们在大学里学的只是书本上的理论知识和抽象的概念，只有他们在第一线干一段时间的销售工作以后，才能真正理解在学校里学习到的理论知识。再则，我们正处于由计划经济向市场经济的过渡阶段，我们对市场经济下进行销售的技术还了解很少，对国外销售方面最新技术了解更少。你是知道的，在培训中，我们让从学校出来的人与有经验的销售人员一起工作一段时间，他们实际销售工作中碰到许多具体的问题，在此基础上再参加我们的培训，一边听取有关最新销售技术知识的讲座和报告，一边结合我们公司的具体实际与专家们共同研讨。正是由于我们坚持不懈地进行了这种培训，我们才在国内和国际市场上扩大了我们的销售量，也才减少顾客对我们的抱怨，赢得了顾客的信誉。因此，我认为，我们决不能削减我们这个培训项目！""对不起，春花。总经理要我们必须缩减开支，我真的没有办法。我对你说了，我们销售任务很重，我们不能裁减销售人员，所以，我们决心通过削减你的销售人员培训计划来缩减开支了。我决定，从明年开始，把每年两次的培训项目缩减为一次。销售人员的培训费用削减 50％至 60％。待公司的经济好转以后，我们再考虑是否增加销售人员的培训费用问题。"

分析与讨论：

1. 按照培训与开发的类型划分，你认为青春化妆品公司提供的培训是什么类型的？

2. 你是否同意在公司经济困难的情况下，可以减免人员的培训计划？为什么？

3. 你有什么好方法能使这两个销售经理都感到满意？

第二章 培训中的学习理论

☆ 学习目标 ☆

学习的基本定义

主要学习理论的基本内容

成人学习理论的特点及原理

体验式学习理论在培训中的应用

☆ 关键概念 ☆

学习

行为主义学习理论

认知主义学习理论

建构主义学习理论

人本主义学习理论

成人学习理论

体验式学习理论

29

☆ 引导案例 ☆

IBM 的员工培训[①]

"无论你进 IBM 时是什么颜色，经过培训，最后都变成蓝色。"这是 IBM 新员工培训时流行的一句话。

IBM 的员工培训是多方位的，既有集中面授又有分期培训，同时还建有电子学习中心（e-Learning）、图书中心等。新加入的员工首先要接受新员工定位培训，内容包括 IBM 公司的介绍、历史沿革、业务框架、

---

① 陈胜军. 培训与开发——提高、融合、绩效与发展［M］. 北京：中国市场出版社，2010.

经营战略、部门分工合作情况、新员工的工作职责、福利待遇、如何进行培训学习，以及如何利用公司资源等。随后，公司将对员工掌握的技能进行测试评定，看是否适合上岗。接下来，公司的电子学习中心会分部门、分级别地对员工提供各种学习资源，员工可根据自己的情况在工作范围内选择要学习的内容。选定的学习内容需经过主管经理批准后方可注册学习，学完之后需经考试测评认证。电子学习中心涉及的内容广泛，包括财务、金融、市场营销、经营战略等，有点像企业办的网上在职专业培训中心。此外，电子学习中心也给公司员工提供了一个随时随地学习培训的机会，只要登录企业内部网，就可以获得学习资料并进行自学，解决了员工工作繁忙，无法安排较多的时间进行脱产学习的问题，真正实现了工作学习两不误。

IBM的学习培训案例，是学习理论在企业培训与开发中的实践运用。学习理论是探究人类学习本质及其形成机制的理论。它重点研究学习的性质、过程、动机以及方法和策略等。人类的学习活动是一个极其复杂的系统，近20年来，对学习的研究已成为多学科共同关注、联合攻关的热门课题，并已取得大量重要的成就。学习理论的完善，有助于我们了解人类如何进行学习活动，如何组织开展学习活动，如何应用各种心理因素及受训者自身学习特点来影响和激励其学习过程，如何营造一个更有利于员工学习的培训环境，以及在纷繁复杂的学习理论中如何选择一个合适的理论来指导培训与开发的具体实施。

本章将从学习的内涵开始，介绍基本的学习理论以及现代学习理论在培训与开发中的应用。

第一节　学习的基本内涵

一、学习的基本概念[①]

对学习的界定一般有两种，一种侧重能力角度，另一种侧重行为角度。从能力角度界定学习，学习指相对长久且不属于自然成长过程的结果，体现了人的能力的变化，这些能力与特定的学习成果有关，学习成果可分为五类：言语信息、智力技

---

① 石金涛，唐宁玉. 培训与开发［M］. 第5版. 北京：中国人民大学出版社，2021.

能、运动技能、态度、认知策略。这五类学习成果的内容见表 2—1。[1]

表 2—1 学习成果的五种类型

类型	能力描述	举例
言语信息	陈述、复述或描述储存在大脑中的信息	陈述遵守公司安全规程的三条理由
智力技能	应用可推广的概念和规则来解决问题并发明新产品	设计并编制一个满足顾客要求的计算机程序
运动技能	精确并按时执行一种体力活动	设计并持续射中小型移动靶
态度	选择个人活动方式	在 24 小时内回复来函
认知策略	管理自己的思考和学习过程	选择使用三种不同策略来判断发动机故障

从行为角度界定学习，学习是一种获得知识的过程，是经历体验导致持续的行为改变。换言之，学习被认为是通过经历体验而导致持续的行为改变。

我国现代学习理论研究者在借鉴西方学者观点的基础上，进一步对学习行为进行深入分析，认为学习指学习者因经验而引起的行为、能力和心理倾向的比较持久的变化。这些变化不是因成熟、疾病或药物引起的，而且也不一定表现出外显的行为。[2]

二、学习方式[3]

员工的培训与开发实际上是一种学习过程，这种学习过程在本质上存在着代理性学习与亲验性学习这两种性质不同的学习方式。

代理性学习指在学习过程中，学习者不是靠自身实践阅历和亲身体验来获得直接知识、经验或结论，而是靠别人获得并往往经过整理加工再传授给他们来获得第二手或若干手的间接经验、阅历知识和结论。

亲验性学习指通过学习者的亲身体验、活学活用来掌握知识和技能的学习方式。在亲验性学习过程中，学习者不是靠别人获得并整理加工后再传递给自己来获得第二手乃至若干手的间接经验、阅历知识和结论，而是经过自己的亲身经历、实际体验、直接经验来掌握知识技能和行为态度，所学到的往往是能够内化为个人能

① Gagne R，Medker K．The condition of Learning［M］．NewYork：Harcourt Brace，1996.

② 王希华．现代学习理论评析［M］．北京：开明出版社，2003.

③ 胡欣，袁秋菊．培训与开发［M］．重庆：重庆大学出版社，2017.

力，在实践中能够把握运用的直接经验与技能，是与实践活动有机联系的第一手知识。

有效的培训与开发就应当从实际出发将两种学习方式与所学知识、技能和态度等内容，以及培训目标、培训资源、培训对象等要素有机结合起来，使代理性学习与亲验性学习方式恰当结合共同发挥效应。

第二节　基本学习理论

自 19 世纪开始，一批心理学家对学习的性质、过程、动机、迁移等方面进行了海量的研究，形成了目前的学习理论。长久以来，在理论学者的关注和研究下，许多理论帮助人们不断地认识和获得了学习方法与学习途径。本节主要介绍四种学习理论，即行为主义学习理论、认知主义学习理论、建构主义学习理论和人本主义学习理论。

一、行为主义学习理论

行为主义学习理论将学习定义为在刺激和反应之间建立联结的过程。行为主义学习理论认为个体在不断接受特定的外界刺激后，就可能形成与这种刺激相适应的行为表现，学习就是刺激与反应建立了联系。行为主义学习理论"重视与有机体生存有关的行为的研究，注意有机体在环境中的适应行为，重视环境的作用"，认为人类的行为都是后天习得的，环境可以决定一个人的行为模式。

1. 操作学习理论

（1）两种反应与两种行为。

美国当代著名的心理学家斯金纳（B. F. Skinner）是行为主义的代表人物之一，是操作性条件反射的创始人。斯金纳认为，他发现的操作性条件反射与巴甫洛夫的经典性条件反射分别与他提出的两种反应和两种行为有关。经典条件反射是由已知的刺激引起反应，与应答性行为的塑造有关；操作性条件反射是在没有已知刺激的条件下，有机体先做出自发的操作反应，然后才得到强化物的强化，从而使这种操作性反应的概率增加，它与操作性行为的塑造有关。据此，斯金纳进一步提出两种学习形式：一种是经典式条件反射学习，用以塑造有机体的应答行为；另一种是操作式条件反射学习，用以塑造有机体的操作行为。斯金纳认为操作性行为更能代表实际生活中人的学习情境。对此类行为来说，重要的是跟随反应之后的刺激，而不是反应之前的刺激，行为科学最有效的研究途径就是通过控制刺激去研究操作行为的条件作用和消退作用。

（2）强化。

斯金纳认为强化是操作性行为形成的重要手段。强化在斯金纳的学习理论中占有极其重要的地位，是其学习理论的基石和核心，所以也有人称之为强化理论或强化说。

①强化的类型与来源。

强化有两种：一种是正强化，即当一个刺激跟随在一个操作性反应之后，并能提高这个反应的概率时，便产生正强化；另一种是负强化，即当排除一个跟随在一个操作性反应之后的讨厌刺激，并能提高这一反应的概率时，便产生负强化。

强化理论说明了为让学习者获得知识、改变行为方式或调整技能，培训者要知道受训者认为哪些属于正向强化，哪些属于负强化，然后引导其将这些因素与自身知识、技能的获取或行为的改变联系起来。在管理中，运用强化理论指导员工培训与开发，对提高受训者参加培训的积极性及培训效果会起到良好的作用。实际应用中关键在于如何发挥强化机制的协调性，为此应该注意以下三个方面。

第一，应以正强化方式为主。比如在员工培训与开发中，企业设置鼓舞人心的培训效果目标是一种正强化方法，但要注意将企业的整体目标和职工个人目标、最终目标和阶段性目标等相结合，并对在完成个人目标或阶段性目标中作出明显绩效或贡献者给予及时的物质和精神奖励（强化物），以求充分发挥强化作用。

33

第二，采用负强化（尤其是惩罚）手段要慎重。负强化应用得当会促进培训过程和效果良好效应的产生，但应用不当则会带来一些消极影响，可能使人由于不愉快的感受而出现消极怠倦等心理反应，甚至发生对抗性行为。因此，在运用负强化时，应尊重事实，讲究方式方法，处罚依据准确公正，这样可尽量消除其副作用。

第三，利用信息反馈增强强化的效果。信息反馈是强化人的行为的一种重要手段，而员工培训与开发中，各阶段培训效果评估反馈也尤为重要。定期及时反馈可使员工了解目前绩效及其结果，既可使员工得到鼓励、增强信心，又有利于及时发现问题分析原因修正不良行为。

除了对正强化与负强化作出区分外，斯金纳还区分了强化的两个来源：一级强化物和二级强化物。一级强化物包括所有在没有任何学习发生的情况下也起强化作用的刺激，如食物和水等满足基本生理需要的东西。二级强化物包括那些在开始时不起强化作用，但后来作为与一级强化物或其他强化物配对的结果而起强化作用的刺激。斯金纳认为，对于人类来说，二级强化物包括对大量行为起强化作用的许多刺激，诸如特权、社会地位、权力、财富、名声等，这些大多是由社会文化所决定的，它们构成了决定人类行为的极有力的二级强化物。

②强化的安排对学习的影响。

连续强化安排即每一次正确反应之后都给予强化。间隔强化安排是借助于时钟进行强化安排，两次强化之间相隔一定的时间间隔，时间固定就是"固定间隔"，时间不固定就是"可变间隔"。比例强化安排指被试必须在强化之前作出一定次数的反应之后才能得到强化，反应的次数固定就是"固定比例"强化，反应次数不固定就是"可变比例"强化。强化的安排可以有各种不同的结合和顺序。不同的安排能够对学习产生不同的影响：

对习得速度的影响。一般来说，如果最初学习时给予连续强化，即每一次正确反应都给予强化的话，学习的速度就会比较快些；如果最初学习时使用间歇强化，学习就会困难些，速度也就慢一些。

对反应速度的影响。第一，比例强化（不论是变化比例还是固定比例）安排比间隔强化安排的反应速度要快些。第二，在两种固定强化安排中，在每次强化后，反应速度立即变慢。原因是由于强化之后即便立刻作出反应，也不可能得到强化。

对消退速度的影响。首先，连续强化安排比间歇强化安排习得的速度要快些，但在不给强化后，消退的速度也会更快些。其次，固定强化安排比变化强化安排引起的习得速度要快些，但在没有强化时，它引起的消退速度也会更快些。最后，在比例强化安排中，强化次数与反应次数的比例高，习得的速度要快些，但在不给强化后，消退速度相应地也要快一些。

所以，最佳的训练组合也许是，最初使用连续强化安排，然后是固定间隔强化安排，最后是变化比例强化安排。此外，随着训练期的推移，比例也可以改变。总体说来，减少强化对不强化的比例，会导致消退速度放慢。

（3）程序教学。

斯金纳认为对学生的正确学习效果必须给予及时的强化，以鼓励学生继续进行学习。而在教学中，教师不可能对每一位学生都给予及时强化。由此，斯金纳提出了程序教学。斯金纳的程序教学的基本思想是逐步提高极为复杂的行为模式，并且每阶段保持行为的强度。在任何领域形成能力的全过程必须分为许多小步骤，必须步步依靠强化。由于尽可能采取连续的小步骤，所以强化的频率可以提高到最大，同时可将可能发生的错误率降低至最小。程序教学的具体操作是：①课程被分为一系列很小的步骤；②每一步骤按逻辑顺序衔接；③各个步骤代表所学的概念或技能的一部分，有利于有效地掌握所学的知识和技能；④在学习过程中，不断向学员提供信息，并要求他们做出反应，对于这些反应要及时给以强化；⑤经过一系列的强化，来巩固学习的内容。程序学习的关键是编制出好的程序。

为此，斯金纳提出了编制程序的 5 项基本原则：

①小步子原则。把学习的整体内容分解成由许多片段知识所构成的教材，把这

些片段知识按难度逐渐增加排成序列，使学生循序渐进地学习。

②积极反应原则。要使学生对所学内容作出积极的反应，否认"虽然没有表现出反应，但是的确明白"的观点。

③及时强化（反馈）原则。对学生的反应要及时强化，使其获得反馈信息。

④自定步调原则。学生根据自己的学习情况，自主确定学习的进度。

⑤低的错误率原则。使学生尽可能每次都做出正确的反应，使错误率降到最低。斯金纳认为程序教学有如下优点：循序渐进；学习速度与学习能力一致；有利于提高学生学习的积极性；培养学生的自学能力和习惯；及时纠正学生的错误，加速学习。

在教学与培训上，斯金纳设计的程序学习提出了一种新的学习形式，对于提高人的学习效率、适应学习者的个别差异教学等方面有积极作用。在程序学习中，强调学习上的循序渐进、学习者的积极反应、及时反馈等原则，体现了学习的一般规律和要求。斯金纳的强化教学的观点和方法、操作技能培养和训练的方法以及程序教学的设计等，该理论强调的内容塑造、强化、消退对人员的培训有积极的意义，对教学实践也具有一定的参考和借鉴价值。

2. 观察学习理论

观察学习理论，是 20 世纪 60 年代兴起的一种理论。它的创始人是美国行为主义心理学家、斯坦福大学教授班杜拉（Albert Bandural），他在考察和研究人的行为是如何形成这个问题的基础上，提出其学习理论的。班杜拉认为，行为的习得或行为的形成可以通过反应的结果进行学习，也可以通过榜样的示范进行学习。人类可以通过对榜样的观察进行学习，而且，人类的大部分行为是通过观察榜样的行为而习得的。

（1）观察学习的四个过程。

所谓观察学习指观察者只是观察榜样的行为而不做出直接的反应就能够模仿学习。观察学习由 4 个子过程组成：注意过程、保持过程、动作再现过程、动机过程。

①注意过程。

观察学习起始于学习者对示范者行动的注意。在注意过程中诸多因素影响着学习效果，有来自示范者本身的特征和观察者本人的认知特征，还有观察者和示范者之间的关系等，这些因素都调节着观察经验的数量和类型。其中最重要的是观察者和示范者之间的关系。观察学习的速度和水平还部分地决定于示范行为本身的性质和特征。学习者本人（观察者自身）的感觉能力、注意的唤醒水平、知觉的定势和强化的经验等都直接影响着对示范行为的注意和观察水平。

②保持过程。

即对示范行为的保持过程。有必要强调的是，如果观察者记不住示范行为，观察就失去意义。要想把示范行为在长时间记忆中永久保持，需要把示范行为以符号的形式将其表象化。因此，高度符号化能力使人们的很多行动都可以通过观察来学得。对示范行为的复述将会提高保持的效果，这种复述有两种形式：一是内心复述（或称为象征性复述），二是动作性复述。内心复述是利用保持在头脑中的示范行为的表象在心理反复出现和组织，也就是想象自己正在做一个示范行为。动作性复述是通过重复示范行为的外部动作来复习和巩固习得的行为。

③动作再现过程。

即把记忆中的符号和表象转换成适当的行为，也就是再现以前所观察到的示范行为。这个过程可进一步分解为：反应的认知组织、反应的启动、反应的监察、依靠信息反馈对反应所进行的改进和调整等环节。

④动机过程。

能够再现示范行为之后，观察学习者是否能够经常表现出示范行为要受到行为结果因素的影响。班杜拉认为有三个方面的因素影响着学习者做出示范行为：一是他人对示范者行为的评价；二是学习者本人对自己再现行为的评估；三是他人对示范者的评价。实际上这也是三种强化即外部强化、自我强化和替代性强化。班杜拉把这三种强化作用看作是学习者再现示范行为的动机力量。

（2）观察学习中的调控因素。

班杜拉认为，人的许多行为反应，不仅依赖于具有强化作用的外部诱因。他拓展了强化的概念，认为人们还在观察他人行为结果和自己的行为结果的基础上部分地调节自己的行为。也就是说，观察学习中的调控因素有三种强化形式：外部强化、替代性强化和自我强化。

①外部强化。

主要是指引起或改变人类社会性行为的外部诱因作用。班杜拉认为，具有强化作用的外部诱因，随着人的经验的发展而变化。诱因的发展层次含有物质的结果、象征的结果和社会性契约。在发展的最高水平，人们通过自我评价和结果来调节他们的行为。

②替代性强化。

是指观察者看到榜样或他人受到强化，从而使自己也倾向于作出榜样的行为。也就是说，对榜样的强化也间接地强化了观察者对榜样行为的观察和学习。替代性强化来自于学习者观察到的榜样的行为结果。这种观察到的结果既可以促进某种行为反应，也可以抑制某种行为。促进某种行为的观察结果称为替代性强化，抑制某种行为的观察结果叫做替代性惩罚。就学习效果而言，替代性强化的作用优于直接强化。

③自我强化。

就是当人们达到了自己制定的标准时，他们以自己能够控制的奖赏来加强和维持自己行动的过程。自我强化实际上是一种自我调节过程。班杜拉认为，这个过程包括行为操作判断过程和自我反应等三个子过程。在第一个子过程中，学习者对自己的行为结果进行各方面的评价；在第二个子过程中，学习者根据自我确定的行为标准去判断自己的行为；在第三个子过程中，根据自己的判断，对自己的行为进行奖赏和调节。这之中，自我评价标准的确定显得尤为重要；根据自己的能力、榜样的示范和社会要求，确定适当的评级标准是自我评价的关键所在。

观察学习理论不论在行为习惯和运动技能的教学方面，还是在语言知识及人际交往的教学方面，都有指导作用和参考价值。我们在培训中要注意给学员树立良好的榜样，在培训中要为人们树立正面的榜样；在文化知识教学和操作及运动技能的培养和训练中，培训者更要做好示范，并根据观察学习过程的特点，突出知识和技能的主要特征，吸引受训者的注意。在受训者运用知识或具体操作过程中，培训者要及时进行指导，纠正和改进受训者的错误学习，并调动受训者的学习主动性和自主性，通过自我调节来改进自己的学习。

3. 目标设置理论

目标设置理论最初是由美国马里兰大学管理学兼心理学教授洛克（E. A. Locke）在 1967 年提出的一种理论，认为目标本身就具有激励作用，目标能把人的需要转变为动机，使人们的行为朝着一定的方向努力，并将自己的行为结果与既定的目标相对照，及时进行调整和修正，从而能实现目标。

（1）四种机制。

目标通过四种机制来影响行为：第一，目标引导注意和努力指向目标行为而脱离非目标活动。第二，目标有决定付出多少努力的作用，高目标比低目标要付出更多的努力。第三，目标影响行为的持久性。如果允许工作者控制工作时间，困难目标延长了努力时间，然而在平衡了工作时间和努力程度之后会缩短努力时间。第四，目标会通过唤醒、发现、目标任务知识和策略的使用来间接地影响行为。因此，适当地设置目标，能够激发人的动机，调动人的积极性。在现代人力资源开发过程中，可以通过目标的设置来激发员工的学习动机，指导员工的行为，激励他们的学习积极性。

（2）影响目标与绩效的中介因素。

①目标承诺。

承诺指个体被目标所吸引，认为目标重要，持之以恒地为达到目标而努力的程度。当人对目标作出承诺时，目标与结果的关系最为密切，承诺在目标任务困难时表现得最为重要，因为困难的目标要求更大的努力，与容易目标相比，其成功的可能性较小。

②反馈。

目标是个体评价自己绩效的标准，反馈则告诉人们这些标准满足得怎样，哪些地方做得好，哪些地方有待改进，反馈为目标的执行过程提供了总结。反馈有正反馈与负反馈之分，正反馈是个体达到某种标准而得到的反馈，负反馈是个体没有达到某种标准而得到的反馈，前者与奖励相联系，后者与惩罚相联系。

③目标明确性与难度。

明确的目标使人更清楚该怎么做，付出多大努力才能达到目标，同时也便于评价个体能力。对行为目的和结果的了解能减少行为的盲目性，提高行为的自控水平。人们对于明确而有挑战性的目标完成得最好，而对于模糊而有挑战性的目标，如告诉被试"尽力做得最好"，被试完成的绩效呈中等水平，模糊而无挑战性的目标则可能导致最低水平的绩效。难度是指同样的目标对某些人来说可能是容易的，而对于另一个人来说可能是有一定难度的。一般来说，绩效和目标难度水平之间存在着线性关系，因为人们可以根据不同的任务难度来调节自己的努力水平，不过前提是完成任务的人有足够的能力，对目标又有高度的承诺。

④满意感。

个体经过努力达到目标并得到相应的反馈和奖赏后就会感到满意，否则就会感到不满意。同时，满意感还受到另一个因素的影响，就是个体对他所得报酬是否公平的理解。如果说，通过与同事、朋友、自己的过去、自己的投入等相比，他感到所得的报酬是公平的，就会感到满意；反之，则会不满意。

目标设置理论在人力资源培训与开发活动中具有很强的指导作用。运用目标设置理论激发学习者的积极性，必须坚持运用好目标的两个基本属性：明确度和难度。

在员工培训与开发中，目标设置理论说明给受训者提供特定的、富有挑战性的目标和目的，并适当提供一些反馈等会有助于学习。这就要求培训课程计划的设计要以特定的目标开始，这些目标向学习者提供了应采取的行动、学习发生的条件、可以被接受的绩效水平等信息，还要以受训者达到的这些目标为终点。总之，整个培训过程中，培训师的授课和受训者的学习都要以培训目标为核心；而培训的相关设施，例如培训的场地、日程安排、学员规模、座位安排、学习资料、培训师的进度以及培训效果的反馈方式等，也都需要经过科学的设计，以促成目标的最终实现。

二、认知主义学习理论

认知主义认为学习就是面对当前的问题情境，在内心经过积极的组织，从而形成和发展认知结构的过程，强调刺激反应之间的联系是以意识为中介的，强调认知过程的重要性。

1. 认知－发现学习理论

认知－发现学习理论，是由美国哈佛大学的心理学教授，世界著名的心理学家、教育家布鲁纳（J. Bruner）提出的。布鲁纳主要从事认知与发展心理学的研究，他吸取了"格式塔"（Gestalt）心理学的理论和皮亚杰（J. Piaget）发展心理学的学说，在批判继承杜威（J. Dewey）教育思想的基础上，加上自己长期的研究，逐渐形成了"认知－发现学习"（Discovery Learning）的模式和理论。其基本观点主要表现在三个方面：①学习是主动地形成认知结构的过程；②强调对学科的基本结构的学习；③通过主动发现形成认知结构。

布鲁纳提倡发现学习，认为发现学习的作用有以下几点：一是提高智慧的潜力。二是使外来动因变成内在动机。三是学会发现。四是有助于对所学材料保持记忆。认知发现说强调学习的主动性，强调已有认知结构、学习内容的结构、学生独立思考等的重要作用，这些对培育现代化创新创造型人才是有积极意义的。

（1）学习的本质和过程。

①学习的本质。

布鲁纳认为，学习的实质是一个人把同类事物联系起来，并把它们组织成赋予它们意义的结构。学习就是认知结构的组织和重新组织。知识的学习就是在学生的头脑中形成各学科知识的知识结构。他说，任何一门学科知识的学习，其最终目的是"对题材结构的一般理解"。掌握一门学科的结构，是以使许多其他事物富有意义的和它联系起来的方式去理解它。而知识具有一种层次结构，它可以通过一个人发展着的编码系统或结构体系，在三种再现模式的每一种模式中表达出来。学习或教学要达到的真正目的是使学生在某种程度上获得一套概括了的基本思想或原理，这些基本思想或原理构成一种对于理解来说最佳的知识结构。简言之，按照布鲁纳的观点，知识的学习就是在学生的头脑中形成一定的知识结构。这种知识结构是由学科知识中的基本概念、基本思想或原理组成的，知识结构的结构形式是通过人的编码系统的编码方式构成的，并可通过三种再现模式表现出来。一种知识结构的价值，决定于它简化资料、产生新命题和增强使用的能力。

②学习的过程。

布鲁纳认为，知识的学习包括三种几乎同时发生的过程，即新知识的获得、知识的转化、检查知识是否恰当。

新知识的获得。这种新知识经常是与学习者已有的知识相悖，也可以是对已有知识的一种替代或提炼。理解和掌握新知识的方式依赖于学习者对世界取得信息和保持联系的方式。这种方式构成一个人理解和掌握知识的编码系统，也决定了人们将以什么样的方式构成知识结构。

布鲁纳把编码系统解释为构成一个人的三种再现模式的"一套偶然有联系的、非特定的类别",因此一个人的编码系统就构成一个人的知识结构,一个人的编码系统决定着人们将以什么样的方式构成知识结构。编码系统是一种不能直接观察到的假设构成物,但可以从可观察到的先前的和随之发生的事件的性质中推论出来。编码系统并不是一成不变的,它可以经常发生变化和改组,编码系统的变化和改组标志着一个人理解和掌握知识方式的变化或发展。布鲁纳把编码过程看作是把概念合并到概括化的知识结构中去的过程。编码有两种形式:一种是正式的编码,即采取某种逻辑原理的形式或者把它归入某种逻辑原理,总之正式的编码是按照某种逻辑关系或逻辑原理进行的编码;另一种是非正式的编码,它的基本形式是概括或者是通过归纳获得的概括或者是直觉地概括。

知识的转化。是对新知识进一步分析和概括,使之转化为另一种形式,以适应新的任务;知识转化为技能、做练习、实践、解决实际问题的能力。

检查知识是否恰当。检查我们处理知识的方法是否适合于这项任务,如概括是否合适、外推是否恰当、运算是否正确等。

（2）内部动机与外部强化。

布鲁纳在学生的知识学习的动机方面的论述,特别注意和强调认知需要和内部动机的作用,他认为知识的获得不管其形式如何都是一种积极的过程,这种积极的学习过程显然是受学生强烈的认知需求的驱使。他认为学生的学习除了受一些生理的内驱力驱动之外,更重要的是受认知需求的驱使,他指出我们的认知活动并不是无论何时都受食物和性欲这类事务所支配。

布鲁纳并不反对外部动机和外部强化对学生学习的影响,只不过他认为当学生的认知结构和认知需要有了一定的发展后内部的动机变得更为重要。他明确地指出:"我提出在能力或占优势的动机达到控制行为的程度时,强化或外在的愉快对形成行为的作用减少了。"布鲁纳对除了生理内驱力之外还有第一需要的观点表示赞同,这种第一需要可称之为"好奇心",即使在有机体的紧张状态不存在的时候,它也使有机体保持着积极性。布鲁纳的这种内部动机的观点,明确地指出了人类学习与动物学习的本质性区别,认为人类的学习更主要是受认知需要的驱使。

（3）发现学习。

在布鲁纳看来,学生的心智发展虽然有些受环境的影响并影响他的环境,但主要是独自遵循他自己特有的认识程序的。教学是要帮助或形成学生智慧或认知的生长,他认为培训者的任务,是要把知识转换成一种适应正在发展着的学生的形式,而表征系统发展的顺序可作为教学设计的模式。由此他提倡使用发现学习的方法。发现学习是指给学生提供有关的学习材料,让学生通过探索、操作和思考,自行发现知识，理解概念和原理的教学方法。这种学习方法不把学生当作知识的容器，也不看成活动的书橱，而要把学生培养成为自主的思想家。要求学生像科学家那样去思考、探索求知，最终达到对所学知识的理解和掌握。不过，布鲁纳对发现的界定是比较宽泛的，它不仅包括人们探索未知的行为，还包括用自己的头脑亲自获得知识的一切形式去寻找，从而获得知识的答案，它要求学生按照自己的学习方式去学习。

2. 认知同化学习理论

奥苏贝尔（David P. Ausubel）是当代美国著名的教育心理学家。他的学习理论和教学思想以"认知结构同化论"为基础，系统地阐述了有意义学习的实质、条件和种类等。

（1）有意义学习。

奥苏贝尔学习理论的核心是有意义学习。他指出："有意义学习过程的实质就是符号所代表的新知识与学习者认知结构中已有的适当观念建立非人为的和实质性的联系。"所谓实质性联系，亦即非字面性联系，指新符号或符号代表的新知识与学习者认知结构中已有的表象，已有意义的符号、概念或命题的联系。所谓非人为性联系，亦即非任意性联系，是指符号所代表的新知识与认知结构中的有关观念在合乎人们能理解的逻辑关系上的联系。制约这一学习的条件有如下三点：①学习材料本身具有逻辑意义；②学习者认知结构中具有同化新观念的相应知识；③学习者具有有意义的学习心向。

在他看来，学习者的学习，如果要有价值，应该尽可能地有意义。奥苏贝尔将学习分为接受学习和发现学习、机械学习和意义学习，并明确了每一种学习的含义及其相互之间的关系。奥苏贝尔的学习分类，是一种有创见的分类。这种分类指明了有意义学习与机械学习接受学习与发现学习的划分和区别，揭示了学生的学习是以有意义接受学习为主的规律。这对发展学生智能、培养创造力、实现"为迁移而教"的目标有重大的理论意义和指导作用。

为了有效地区分这 4 种学习，奥苏贝尔提出了有意义学习的两条标准：①学习者新学习的符号或观念与其原有知识结构中的表象、有意义的符号、概念或命题等建立联系，如学习者在了解哺乳动物的基本特征后，再对照特征，知道鲸也属于哺乳动物家族中的一员。②新知识与原有认知结构之间的联结是建立在非人为的、合乎逻辑的基础上的，如四边形的概念与儿童原有知识体系中的正方形的概念的关系并不是人为强加的，它符合一般与特殊的关系。

（2）知识的同化。

奥苏贝尔学习理论的基础是同化。认为新知识的学习必须以已有的认知结构为基础。学习新知识的过程是学习者积极主动地从自己已有的认知结构中提取与新知

41

识最有联系的旧知识，用来"固定"或"归属"新知识的过程。这是一个动态过程。过程的结果导致原有的认知结构不断地分化和整合，使学习者获得了新知识或清晰稳定的意识经验，原有的知识也在同化过程中发生了意义的变化。所以，"同化"就是新旧知识或观念相互作用的过程。相互作用的结果使习得的知识观念获得心理意义。与此同时，原有的认知结构也发生了量变或质变。奥苏贝尔指出，学习者在学习中能否获得新知识，主要取决于学生个体的认知结构中是否已有了有关的概念（即是否具备了同化点）。培训师必须在教授有关新知识以前了解学习者已经知道的知识，并据此开展培训活动。

3. 信息加工理论

加涅（Robert M. Gagne）是美国著名的教育心理学家。他对学习和教学心理方面的研究比较全面，自成体系。他以一种宽容的态度客观地评价各家学说，并合理采纳有价值的研究成果，形成了自己的认知学习理论。加涅将学习过程视为学习者头脑中的信息加工活动，认为学习过程是信息的接收和使用过程。学习是主体和环境相互作用的结果，学习者内部状况与外部条件是相互依存、不可分割的统一体。他试图阐述学生的认知结构，并着重用信息加工模式来解释学习活动。

（1）学习的信息加工模式。

加涅运用信息加工的观点对学习过程进行分析，提出了一个被广为引用的学习的信息加工模式，如图 2-1 所示。

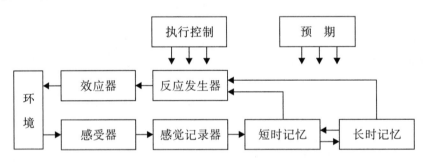

图 2-1　学习的信息加工模式图

加涅认为，任何一个教学传播系统都是由"信源"发布"消息"，编码处理后通过"信道"进行传递，再经过译码处理，还原为"消息"，被"信宿"接收。它展示了人类学习的内部结构以及每个结构完成的过程。它是一种对影响学习效果的教学资源进行再分配和调整的串行结构。加涅认为，在信息处理学习模式中有三点是十分重要的：第一是学习，学习是学习者吸收信息的过程。第二，学习者的自发控制和积极期望是制约课堂教学效果的决定性因素。第三，反馈是检验教学效果的一种手段。

（2）学习的阶段。

加涅认为，一个学习行动的阶段就是构成单个学习的内部和外部事件的系列或链索。而且，每一阶段都有它各自的内部过程和影响它的外部事件，如图2－2所示①。相应地，我们也能更清楚地了解培训活动每一个学习阶段中培训工作人员应该提供的支持。

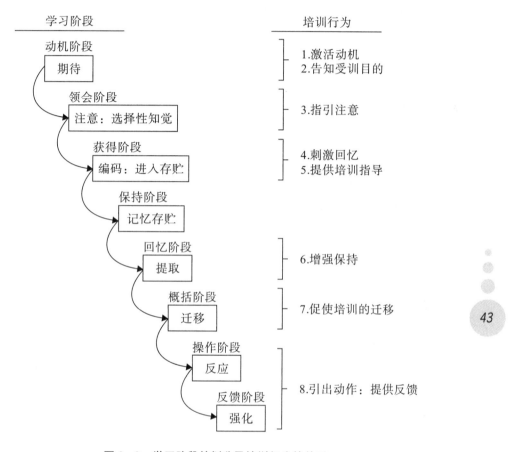

图2－2 学习阶段的划分及培训行为的关系

动机阶段，动机反映了受训者要控制、支配和掌握他的环境来达到既定目标的自然倾向。在这一阶段，培训任务就是要识别受训者的各种动机并将他们统一到培训目的上去。当动机不存在时，可以通过引起受训者内部的期望来建立。

领会阶段，包括受训者对刺激的注意和知觉。在这一阶段要引导注意和指导知觉选择，将提供给受训者的刺激加以安排，以便强调刺激呈现的区别性特征。

获得阶段，指受训者把他的知识编码贮存在大脑中，编码是为了在短时记忆或长时记忆中贮存。在此阶段，培训要提供学习方法的指导。

① 张承芬. 教育心理学［M］. 济南：山东教育出版社，2000. （其中，对应的"教学事件"修改为"培训行为"，以标示出学习阶段与培训行为之间的关系。）

保持阶段，即强调对经过编码贮存的知识加以巩固、增强和保持。这时，培训工作人员可以通过提供练习来巩固受训者的知识，并配合以多样的情境来加深印象。

回忆阶段，即对贮存的信息加以恢复和提取，该阶段依赖提示线索。所以，在培训过程中要设计可供受训者提取的线索。

概括阶段，即将所学会的能力迁移到新情境中去，可以采取横向或纵向迁移两种形式。这要求我们在培训中要尽量设计出多样的新情境，让受训员工能够运用所学到的知识。

操作阶段，操作即指可以观察到的行为，从操作的变化可以做出学习是否已经发生的结论。

反馈阶段，反馈是学习的最后阶段，它是通过强化过程发生的。在培训活动中，我们需要设计反馈，培训师的作用是以信息反馈形式向受训者提供人为的强化物。

以上就是加涅的完整的学习活动，而我们则根据每一阶段的不同特点指出相应的培训行为。正如学习是一个系统的行为，培训也是一个系统的行为，我们必须根据受训者本人的内部条件来创造适当的外部条件，促进有效的培训迁移，以实现预期的培训目的。

三、建构主义学习理论

建构主义是学习理论从行为主义发展到认知主义以后的又一新的发展。行为主义倾向于从技能的获得来看学习，认知理论倾向于从概念的理解和一般策略的增长来看学习，而建构主义学习理论则倾向于从概念意义的建构和技能的使用来看学习。

1. 发生认识论

让·皮亚杰（Jean Piaget）的发生认识论是建构主义思想的最主要的理论来源。在他看来，知识既不是客观的东西，也不是主观的东西，而是个体在与环境交互作用的过程中逐渐建构的结果。皮亚杰理论体系中的一个核心概念是图式。图式是指个体对世界的知觉、理解和思考的方式。图式的形成和变化是认知发展的实质。认知发展是受三个基本过程影响的：同化、顺化和平衡。对于学习，可以从以下几个方面说明。

（1）学习属于发展。孩子们对世界的了解取决于他的发展水平。因此，认知发展作为一种功能系统地制约着孩子们的学习范围。

（2）知觉受制于心理运演。知觉是一种主动的、有目的的搜索活动，而不是毫无目的的扫视。知觉者常常凭借进行推理的心理活动感知自己要看的东西。

（3）学习是一个动态建构的过程。学习不是个体获得越来越多的外部信息的过程，而是对自己了解事物的过程了解得越来越多，也就是建构新的认知模式。

（4）错误是有意义学习的必要条件。皮亚杰认为学生犯错误是可以的，因为学习本身就是一个通过反复思考错误的原因，逐渐消除错误的过程。错误会使学生的知识结构合理化，并将观察到的结果吸收到修订后的知识结构中。

2. 生成学习理论

美国教育心理学家维特罗克（M. C. Wittrock）在吸收当代信息加工心理学在人类认知、能力、学习与教学方面的研究成果的基础上，根据自己长期在课堂教学领域的大量研究，提出了生成学习理论。维特罗克认为，学习过程不是从感官体验本身开始的，而是从对感官体验的选择性注意开始的。任何学科的学习和理解都涉及学习者最初的认知结构。学习者总是以自己的经验来理解和建构新概念，包括正式学习前的非正式学习、科学概念和日常概念、知识或信息。建构是建设新信息的意义，也是改造和重组原有经验。因此，学习理论的产生更加注重如何在原有经验、心理结构和信念的基础上建构知识，强调学习的主动性、社会性和情境性。

此外，维特罗克还提出生成学习模型，包括三个方面：①该模型的核心要素是长期存储系统。②生成建构意义的动机，并将其与感官体验和长期记忆结构进行对比，对于发展学习者的生成意义是很重要的。③建构意义的过程，也就是学习的过程。

"生成学习"是一个动态的、发展的过程。这一模式反映了学习过程中学习者与环境的多向性交互作用。在这种交互作用中，学习者与情景是相互依存并且非单方面决定的。在这一交互作用过程中，学习者是有意识的、主动的，其认知和动机因素是学习的基本决定因素，情景对于学习者所包含的心理学意义是重要的决定因素。因此，学习不仅要考虑到学习者本身的因素，也不能忽视情境的作用。

总之，建构主义学习理论要求学习者成为信息处理的主体和知识意义的主动建构者。在此基础上，围绕"自主学习策略、协作学习策略、学习环境"来设计企业培训，促进员工主动建构知识。建构主义学习理论强调学生在学习过程中的主动性、建设性、探究性和创造性。这些知识不是通过培训师传授给受训人员的，而是学习者在特定情景下（如社会文化）学习，并获得相关材料和方法。建构主义学习理论认为，培训师应从知识的指导者和灌输者转变为主动建构意义的帮助者和促进者，在培训过程中采用新的教学理念和教学模式。

四、人本主义学习理论

人本主义学习理论立足于人本主义人性观，旨在强调充分发挥人的学习潜能和价值，探索怎样使个人成为具有完美人格的人。人本主义学者认为，学习的实质就是形成与获得经验，学习的过程实际上就是获得经验的过程。

美国心理学家罗杰斯倡导学习的核心是让学生自由学习，在学习过程中形成自己的风格和方法。这种学习理论强调以人为本的理念，重视学习者学习过程的主动性和自由性，强调学习内容的现实意义，基本观点如下。

（1）学习是有意义的心理过程，而不是机械地刺激和反应的总和。罗杰斯所谓的意义学习是以人的自主发挥为基础，以学会自由和自我实现为目的，以自主选择的自由生活和实践意义的知识经验为内容，以"自我－主动学习"（self－initiated learning）为特征，以毫无外界压力为条件的完全自主的、自由的学习。罗杰斯认为，要了解考察人的学习过程，只了解外部情境和外部刺激是不够的，更重要的是要了解学习者对外部情境或刺激的解释和看法。

（2）学习是学习者潜能的发挥。罗杰斯认为，人类是具有学习的自然倾向和学习潜能的，学习是一种自发的、有目的、有选择的过程。所以，培训的任务就是创建一种有利于学习者潜能发挥的情景，使其潜能得到充分发挥。培训内容和方法的确定都应以学习者为中心，培训师的任务是帮助学习者增强对变化的环境和自我的理解。

（3）学习的内容应是对学习者有价值的知识经验。罗杰斯认为，只有当学习者了解到他所学内容的用处时，学习才可能成为最好的、最有效的学习。所以，培训师要尊重学习者的兴趣和爱好，尊重学习者自我实现的需要。

（4）学习的过程及方法。罗杰斯认为，许多有意义的学习都是学习者在实际活动中进行的。学习者面对现实生活问题，亲身体察问题，这是自我－主动学习的关键。他还指出，如果在教学中让学习者自主地选择和确定学习的方向和目标，自己提出问题，自己发现和选择学习材料，并亲身体验到学习的结果，这将收到最好的学习效果。罗杰斯还主张，最好的和最有效的学习不是学习静止的知识，而是学会如何学习。要想学会如何学习，就必须重视对学习过程的学习。

（5）学习的条件。罗杰斯认为应该为学习者的学习提供宽松、自由、无外加压力、无讥讽的良好的学习条件。这些条件包括要使学习者面临真正的问题，而这些问题是学习者自主选择的并认为有价值的；让学习者选择他自己的学习方式，主动地参与学习过程。除此之外，罗杰斯也强调了老师本身的素质和方法。

所以，罗杰斯在教育改革领域中提出"以学习者为中心"的教学理论，并倡导"非指导性教学"。作为一种学习理论，人本主义体现了对资本主义社会泯灭人性的一种抗议，呼吁发挥人的潜能，这有很重要的积极性。如今在企业中，人们也越来越提倡尊重员工的个性，并给员工的学习和工作发展提供相对更大的自由。尊重员工的个性，就是要注意培养员工的特长，使其成为某方面的专才；同时，努力做到让员工根据自己的兴趣、能力和爱好，选择培训的项目和内容。应该说，达到这个目标是相当不易的，企业有自己的价值和利益取向，但是如果在尊重和相信员工的基础上给予他们系统、专业、自主的培训机会，让他们有更多的表现自己才能和才干的机会，就会使他们在工作和培训选择之间形成良好的互动，使员工和企业共同进步，企业也才能成为真正意义上的学习型组织。

第三节 现代学习理论在培训中的应用

一、成人学习理论

1. 成人学习理论的内涵

（1）成人学习理论的假设。

大多数教育理论和正规教育机构都是专门培训孩子和年轻人的。教学法作为教育孩子的艺术和科学，是教育理论的核心内容。学生们通常被看作指令和学习内容的被动接受者，并且没有相关经验。成人学习理论是在满足成人学习这一特定需要的理论基础上发展起来的。教育心理学家认识到了正规教育理论的局限性，于是开发了成人教学法，即成人学习理论。人们常把马尔科姆·诺尔斯与成人学习理论联系在一起，他的模型建立在以下假设条件之上：①成人需要知道他们为什么要学习；②成人有进行自我指导的需求；③成人可为学习带来更多的与工作有关的经验；④成人是带着一定的问题去参与学习的；⑤成人受到内部和外部的激励而学习。成人学习理论对培训项目的开发至关重要，因为这些项目的大多数学员都是成人，他们当中的大多数人又都没有接受过长时间的正规教育。因此，在培训中应努力实现互动性这一基本要求，即学习者和培训者都要参与到学习过程之中。

（2）戈特的16条成人学习原理。

国内外许多专家对成人学习原理进行了研究。美国管理学家戈特（Tom W. Goad）在其所著的《第一次培训者》（*The First Time Trainer*）一书中，总结了关于成人学习的16条原理。这些原理为许多企业所应用，并经实践证明能有效促进培训工作取得成功。这些原理的主要内容包括以下方面。

①成人是通过干来学的。经验告诉我们，通过动手干某件事来学习，是最终意义上的学习，亲自动手达成的结果能给学员留下深刻的感性认识。此外，成人学习新东西时希望通过动手来加以印证的想法，能激发更高的学习积极性。

②运用实例。成人学员总是习惯于利用所熟悉的参考框架来促进当前的学习，因此需采用大量真实、有趣、与学员有关的例子，吸引学员的注意力，激发他们的兴趣。

③成人是通过与原有知识的联系、比较来学习的。成人丰富的背景和经验会对其学习过程产生影响，他们习惯于将新东西与他们早已知道或了解的东西加以比

较，并倾向于集中注意那些他们涉及、了解最多的东西。因此，要充分运用"破冰船"之类的工具，在培训开始时，让学员相互认识，了解学员各自的背景，为培训定下基调，尽快调动学员参与的积极性，避免抽象空洞的说教，否则成人学员难以与其经验进行比较，进而可能陷入迷茫，失去对学习的兴趣。

④在非正式的环境氛围中进行培训。这一点提醒培训组织者设法使学员在心情轻松的环境下接受训练，避免严肃古板的气氛。这特别涉及培训场地和培训室座位布置的选择。一个良好的培训场地应符合三个主要条件：一是交通方便；二是安静、独立且不受干扰；三是为学员提供足够大的空间，学员可以自由移动，可以清楚地看到其他学员、培训师和培训中使用的其他设施。培训室座位的布置应根据培训师与学员之间及学员相互之间预期的交流沟通要求而设计。培训室座位布置的不同设计主要如图2-3所示。

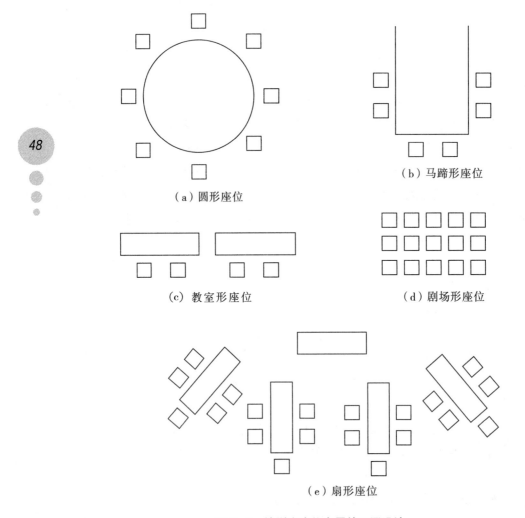

图2-3　培训室座位布置的不同设计

不同的培训室座位布置可以满足不同的培训需求。一般地说，圆形和马蹄形座位布置适合于小组活动和非正式培训课，有利于互动式学习；教室形和剧场形座位布置适合于大组活动和学习，但互动性不够；扇形座位适合于中等或大组活动，在一定程度上可兼顾互动式学习。

⑤增加多样性。在培训中通过灵活改变进度、培训方式、教具或培训环境等能帮助增加学习情趣，取得良好的培训效果。

⑥消除恐惧心理。在培训过程中给予学员学习信息反馈是必要的，但应该经常以非正式方式提供反馈，如能将成人学员担心学习成绩与个人前途直接挂钩的恐惧心理排除掉或减小到最低限度，那么每个学员都能学到更多的东西。

⑦成为学习的促进者。成人学习应避免单向教学，因为他们喜欢在学习的过程中表达自己的观点和意见。通过讨论和互动，可以引导他们充满激情地学习。

⑧明确学习目标。学员必须在一开始便被告知学习目标，这样他们才能经常检查自己是否走在通向成功的正确道路上。

⑨反复实践，熟能生巧。实践是帮助学员完成规定学习目标的有效手段，通过实践，理论转化为学员可在实际工作中运用自如的工具，并真正成为属于他们自己的方法。

⑩引导启发式的学习。告诉学员一个结果只能帮助他解决当前的一个问题，而通过引导启发学员投入学习，同时提供资料、例子、提问、鼓励等帮助，成人学员就能自己找出结果，并完成所期望的任务，这才是培训所期望的最终效果。

⑪给予信息反馈。及时、不断的学习信息反馈，能使学员准确知道自己取得了哪些进步，哪些方面还需进一步努力。明确的目标会成为积极的学习动力。

⑫循序渐进，交叉训练。学习过程的每一部分都建立在另一部分的基础上，因此某一阶段的学习成果可在另一阶段的学习中得到应用与加强，使学员的能力逐步得到强化和提高。

⑬培训活动应紧扣学习目标。紧扣学习目标将使培训过程中的所有活动沿着预期的轨道进行，这一目标应被学员清楚、了解与认同，在培训过程中应予以反复强调。

⑭良好的初始印象能吸引学员的注意力。培训初始给学员的印象非常重要，如果培训的准备工作很不充分，则很难引起学员对培训的充分重视，进而影响学习的效果。

⑮充满激情。培训师的表现对学习氛围有决定性的影响。充满激情的培训总是能引起员工的共鸣，并投入到学习中去。

⑯重复学习，加深记忆。通过不同的方式重复学习内容，反复加深记忆，使重复学习更加有趣和吸引人。

49

2. 成人学习的特点

成人学习是一种目的性极强的学习过程。针对员工培训，企业须考虑员工具有成人学习这一特性，因为这决定着员工培训是否能够有效开展。成人学习的特点主要包括以下三个方面。

（1）成人学习的社会性较强。

成人作为社会的一员对许多事物都有亲身的体验或间接的经历，这些社会经验是成人学习者的学习背景，直接影响着成人学习活动的有效开展。①成人学习的连续性。成人学习是在已有知识和经验的基础上进行再学习和再教育它具有延展性和连续性；②成人学习的职业性。成人学习者的学习与个人的职业有关，反映了个人的需要、问题、情感和希望；③成人学习的从属性。成人学员是社会中的劳动成员，他们对科学文化技术的需要，实质上是社会的需要。

（2）成人学习的能力较为突出。

虽然有研究表明学习能力会随年龄的增长而下降，但绝不至于影响到成人对知识的接受和学习。成人有一个明确的学习目标，这有助于成为持续不断学习的动力。其具体表现为：①成人有很强的自制力。这有助于员工消除各种干扰，稳定学习情绪，形成学习的专一性和持久性；②成人有很强的理解力。这有助于员工理解和掌握知识；③成人学习有较强的应用性。这有助于员工将理论与现实联系起来，促进创造力的快速提升；④成人学习能力强。经过学习和实践，特别是后天的教育和训练，成人的实际学习能力要比青少年儿童强得多。他们可以在生活和工作中积累更多成功的学习经验。

（3）成人学习的心理特征明显。

成人和青少年儿童在学习上的心理特征差异是非常显著的，前者有自己的认知需求，学习的主动性明显；后者的学习往往是被动的，依赖于教师的教学活动和教学计划。成人学习者的心理特征表现为：①具有清楚的自我概念，具备自我选择学习内容的能力；②表达的需求强，成人有发表自己见解的心理需求；③自尊心强，有独立的基于自身社会经验得到的观点；④学习的自信心不足，认为自身过了学习的年龄，对超出自身范围的知识信心不足。

3. 成人学习理论在培训中的应用

（1）成人学习理论对培训的启示。

在《第五项修炼》中，彼得·圣吉为我们提供了能够使企业保持持续进步的五项修炼，从长期的角度，为消除企业创造和学习的障碍提供了参考。而企业培训作为实现企业共同愿景和形成团体学习氛围的重要手段，能够在短期内消除企业中存在的创造和学习障碍，所以，现代企业的持续发展便不断伴随着企业培训。作为企业培训的策划者或实施者，了解不同成人学习者的学习需要是培训工作的一项基本要求。培训要围绕成人的学习需要展开，这样做的好处是显而易见的。当具有相同学习需要的成人聚合在一起时，培训实施者的引导就能够在成人学习者自觉地相互交流和相互帮助中变得非常有效。同时，因为成人自身的个体经验就是一种学习资源，所以，当成人的已有经验与新知识、新经验有机结合后，成人的学习便更加有效，学习的成果也更具有现实意义。对员工的培训决不能仅仅停留在提高技能以便获取更多利润的阶段。人本主义心理学之父马斯洛在他所有的著作中都大量提及"自我实现"，而他著名的需求层次理论已经在企业管理中得到广泛应用，他认为"自我实现"这个术语强调了"完美人性"，强调较少受时间、地域的影响，与文化的相关较小并且具有经验的内容和操作的意义。所以，对员工的培训决不能仅仅停留在提高技能以便获取更多利润的阶段，想要保持企业的长盛不衰对员工工作生命力的关注就变得尤为重要，也就是说，企业培训要更多的转向关注员工自身发展的需求，这也是成人学习理论在企业培训中保有重要作用的另一个原因。

（2）成人学习特点对培训的影响。

一个好的培训项目的产生和实施，一定要充分考虑到培训对象的性质和特点，所以在企业培训的整个过程中，成人学习理论的作用都非常明显。在培训需求分析阶段，要考察学员对培训内容的需求，从而制定有针对性的培训目标。在培训实施阶段，要关注受训者的学习风格、沟通风格、管理风格，包括能够接受的培训方法等。

①培训时间的安排。

由于成人集中注意力的时间相对有限，所以对于每次培训时间的安排要考虑成人的特点，要注意在相对较短的时间内完成，最好以 20 分钟为一个小节，每 20 分钟要简明扼要地重复一次重点内容。

②课程的导入和内容的设计。

培训时要预先准备一个内容详实、生动有趣的开场白，要在课程导入时运用学员已经熟知的内容，便于他们认识课程学习的必要性。在内容的设计上，要有针对性地选择课程内容，并告知受训者培训能够有效地解决他们的问题，从而持续地激发他们的学习动力。

③讲授方式的选择。

要注重与学生的互动沟通，在讲授方式上要有意识地设计和安排一些实践性的、交互性的环节，要多提问题、多测验、多练习，以提高受训者的学习热情。

二、体验式学习理论

1. 体验式学习的基本原理

体验式学习（experiential learning），又称"发现式学习""经验学习""行动学习"或"互动学习"，先由学员自愿参与一连串活动，然后分析他们所经历的体验，使他们从中获得一些知识和领悟，并且能将这些知识和领悟应用于日常生活及工作中。体验式学习的理论依据主要包括教育家杜威的干中学、新行为主义心理学家斯金纳的刺激－反应理论、美国教育心理学家桑代克的尝试纠错理论、德国心理学家科勒等的顿悟理论、美国社会心理学家班杜拉的观察学习理论、皮亚杰等的发生认识论、人本主义心理学家罗杰斯的群体学习理论。

美国凯斯西储大学维纳罕管理学院的组织行为学教授戴维·库伯（David Kolb）于 20 世纪 80 年代初提出了体验式学习理论。他构建了一个体验式学习模型——体验式学习圈，如图 2-4 所示。

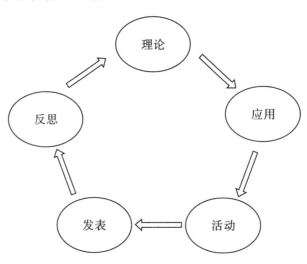

图 2-4　戴维·库伯的体验式学习圈

戴维·库伯认为有效的学习应从体验开始，进而发表看法，然后进行反思，再总结形成理论，最后将理论应用于实践。

体验式学习理论对设计和开发终身学习模式有着深刻的影响；同时，对企业如何转变为学习型组织提供了有益的启示。西方很多管理者认为，这种强调"干中学"的体验式学习，能够将学习者掌握的知识、潜能真正发挥出来，是提高工作效率的有效学习模式。

2. 体验式学习理论的应用形式

体验式培训形式广泛，比较流行的主要有户外拓展训练、行动学习沙盘模拟、教练等方式。

（1）户外拓展训练。

户外拓展训练起源于第二次世界大战期间，其后很快就风靡了整个欧洲的成人教育领域。户外拓展训练是利用山川、河海等自然生态环境，通过精心设计的体验活动，使参与者认识自身潜能，增强自信心，改善自身形象，克服心理惰性，磨练战胜困难的毅力，启发想象力与创造力，提高解决问题的能力，认识群体的作用，增进对集体的参与意识和责任心，改善人际关系，学会关心他人，更融洽地与群体合作等。

（2）行动学习。

行动学习（action learning）是一种以完成预定工作任务为目的，在团队成员支持帮助下连续不断地反思实际中遇到的情景问题，以帮助人们形成积极的生活和工作态度，提高解决实际问题能力的学习理念和学习方式。

行动学习是通过小组成员的合作和情感互动，将"在干中学习"与"在思考中学习"有机结合起来，使组织成员在团队合作中获得和提升创造性解决问题的能力。

（3）沙盘模拟。

沙盘模拟训练课程是20世纪50年代由军事沙盘推演演化而成的，这种新颖而独特的培训模式现已风靡欧美，成为世界500强企业经营管理培训的主选课程。现在，已有众多的中国企业接受过沙盘模拟训练。沙盘模拟教学模式也被多所高等院校纳入中高层管理者在职培训的教学之中。

沙盘模拟训练的最大特点就是"在参与中学习"，强调"先行后知"，通过参加带有挑战性的"模拟经营"，使学员和团队经受一些"考验"之后，通过讨论和培训师点评，把这些从"考验"中得来的认识和工作实际结合，把培训中的情景与工作目标相联系。这种新型培训模式以提升实战经营管理水平为目标。

（4）教练。

教练源于体育。教练帮助体育运动员提高技能、磨砺技术、指定重大赛事的行动战略。后来，教练作为一种管理技术从体育领域移植到企业管理领域，企业教练应运而生。教练主要着眼于激发学员的潜能，它是一种态度训练，而不是知识训练或技巧训练。教练不是帮学员解决具体问题，而是通过教练过程了解学员的心态，提供一面镜子，使学员洞悉自己，从而把握自己的状态和情绪。教练会对学员表现的有效性给予直接回应，使学员及时调整心态，认清目标，以最佳状态去创造成果。

复习思考题

1. 学习的成果有哪几种类型？
2. 简要介绍四种学习理论的基本内涵。
3. 简述如何在实际操作中应用基本学习理论（以某一基本学习理论为例）。
4. 简述学习理论对培训的影响。
5. 描述戈特的16条成人学习原理。
6. 什么是戴维·库伯的体验式学习模型？

案例分析

松下电器：自我开发训练

有人说，松下电器之所以能屹立于世界企业之巅达半世纪之久，其根本原因得益于它对员工的教育训练。松下电器公司除了在职教育训练员工外，更为经常的是让员工自我开发训练。自我开发训练是企业人员自我主动地通过一些方式提高自身素质，包括道德品格、知识技能、身体素质等在内的整体素质的训练活动。它是人们取得知识的一个重要途径。简单而言，自我训练就是企业人员针对自己的实际情况，为获得自身的发展，自主作出学习决定的过程。一般地，松下的自我开发训练有三种：以个性为基础的无意识自我开发，比如以父母师长为榜样的自我开发；为了解自己的缺点、弥补不足而进行有意识的自我开发；为了完成较高层次的目标、自行选定必要的开发课题所依据目标的自我开发。

松下公司在员工的这些计划中总结了一套可行的自我开发方法予以推广，这些方法是：以研究的态度进行工作的方法，依据经验的自我启发方法，参观、调查、利用企业组织环境的方法，利用企业制度的方法，利用企业人事环境的方法，利用公司各种机构的方法。

在松下公司中，自我开发会得到上司的指导和关心。公司中的管理人员在日常业务之外，也和员工一起谈论一般的社会问题。对于员工的任何意见，做到不生气，一直说到他们完全明白为止，有过错就督促他们改进。管理人员还会时常关心员工的进步情形，不与工作脱节，在工作中彻底信赖员工的能力，但绝不妥协。

松下公司还实行一些相关的制度来保证员工的自我开发。例如，公司实施的轮读制。每月两次，在研究室内召开"杂志会"。管理人员会将每天发生的事情，迅速传达给员工。公司内部要求设立互相交换意见的地方。

公司要求管理人员能够做到大规模的权限委让，时常与员工讨论试验结果，并指示工作重点。同时，还要把自己读过的书介绍给员工，介绍适当的文献和专门书籍，给员工适当的刺激，把全部精力集中在目前的工作上，指出员工日常工作的缺点，使其设法改善。为培养基础能力，鼓励员工进夜间短期大学。

分析与讨论：

1. 请对松下公司培训管理方面的经验进行分析。
2. 请问松下公司进行的培训运用了哪些学习理论？

第三章　培训需求分析

学习目标

通过本章学习，能了解培训需求定义及其产生的原因，明确培训需求分析的基本内容，掌握基于组织、工作、人员的培训需求分析内容，陈述员工培训需求分析的流程，指出员工培训需求分析方法的优缺点，理解胜任力模型的概念，描述基于胜任力的培训需求分析的特点，掌握基于胜任力的培训需求分析模型的构建步骤，描述培训需求分析报告的主要内容。

关键概念

培训需求

培训需求分析

组织分析

工作分析

人员分析

胜任力模型

引导案例

章军是某知名软件公司开发部的高级工程师，自 2012 年进入公司以来，表现十分出色，每次接到任务时总能在规定时间内按时完成，并时常受到客户方的表扬。在项目进行时他还常常主动提出建议，调整计划，缩短开发周期，节约开发成本。但在最近的几个月情况发生了变化，他不再精神饱满地接受任务了，同时他负责的几个开发项目均未能按客户要求完成，工作绩效明显下降。开发部新上任的方经理根据经验判断是其知识结构老化，于是向人力资源部提交了《关于部门人员培训需求的申请》，接受了一周的培训后，章军回到公司的表现并没有任何改观。人力资源部主动与章军进行了面对面的沟通，发现了导致他工作绩效下降的真正原因是：与新任经理的关系不太融洽，并且认为自己工作绩效不佳的原因是没有得到晋升的机会，而非知识结构的老化。

这次培训失败的原因就在于没有抓好培训需求分析这个重要环节。培训需求分析是培训活动过程中的首要环节，它要回答为什么要培训以及培训要达到什么效果的问题。因此，它是确立培训目标、设计培训方案、实施培训计划和评估培训效果的基础。只有通过培训需求分析，才能确定期望达到的效果，也才能依此判断是否达到了培训目标、培训是否有效以及培训投资是否有价值。因此，章军培训后没有效果的例子告诉我们，在计划培训活动时，正确进行培训需求分析是十分重要的。

第一节　培训需求分析概述

一、培训需求[①]

1. 培训需求定义

培训需求是企业要求具备的理想状态（理想的绩效状况和职位对知识、技能和态度的要求）与现实状态（员工对所要求的知识、技能和态度的实际拥有程度）之间存在的差距。在现实工作中，并非每一个需求都是培训需求。表3-1同时列出了培训需求和非培训需求。

表3-1　识别培训需求与非培训需求

培训需求	非培训需求
增长知识	增加资源、资金、人员和设备
提高技能	改变体制、标准和管理风格
改变态度	改变管理风格

2. 培训需求产生的原因

（1）工作变化。

近年来，随着经济环境、市场环境的不断变化，组织内部也相应进行着许多变

---

① 颜世富. 培训与开发［M］. 北京：北京师范大学出版社，2007.

化与调整。管理者和下属员工必须接受其工作内容、工作环境的显著变化，或者接受新的工作任务。这些变化源于新设备、新方法、新的流程、自动化、重组、管理风格的改变、重新定位等。因此，组织和个人要在这种环境中得以生存并获得发展，就必须对变化做出灵活的反应。

（2）人员变化。

只要人们改变工作，无论是主动选择，还是被迫选择的结果，无论其在本企业内或在其他企业间改变工作，他们都必须接受相关的培训，或者会存在潜在的培训需求。

（3）提高绩效。

培训需求的出现也来源于提升企业日常行为绩效的需要。实现企业正常的既定的绩效是相当重要的，但是，由于操作失误、技能欠缺、工作程序混乱等都使得企业不能达到很好的绩效，那这方面的培训便必不可少。通常我们将产生绩效问题的原因分为四类，即环境阻碍、激励、知识技能和动机。

①环境阻碍问题包括组织人事上的阻碍、政策问题和技术工具原因；

②激励问题指管理层给予的激励形式是否有效；

③知识技能问题指员工在完成工作需要的知识技能的掌握上是否有不足；

④动机问题指员工对工作所持的态度，即工作动机。

二、培训需求分析

1. 培训需求分析的定义

培训需求分析是指在培训需求调查的基础上，由培训主管部门、主管人员、工作人员等采取各种方法与技术，对企业内各部门及其成员的目标、知识、技能等进行系统的鉴别与分析，以确定是否需要培训、谁需要培训、何时需要培训、需要何种培训的一种活动或过程。这是确定培训目标、设计培训方案的前提，也是进行培训评价的基础。

2. 培训需求分析的特点

（1）主体多样性。

培训需求分析的主体具有多样性。既包括培训部门的分析，也包括各部门工作人员、主管人员的分析。

（2）客体多层次性。

培训需求分析的客体具有多层次性。其客体包括个体现状与应有状况的差距、企业现有状况与应有状况之间的差距，以及组织与个体的未来状况。

（3）内容核心性

培训需求分析的内容具有核心性。内容要确定是否需要培训，明确培训是否是正确的解决问题手段、培训时间、对象与内容。

（4）结果基础性

培训需求分析的结果具有基础性。结果可以为确定培训目标、设计培训方案以及进行培训评估打下基础。

3. 培训需求分析的作用

培训需求分析为企业培训活动提供了方向，培训计划以及培训效果评估等都以培训需求分析为基础。具体而言，培训需求分析的作用主要包括以下几个方面。

（1）有利于培训计划的制订和实施。

培训需求分析的结果是培训计划制订和实施的依据。一方面，培训需求分析可以确定组织进行培训的必要性，即确定企业是否需要进行培训与开发活动；另一方面，培训需求分析能够确定培训的内容和重点，即企业和员工所需要的知识、技能、能力以及企业希望他们知道什么或是能做什么。例如，岗位培训的需求分析应确定企业需要新员工知道的内容，包括他们应做哪些调整，面临哪些困难。这些问题有些可以通过培训解决，有些则需要通过其他方式解决。

（2）有利于确认差距，揭示绩效问题的根源。

培训需求分析能够找出绩效差距，即可以确认员工或企业现有绩效状况与理想绩效或未来发展需要达到的绩效之间的差距。一般地，绩效差距的确认主要包括三个环节：①对企业所需要的知识、技能、能力进行分析，以确定理想的知识、技能、能力的标准或模型；②对企业或组织当前实际经营中出现的问题进行分析，确认与业绩相关的知识、技能、能力等因素的现状；③对理想的或所需要的知识、技能和能力模型与现有的知识、技能和能力模型进行对比分析，以确认两者之间存在的差距。这三个环节应独立有序地进行，从而揭示员工或企业的绩效问题的根本原因，并在此基础上设计培训内容和培训方式，以此有效解决企业中存在的一些问题。

（3）有利于确定培训的价值和成本。

通过科学的培训需求分析确认绩效差距，可以确定现有绩效与理想绩效或未来所需要达到的绩效之间的差距。这为从成本—收益的角度评估人力资源培训与开发活动提供了重要的基础和依据。没有这些在培训之前收集的数据，就不可能得出员工或企业绩效改善的数据；参加培训与开发活动的员工在参加培训前的绩效状况是参加培训后测量其绩效进步的基数。而且，企业在决定是否进行培训活动时，还需要回答这样一个问题：不进行培训的损失与进行培训的成本之差是多少。如果企业不进行培训的损失大于进行培训的成本，那么进行培训就是必然的、可行的；反之，则说明当前不需要或不具备条件进行培训活动。

（4）有利于赢得企业内部成员与管理者的支持。

培训活动往往会影响到员工的日常工作和行为，因而需要赢得企业内部成员和管理者的支持。在培训需求分析过程中，员工会参与到其中，他们的自我需求会在培训需求分析结果中得到极大的体现。而且，他们从中还能认识到培训的必要性和价值，赢得企业员工对培训活动的认可和支持，有助于培训活动的顺利进行。此外，在进行培训需求评价时，不可避免地要与管理者频繁接触，这可以让他们充分认识到培训的价值与意义，培养其兴趣，为培训提供必要的协助。

（5）有助于估算培训成本。

在培训需求阶段组织者可以对即将涉及的人、财、物等培训要素进行初步了解，进而对培训成本有初步估算。

①了解某次培训的重要性。关键是目标人群的重要程度以及参训人数。

②了解涉及的人员。包括培训者、部门经理及人力资源部的专家等。

③了解培训需要的教材与设备。

⑤了解培训的时间规划。

（6）有利于为培训评估建立信息资料库。

设计良好的培训需求分析能够确定有效的培训战略、培训重点，确立培训内容，明确定位受训人员。在进行培训之前，通过研究培训需求分析的结果，基于收集的信息资料可以建立起一个评估标准，然后用这个标准来评估进行的培训项目的有效性。

（7）有利于获得其他有益于企业发展的调查信息。

培训需求调查的范围很广泛，几乎会涵盖到企业发展的各个方面。在比较全面的培训需求调查活动中，尤其是在有第三方（外部培训咨询机构）介入的情况下，通常会收集到一些客观真实的反映企业现实情况的信息，有助于组织决策。在这里培训需求调查的意义已经完全超出了培训管理的范畴。

在实际应用时，应注意到，大规模、耗资巨大的培训需求评价会使企业和参训者对培训的期望值过高，而后失望较大；如果涉及的人员过多，还会造成组织混乱和不必要的延期。同时评价时间过长会导致到培训实施时需要解决的问题已经不存在了。因此，要注意培训需求评价的组织、宣传、时间控制等问题。

第二节 培训需求分析内容[①]

培训需求分析通常包括基于企业、工作以及人员分析三项内容。企业分析是要在给定公司经营战略的条件下决定相应的培训，为培训提供可利用的资源，并获得管理者和同事对培训活动的支持。工作分析能够确定职位的各项培训任务，精细定义各项任务的重要性、频次和掌握的困难程度，并揭示了成功地完成该项任务需要的知识、技能和态度等培训内容。人员分析是从员工的实际状况的角度出发，分析现有情况与任务要求之间的差距，即"目标差"，以找到培训目标和内容的依据。

在实践中，企业分析、工作分析和人员分析通常都不是按照某种特定的顺序来进行的。不过，由于企业分析所关注的是确定培训是否与公司的战略目标相符，因此对企业的分析往往是最先做的，而人员分析和任务分析通常是同时进行的。因为如果不了解工作环境和工作任务，很难确定绩效差的原因是不是因为缺乏培训。

一、基于企业的培训需求分析

基于企业的培训需求分析要依据企业目标、结构、内部文化、政策、绩效及未来发展等因素，分析和找出企业存在的问题与问题产生的根源，以确定培训是不是解决这类问题的有效方法，以及在整个企业中哪个部门、哪些业务需要实施培训，哪些人需要加强培训或储备培训。具体而言，基于企业的培训需求分析主要包括以下几方面内容。

1. 企业目标

明确的企业目标既对企业发展起决定性作用，也对培训计划的制订与执行起决定性作用。企业目标分析主要围绕企业目标的达成、政策的贯彻是否需要培训或者企业目标未达成、政策未得到贯彻是否与没有培训有关等展开。比如，如果一个企业的目标是提高产品质量，培训活动就必须围绕这一目标进行。

2. 企业资源

如果没有明确可被利用的人力、物力和财力资源，就难以确立培训目标。企业资源分析包括对企业的资金、时间、人力等资源的分析。资金是指企业所能提供的经费，它将影响培训的宽度和深度。时间对一个企业而言就是金钱，培训需要相应的时间保证。人力则是决定培训是否可行和有效的另一关键因素。企业的人力状况

---

① 石金涛，唐宁玉. 培训与开发［M］. 第5版. 北京：中国人民大学出版社，2021.

包括：人员的数量、年龄、技能和知识水平，人员对工作与单位的态度及工作绩效等。

3. 企业特征

企业特征对培训能否取得成功也起重要的影响作用。因为，当培训计划和企业的价值不一致时，培训的效果就很难保证。员工的工作精神、工作态度、对公司的向心力、凝聚力以及对企业文化的理解、接受程度等若与企业目标的达成有重要关系，将产生特定的培训需求。企业特征分析主要是对企业的系统结构、文化、信息传播情况的了解：

（1）系统结构特征。

系统结构特征是企业的输入、运作、输出、次级系统互动以及与外界环境间的交流特征。系统结构特征分析即通过审视企业运行系统能否产生预期效果、企业结构是否需要改变以及是否有相应的培训需求等。它能使培训组织者系统地面对企业，避免出现以偏概全的现象。

（2）文化特征。

文化特征指企业的软硬件设施、规章制度、经营运作的方式、员工行为和价值观等。文化特征分析能使培训组织者深入了解企业，而非仅仅停留在表面。

（3）信息传播特征。

信息传播特征指企业部门和员工收集、分析和传递信息的分工与运作形式或方式。信息传播特征分析能使培训组织者了解企业信息传递以及沟通的风格和特性。

4. 企业所处的环境：新市场、新业务、新产品及新法规

企业环境分析指对企业的培训需求有着广泛影响的各类外部因素进行分析，包括经济及法律问题、市场竞争、本行业的技术水平、其他同类企业的培训水平以及企业外部的资源状况等。

当今市场竞争使许多企业不仅仅要进入新的市场，还可能要从事全新的行业或业务。与此相对应，培训也就不可或缺。当一个企业计划进入新的市场或生产新的产品时，就需要培训员工如何在新的环境中进行销售，或者培训生产和服务部门的员工如何生产新产品、提供新服务等。同时，每当国家和政府的一项涉及劳动的法律生效时，企业进行相关的遵守法律的培训总是可取的做法。比如说，请一位专家来向每一个可能受此法律影响的员工作解释以避免可能产生的问题，这里就需要比较一下培训的成本和由于对法律的无知可能造成的损失。

二、基于工作的培训需求分析

基于工作的培训需求分析是通过查阅工作说明书或具体分析完成某一工作需要

哪些技能，了解员工有效完成该项工作必须具备的条件，找出差距，确定培训需求，弥补不足。这样的目的在于了解与绩效问题有关的工作的详细内容、标准，以及达成工作所应具备的知识和技能，以确定培训项目的具体内容。基于岗位的培训需求分析主要从以下几方面展开。

1. 工作的复杂程度

这主要是指工作对思维的要求，是抽象性还是形象性或者兼而有之，是需要更多的创造性思维还是按照有关的标准要求严格执行等。

2. 工作的饱和程度

这主要是指工作量的大小和工作的难易程度，以及工作所消耗的时间长短等。例如，行政部的工作大多是琐碎而繁杂的，但是工作时间相对固定，而技术开发部的工作具体而复杂，工作时间弹性大。如果对这两个部门的员工进行培训，其培训内容自然就不同。

3. 工作内容和形式的变化

随着公司经营战略和业务的不断发展，有些部门的工作内容和形式的变化较大，有些部门的工作变化则较小。例如，市场部的工作会随着企业业务的发展迅速变化，财务部门的工作则变化较小。因此，在进行培训需求分析时应注意这一点，对于未来所要发生的工作变化有一定的前瞻或预测，从而使企业在不断的发展过程中，能够坦然应对，不至于在衔接或过渡中出现问题。这就需要从企业整体发展的角度分析工作层面的培训需求。企业的发展壮大，对各个部门的要求不是一成不变的。企业发展对岗位工作的要求，既是分析培训需求时需充分考虑的一个重要因素，也是培训追求的一个目标，因为培训是一个循序渐进的过程，随着企业的发展而发展。

63

另外，培训需求的分析还可根据工作分析的不同目的进行。依据不同的分析目的，工作分析通常可分为一般工作分析和特殊工作分析两种。一般工作分析的主要目的是使所有人都能很快了解一项工作的性质、范围与内容，并作为进一步分析的基础。而特殊工作分析是以工作清单中的每一工作单元为基础，针对各单元详细分析并记录其工作细节、标准和所需的知识技能。

三、基于人员的培训需求分析

基于人员的培训需求分析是从培训对象的角度分析培训的需求，通过对员工个人的分析确定哪些人需要培训以及需要何种培训。一般需要对照工作绩效标准，分析员工目前绩效水平，找出员工现状与标准的差距，以确定培训对象及培训内容和培训后需达到的效果。培训对象一般有三种：担任某一职务的企业成员、以后将担任某一特定职务的企业成员、以后将担任某一特定职务的非企业成员（如企业的见习人员等），通常企业的培训在前两种对象中展开。培训需求分析主要是对员工的工作背景、学识、资历、年龄、工作能力及个性等进行分析。

1. 员工的知识

对员工知识结构的分析，不但是为了准确地制定培训方案，更是为了充分利用各种有效的资源，从而使培训取得最大的经济效益。在对企业员工的知识结构进行分析时，一般从文化教育（如正规的学历教育）、职业教育培训（如社会办教育及业余教育等）和专项短期培训（如各类认证培训等）三个方面进行。

2. 员工的专业（专长）

在企业里工作的有些员工并不是在从事自己专业（专长）的工作。进行专业（专长）结构分析主要应解答以下问题：有多少员工在从事与自己专业对口或不对口的工作，有多少员工在从事自己喜欢或不喜欢的工作，有多少员工认为自己有必要调换岗位并认为这样会有更大的能力发挥余地。

3. 员工年龄结构

培训是一种投资，因此，员工的年龄越小，相对来说，企业预期的投资回收期也就越长。同时，年龄的大小和个人的接受能力有着非常直接的关系，因此，在培训需求分析时应考虑合理的年龄构成，并以此决定岗位的培训内容。

4. 员工个性

员工个性分析主要应明确：某一岗位的工作特点要求任职者具备什么样的个性。在不少工作中，员工个性不作为一个必须考虑的因素。但是在有些工作中，为了提高工作效率，就必须考虑员工的个性。例如，某人如果具有易激动、情绪变化大、持久力不够等个性特点，则在一定程度上不适合要求稳重、细心和耐心的财务工作。

5. 员工能力分析

员工能力分析即分析员工实际拥有的能力与完成工作所需的能力之间的差距。例如，小王是一位出色的销售人员，但是自从他晋升为销售经理后，销售部门业绩有所下降，员工的抱怨也有所增加。经过能力分析发现，小王缺乏团队合作及协调、领导等方面的能力。

基于组织、工作、员工三个层面的培训需求的分析是一个有机的系统，缺少任何一个层面都不能进行有效的分析。在现实中，企业、工作、员工三方面的需求往往并不完全一致，而是呈交叉现象。对一个企业而言，确立培训需求应取企业整体、工作业务单位及个人三方的共同需求区域，并以此作为企业的培训目标。

第三节　培训需求分析的程序[①]

成功的培训需求分析需要完整清晰的流程，包括前期准备、制订培训需求分析计划、实施培训需求调查与分析、分析与输出培训需求评价结果、撰写培训需求评价报告以及评价结果的应用等步骤。

一、培训需求分析的前期工作

培训需求分析前期，需要明确参与者、组织者角色定位，并通过筹备会议搜寻信息。

1. 明确培训需求分析的参与者

培训需求分析需要多方面培训主体的参与，主要有以下参与者。

（1）培训主管部门工作人员。

培训需求分析整个工作是由培训主管部门主持的，而且他们掌握了大量有关员工技能、水平的资料，同时他们对每个岗位的需求和变化也是最清楚的。

（2）员工本人。

培训的对象就是每位员工，了解他们想学什么，需要在什么方面"充电"，将非常有助于培训得到员工的支持和欢迎。

（3）上级。

上级对员工的优缺点比较清楚，他们能帮助人力资源部门明确培训目标和培训内容，通常一些紧急培训项目都是由上级提出并亲自督促执行的。

（4）同事。

在一起共事的人通常互相比较了解，能向培训主管部门提出中肯的建议，但这只有在人际关系和谐的企业中才能做到。

（5）下属。

与下属访谈，可听到对上级的一些抱怨，从中便可发现上级在哪些方面还存在缺陷，需要通过适当的培训来提高。

（6）有关项目专家。

这主要指企业内资深专家顾问或第三方专业培训机构。专家具有丰富的经验，对问题的看法往往颇有见地，因此向专家请教，无疑会得到一些启示。

---

① 颜世富. 培训与开发 [M]. 北京：北京师范大学出版社，2007.

（7）客户以及相关人员。

企业外的人员对企业存在的问题的分析一般会更为客观，这对培训项目的设计是有帮助的。

2. 明确培训组织者的角色定位

培训组织者应该认识到培训是一种服务，和其他任何有效的服务机构一样，应对它所处的企业进行连续的需求评价。他们应了解企业的业务、人事变动以及政策或程序的变化等，对企业变化了的需求作出及时的反应，这样的培训组织者不仅是对培训要求做好了准备，而且还能激发新的培训需求。

（1）激发培训需要。

培训者应与员工保持密切联系，并通过以下方式关注员工对培训的需要。

①利用员工的文字资料、培训记载以及其他资料，建立该员工的背景档案。培训者应密切关注员工的变化，注意培训和教育方面的最新发展，了解培训信息，订阅培训方面的杂志。

②与不同的部门保持密切联系。培训者能在事件发生之前就有所了解，例如新招聘了一批员工、新项目马上要开始实施、采用新设备或实行新政策等。积极的培训者不仅依靠正规的渠道，而且还能与其他部门建立个人的"关系网"，了解企业的情况，比如有哪些问题和机会，与培训有什么关系。这样积极的培训者就能永远知道如何通过培训来满足员工和企业的需要。

（2）回应员工的要求。

培训者了解到员工需要培训的要求后要立刻向上司汇报，并汇报下一步的工作。如果这项要求是书面的，在与上司联系之后，也最好书面作答。如果是口头要求，也可以口头作答，但应把主要内容以书面形式向上司汇报。还可以与提出要求的人开一次预备会议，但在对情况作出具体分析之前，不要作任何评论。

（3）准备会谈。

在培训组织者准备与可能参加培训的员工进行会谈时，应该首先问自己以下几个问题。

①我们已有了哪些信息资料？在资料中查找，向与受训者有联系的同事咨询，了解员工过去和现在的培训情况，利用各种关系建立一个项目档案。

②这项要求暗含着什么？根据收集的信息资料，努力分析这项培训要求的背后有什么。在会见受训者时，听了他们一般性、模棱两可的培训理由后，要努力发现到底是什么力量促使他们提出这个培训要求，了解其特殊、具体的理由。

3. 培训需求分析筹备会议

进行培训需求分析，首先要收集与培训有关的各方面信息，有条件的话，最好通过召开一个准备会议来完成以下工作。

（1）明确受训员工的现状。

在会谈一开始，就应该明确受训员工的工作情况。了解他们在企业中的位置，以及以前是否进行过培训，有过什么样的培训，每个项目的决定者。尽可能了解人们之间的相互关系，确保没有被遗漏掉。有时人们会抗拒或阻挠一个培训项目，他们感到没有受到充分重视。

（2）讨论受训员工遇到的问题。

通过提问，可以帮助受训员工明确操作中的问题和员工的特殊需要。在这一阶段，应启发受训员工尽可能多谈，例如，你们认为存在什么问题？你能就这一点再多谈一些吗？能再谈得具体些吗？你们希望看到什么样的结果？诸如此类。在讨论受训员工的情况时，应侧重于问题、症状和原因，而不是解决办法，这是需求评价的结果。

（3）了解受训员工的期望和"隐藏想法"。

在会议中，应确定受训员工的期望——他们希望这次培训能取得什么样的结果。这些期望会影响需求评价工作和培训目标的确定。如果这些期望不能实现，应该让受训员工知道。在第一次会谈中，还应该努力发现受训员工的"隐藏想法"，即受训员工不愿意说出的问题。

（4）总结汇报会谈情况。

在与受训员工的会谈后，应对收集的情况和资料进行总结。这里特别应该考虑以下几点。

①接受培训的目标人群是哪些？他们对公司运行的重要程度如何？每个参训者所需的时间、成本是多少？开发的培训能否在其他组织中应用？这些是作决定的重要依据，对这些问题的回答应向上级汇报。

②受训员工在组织中的决策者对此是否支持，是否感兴趣，有何评价？对该项目及培训者的态度如何？培训不可能在理想世界中进行，应该尽可能多地了解情况，应付可能的障碍。培训项目初期的这种"形势分析"非常重要。

③培训是否是处理这种情况的最好方法？或许有其他方法，可以向受训员工推荐；或许可以给员工演示，而不是对他们进行培训；管理者可以进行非正式的在岗培训；可以印发工作指导或程序表。在很多情况下，有的时候与其培训，不如对受训员工的部门和体系进行改革更有效。

最后要向上级汇报。应写一个书面报告，详细程度根据培训成本和重要程度而定。可以是一个简单的备忘录，也可以是包括具体计划的书面建议。

二、制订培训需求分析计划

1. 培训需求评价工作的行动计划

安排活动中各项工作的时间进度以及各项工作应注意的一些问题，这对调查工作的实施很有必要。特别是对于重要的、大规模的需求评价，有必要制订一个行动计划。

2. 确定培训需求评价工作的目标

培训需求评价工作应达到一个什么目标，一般来说完全取决于培训的需要。但由于在培训需求调查中会有各种客观或主观的原因，培训需求调查的结果并不是百分之百可信的。所以，要尽量排除其他因素的影响，提高评价结果的可信度。

3. 选择合适的培训需求调查与分析方法

根据企业的实际情况以及培训中可利用的资源选择一种合适的培训方法。如工作任务安排非常紧凑的企业员工不宜用面谈法，专业技术性较强的员工一般不用观察法。对于大型培训活动应数种方法并施，如将问卷调查和个别会谈结合使用，扬长避短，但是会增加成本。

4. 确定培训需求评价的内容

首先要分析这次培训调查应得到哪些资料，然后除去手中资料，就是需要调查的内容。培训需求调查的内容不要过于宽泛，这样会浪费时间和费用；对于某一项内容可以从多角度调查，这样易于取证。

三、实施培训需求调查计划

1. 征集培训需求动意或愿望

由培训部门发出制订培训计划的通知，请各责任人针对相应岗位工作需要提出培训动意或愿望见表3-2、表3-3。它应由理想需求与现实需求，或者预测需求与现实需求存在差距的部门和岗位提出。有必要的话，也可以召开培训需求评价启动会，具体应包括如下内容。

表3-2　个人培训需求表

姓名		学历		
年龄		司龄		
培训目的	培训内容	时间	培训方式	备注

表 3-3 部门培训需求表

部门名称：	填表日期：		部门经理签名：	
培训内容	拟参加人员名单	时间	培训方式	备注

（1）把建议分成"必须知道"和"最好知道"两部分。要指出，"必须知道"的知识和技能在培训中一定会涉及，而"最好知道"的，只有在时间允许时才会涉及。有关问题专家可能会认为每个人都必须掌握所有的内容，但是只要对目标人群的工作环境做些小小的调查，就能减少"必须知道"的知识和技能，使它们保持在可控制的比例上。

（2）收集更多的资料。如岗位描述、操作手册或政策和程序等，这些有助于提高培训的可信度。把这些资料也分成"必须知道"和"最好知道"两部分，前者在培训中必须让学员掌握，而后者可以在培训中作为参考资料发给学员。

（3）讨论双方的责任。要使受训员工和专家能参与到培训中来。

（4）确定需求评价的时间表。截止日期应是切实可行的，并为可能的延误留出余地。

（5）与受训员工讨论对需求评价结果的处理。确定哪些部门、人员需要知道需求评价的结果。

2. 调查、申报、汇总需求动意

相关人员根据企业或部门的理想需求与现实需求，预测需求与现实需求的差距，调查、收集来源于不同部门和个人的需求信息，整理、分析、汇总培训需求的动议和愿望，并报告组织培训的企业管理部门或负责人。

3. 分析培训需求

申报的培训需求动意并不能直接作为培训的依据，因为培训需求常常是由一个岗位或一个部门提出的，存在着一定的片面性。也就是说要从全方位考虑，从整体考虑，从近中期的工作计划来考虑，这就需要由企业的计划部门、相关岗位、相关部门以及培训组织管理部门协商确定。

四、分析总结培训需求结果

1. 对培训需求调查信息进行归类、整理

培训需求调查的信息来源于不同的渠道，信息形式有所不同，因此，有必要对收集到的信息进行分类，并根据不同的培训调查需要进行信息的归档。同时要制作一套表格对信息进行统计，可利用直方图、分布曲线图等工具将信息所表现的趋势和分布状况予以形象的处理。

2. 对培训需求进行分析、总结

对收集上来的调查资料进行仔细分析，从中找出培训需求。此时应注意个别需求和普遍需求、当前需求和未来需求之间的关系。要结合业务发展的需要，根据培训任务的重要程度和紧迫程度对各类需求进行排序。

第四节　培训需求分析方法①

分析培训需求包括两个方面：一是收集培训需求信息，二是整理和分析这些信息，以确定培训需求和目标。表 3-4 列出了来自企业、工作和人员三个层面的主要的培训需求信息。

表 3-4　主要的培训需求信息来源

需求来源		企业内部	企业外部
企业		1. 企业任务的改变 2. 企业结构的改变 3. 新产品的开发 4. 企业气氛	1. 政府的有关规定 2. 外部顾问 3. 外界的竞争压力 4. 环境的压力（如政治、经济、人口、科技等）
工作		1. 人事的改变（如新招募、晋升等） 2. 绩效标准的改变 3. 设备的改变 4. 效率指数的改变（如材料损耗、维修品质等）	1. 职业或行业协会 2. 外部顾问 3. 政府的法规
人员	个人	1. 准备受训的员工 2. 领班 3. 高级管理人员 4. 培训人员	1. 其他企业的培训者 2. 外部顾问
	群体	1. 工作群（如人事部等） 2. 专业群（如高级经理等）	1. 职业或行业协会 2. 培训刊物出版商

在进行培训需求分析过程中，有许多方法可以用于信息的收集与整理分析，如问卷调查法、访谈法、观察法、缺口分析等。这些方法都有各自的优势和不足，在

---

① 石金涛，唐宁玉. 培训与开发［M］. 第 5 版. 北京：中国人民大学出版社，2021.

需求分析中可以使用一种方法，或几种方法同时使用，以发挥多种方法的优势，弥补其缺陷。而目前的培训需求分析方法主要分为传统与现代需求分析两个大类。

一、传统培训需求分析

传统的培训需求分析方法主要有访谈法、问卷调查法、观察法、关键事件法、绩效分析法和经验预计法等。

1. 访谈法

访谈法是通过与被访谈人进行面对面的交谈来获取培训需求信息。要分析培训需求，可以与企业管理层面谈，了解组织对人员的期望；也可以与有关工作负责人面谈，从工作角度了解需求。在访谈开始前，最好先确定到底需要何种信息，然后准备访谈提纲，见表3-5。访谈中提出的问题可以是开放性的，也可以是封闭性的。当然，封闭式的访谈结果比较容易分析，但是，开放式访谈常常能发现意外的更能说明问题的事实。访谈可以是结构式的，即以标准模式向所有被访者提出同样的问题；也可以是非结构式的，即针对不同对象提出不同的开放式问题。一般情况下，两种方式相结合，以结构式访谈为主，非结构式访谈为辅。

表3-5　销售人员培训需求访谈提纲

销售人员培训需求访谈提纲
访谈对象：_____　　部门：_____　　访谈日期：_____
1. 为了更好地了解您的培训需求，您能先介绍一下目前的工作内容吗？
2. 目前您的部门内有哪些培训？如产品线介绍、销售技巧介绍等。培训采取什么方式进行，效果如何？
3. 目前部门已有的这些培训，如产品知识介绍等，您认为HR部门有哪些地方可以帮上忙？
4. 2019年部门的业务重点是哪些？您认为2019年达成本部门业绩目标和期望，销售人员需要具备哪些关键能力，表现出什么工作行为？
5. 对于销售业绩优异的同事，您认为他们具备哪些特质？是什么使他们业绩优异？可否举例说明
6. 您认为部门内部的销售人员之间是否存在有效的积极的竞争氛围？大家的工作态度是否积极？
7. 您在销售工作中最大的困惑是什么？经常会遇到哪些难题？可否举两个例子说明
8. 这些难题哪些可以通过培训获得改善？
9. 您对公司财务/审计/内控方面的流程是否清楚？如果公司有这方面的培训您是否愿意参加？
10. 您认为参加下列哪些培训能帮助您实现业绩期望？如果只能选择3个培训重点，您会优先选择哪3个？

销售人员培训需求访谈提纲				
□电话销售技巧	□人际关系	□优质客户服务	□沟通技巧	□呈现技巧
□专业销售技巧	□渠道管理	□销售谈判技巧	□商务礼仪	□时间管理
□策略分析	□市场调研分析	□客户管理	□其他，请说明：	
11. 针对销售人员工作特点，您认为下列培训方式有什么利弊？培训效果如何？您有哪些建议？				
□ 外聘讲师到公司来进行集中培训（一般为1～2天/次，非工作时间） □ 安排受训人员到外部机构接受系统培训 □ 公司内部有经验的人员进行讲授（2个小时或半天时间） □ 以部门为单位学习光碟，讨论分享 □ 通过网络学习平台				
12. 您本人更愿意参加上述哪种培训方式？占用到您的非工作时间，您是否愿意参加培训？您的宝贵意见对于我们改进工作非常重要，感谢您的大力支持！				

访谈法需要专门的技巧，在进行访谈之前，一般要对访谈人员进行培训。访谈时应注意以下几点。

（1）符合要求的访谈对象。与各部门主管密切配合，选择符合要求的访谈对象。

（2）确定访谈的目标。也就是明确"什么信息是最有价值的、必须得到的"。

（3）准备完备的访谈提纲。这对于启发、引导被访谈人讨论关键的信息、防止访谈中心转移是非常关键的，同时也便于记录、归纳和分析所获得的信息。

（4）建立融洽的、相互信任的访谈气氛。在访谈中，操作访谈的人员必须取得被访谈人的信任，避免访谈对象产生敌意或抵制性情绪，这对于保证收集到的信息的正确性与准确性是非常重要的。

（5）控制访谈过程。访谈者要在主题和时间上控制访谈过程，防止时间上"前松后紧"的现象。

（6）访谈法与问卷调查法有时结合使用。通过访谈来补充或核实调查问卷的内容，讨论填写不清楚的地方，探索较深层次的、较详尽的原因。

2. 问卷调查法

问卷调查法是以标准化的问卷形式列出一组问题，要求调查对象就问题进行打分或是非选择。当需要进行培训需求分析的人员较多，并且时间较为紧迫时，就可以精心准备一份问卷，以信函、传真或直接发放的方式让对方填写，也可以在进行面谈和电话访谈时由自己填写。在进行问卷调查时，问卷的编写尤为重要。

（1）问卷编写的常规步骤如下。

①列出希望了解事项的清单。

②一份问卷可以由封闭式问题和开放式问题组成，两者应视情况各占一定的

比例。

③对问卷进行编辑，并最终成文。

④请他人检查问卷，并加以评价。

⑤在小范围内对问卷进行模拟测试，并对结果进行评估。

⑥对问卷进行必要的修改。

⑦实施调查。

（2）问卷调查法的优势主要表现为以下几点。

①可对各种象征求意见。如可以同时征求管理层和员工对同一个培训的需求意见；专业培训调查可以限定在某一部门，而通用调查可以在全公司范围内进行。

②灵活的形式和广泛的应用面。可以以普查或投票的形式采用不同层次多样的提问方式。如多项选择、填写、简短回答、优先排序等样式。

③自主性。填写者可以随时随地在有时间的情况下完成，培训部门不必投入大量人力进行控制、解释和管理。

④成本较低。相对于面谈和调研等形式可以投入较少的时间、人力和资金。

⑤便于总结和报告。因为调查问卷的内容简短明确，容易对收集上来的数据进行统计和汇总。

（3）问卷调查法的不足主要表现为以下几点。

①缺少个性发挥的空间。因为调查问卷的形式强调的是"面"，不能照顾到每一个回答者的特性。

②要求科学的问卷内容设计和明确的说明。在准备阶段要耗费一定的精力。

③深度不够。因问卷的简明性而不适用于探索深层次、较详尽的原因。

④返回率可能较低。特别是回答者需要通过邮寄等较麻烦的形式返回问卷，或者当回答者对题目不感兴趣，或者设计说明不清晰，都可能造成较低的返回率。

应用问卷调查进行培训需求分析，通常有两种形式，一种是针对具体企业的培训需求设计问卷，另一种是采用某些培训专业机构设计的比较通用的指导性需求问卷，这里我们主要介绍前者。针对某个企业的培训需求设计的问卷一般包括引导语、感谢语、个人和部门或公司基本信息、培训内容、培训方式、培训时间等，表3－6是某连锁店经理培训需求调查问卷样例。

表3-6 连锁店经理培训需求调查问卷表

姓名：_____分公司：_____专卖店：_____联系方式：_____

为了使2021年度的培训课程更加贴近您的需求，培训内容更加切合实际，对您的工作更有帮助，请根据自己目前对培训课程的需求程度做出选择。人力资源部渴望您对我们的培训工作提出宝贵意见及建议。谢谢您的合作与帮助！

课程类别	备选课程	培训需求程度			
		高	中	低	不需
一般管理	管理者角色认知				
	管理的原则				
	团队建设				
	库存控制与管理				
	成本控制				
	非财务人员财务管理				
服务管理	客户满意服务				
	优质服务管理				
	投诉处理技巧				
	顾客类型分析				
自我管理	店经理日常培训组织、准备及授课技巧				
	如何营造良好的团队氛围				
	如何成为上级的左膀右臂				
	如何正确面对抱怨，解决工作中的矛盾				
	如何提高工作效率和降低工作成本				
	沟通技巧				
	目标管理				
	时间管理				
	如何建立良好的人际关系				
店员管理	班会组织与准备				
	如何正面影响他人				
	员工激励、督导艺术				
	员工性格分析与人员管理				

课程类别	备选课程	培训需求程度			
		高	中	低	不需
营销管理	销售人员素质、品格与态度要求				
	销售人员的潜能开发				
	销售心理学				
	销售前的准备				
	销售谈判技巧				
	销售人员的仪表和礼仪技巧				
	价格让步技巧				
	新产品的展示与介绍				
	对销售过程中的异议及突发事件的处理				
	怎样进行电话营销				
	如何与客户建立长久业务关系				
	如何进行市场调研及撰写调研报告				
店铺管理	生动店铺陈列				
	店堂 POP 制作				
办公技能	公文写作				
	网络基础知识与电子邮件的应用				
	电脑办公软件的使用操作				

如果您还需要其他方面的培训课程，请在下面列出：

1		5	
2		6	
3		7	
4		8	

您认可哪种授课方式？

授课方式	认可程度			
	很好	好	一般	差
讲授式				
互动讲授式				
实地演练式				
案例讨论式				

培训与开发

续表 3—6

授课方式	认可程度			
	很好	好	一般	差
拓展训练式				
您更希望培训以哪种培训方式进行，请在下面列出：				
1		3		
2		4		

3．观察法

观察法是通过到工作现场，观察员工工作表现，发现问题，获取信息数据。运用观察技巧的第一步是明确所需信息，见表 3—7，然后确定观察对象。观察法的主要优点是能不影响被观察对象的正常工作和集体活动；所获得的资料与实际培训需求之间相关性较高。观察法最大的一个缺陷是当被观察者意识到自己正在被观察时，他们的一举一动可能会与平时不同，这就会使观察结果产生很大的偏差。因此观察时应该尽量隐蔽并进行多次观察，这样有助于提高观察结果的准确性。当然，这样做又要考虑时间是否允许。

在运用观察法时应注意以下几点。

（1）观察者必须对要进行观察的员工所进行的工作有深刻的了解，明确其行为标准。

（2）进行现场观察不能干扰工作者的正常工作，应注意隐蔽。

（3）观察法的适用范围有限，一般适用于易被直接观察和了解的工作，不适用于技术要求高的复杂性工作。

表 3—7　某岗位的观察提纲

观察项目	很好	好	一般	差
工作效率	☐	☐	☐	☐
工作质量	☐	☐	☐	☐
工作情绪	☐	☐	☐	☐
服务态度	☐	☐	☐	☐
工作中的耗损情况	☐	☐	☐	☐
工作中的安全意识	☐	☐	☐	☐
工作的熟练程度	☐	☐	☐	☐
工作方法是否恰当	☐	☐	☐	☐
工作时间安排是否合理	☐	☐	☐	☐

续表3-7

观察项目	很好	好	一般	差
创新能力	□	□	□	□
团队协作能力	□	□	□	□
领导组织能力	□	□	□	□
语言表达能力	□	□	□	□
解决问题的能力	□	□	□	□

注：就观察的结果在最贴切选项的"□"中打"√"

4. 关键事件法

关键事件法用以考察生产过程和企业活动情况以发现潜在的培训需求。关键事件指那些对企业目标起关键性积极或消极作用的事件。确定关键事件的原则是：工作过程中发生的对企业绩效有重大影响的特定事件，如系统故障、获取重要大客户、重要大客户流失、产品交货期延迟或事故数量过高等。关键事件的记录为培训项目分析提供了方便而有意义的消息来源。它要求管理人员记录员工工作行为中的关键事件，包括导致事件发生的原因和背景，员工特别有效或失败的行为，关键行为的后果，以及员工自己能否支配或控制行为后果等。进行关键事件分析时应注意以下两方面。

77

（1）制定保存重大事件记录的指导原则并建立记录媒体（如工作日志、主管笔记等）。

（2）对记录进行定期的分析明确员工在能力或知识方面的缺陷，以确定培训需求。

5. 绩效分析法

绩效分析方法，也称问题分析法，指对员工当前的工作绩效与要求的工作绩效之间差距进行考察，并确定是应当通过培训来纠正这种差距还是应通过其他方式（如更换机器或调动员工）来解决。它主要集中在问题方面而不是组织系统方面，其推动力在于解决问题而不是系统分析。培训的最终目的是改进工作绩效，减少或消除实际绩效与期望绩效之间的差距，因此，对个人或集体的绩效进行考核可以作为分析潜在需求的一种方法。图3-1描述了绩效分析的一般流程。

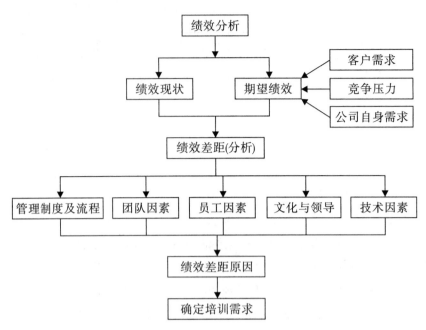

图 3—1 绩效分析的一般流程

运用绩效分析法需要集中把握以下四个方面。

（1）将明确规定并得到一致同意的标准作为考核的基线。

（2）集中注意在未来期望达到的业绩。

（3）确定未达到理想业绩水平的原因。

（4）确定通过培训能否达到理想的业绩水平。

6．经验预计法

有些培训需求具有一定的通用性或规律性，可以凭借丰富的管理经验进行预计。对于预计到的培训需求，可在需求发生之前采取对策，这样既避免了当需求临时出现时给培训工作带来的措手不及的压力，又防止了可能发生的某些由于缺乏培训带来的损失。预计培训需求一般可通过以下途径。

（1）参考其他企业。

把同行企业或相似企业中已出现的安全问题或其他问题作为本企业培训需求分析的参考对象，防患于未然，为防止同类问题的发生，可据此确定本企业的培训目标。

（2）新员工上岗导向培训。

它意味着让新员工熟悉企业环境，包括企业的使命、文化和目标、发展过程以及对员工的工作要求与期望等。因此，可安排一个常设的培训教程来为新员工提供上岗导向培训。

（3）新设备或新程序的引进。

让培训成为所有新技术、新工艺的一部分，以使员工能够有效地使用新技术、新工艺。根据管理经验，生产前期所花费的培训成本低于由于缺乏技能而造成的生产力或生产效率下降带来的损失。

（4）提升和晋级。

当员工获得提升和晋级的机会时，也就被赋予了新的职责，往往需要新的知识和技能。因此，对已被确定要提升和晋级的员工，根据新岗位和新工作的要求进行培训也就成为必要。

（5）企业重组和变革。

在企业重组或兼并的过程中，对于观念的碰撞和磨合、管理机制和方法的改变、员工岗位的变化等，员工都要有一个适应的过程。为了尽快使员工适应变化的环境和过程，需要对员工进行必要的培训。

7. 头脑风暴法

在实施一项新的项目、工程或推出新的产品之前需要进行培训需求分析时，可将一群合适的人员集中在一起共同工作、思考和分析。在公司内部寻找那些具有很强分析能力的人并让他们成为头脑风暴小组的成员。公司外部的有关人员，如客户或供应商，也可以参加小组。头脑风暴法是将有关人员召集在一起，通常围桌而坐，人数不宜过多（一般以十几人为宜），让这些人就某一主题（如生产一种新产品）尽快想出尽可能多的培训需求，在一定时间内进行无拘无束地讨论。过程中只许讨论，不许批评或反驳。观点越多、思路越广，越受欢迎。所有提出的方案都当场记录下来，不做结论，只注重产生方案或意见的过程。事后，对每条需求信息的迫切程度与可培训程度提出看法，以确定当前最迫切的培训需求信息。

8. 专项测评法

专项测评是一种高度专门化的问卷调查方法，选择合适的专项测评表并进行有效的测评需要大量的专业知识。通常一般的问卷只能获得表面或描述性的数据，专项测评表则复杂得多，它可通过深层面的调查，提供具体而较系统的信息数据。用于培训需求分析的专项测评表，可确定员工对计划中的公司变化的心理反应以及对接受培训的应对准备等。但使用专业公司提供的专项测评一定程度上会受时间与经费的限制。

二、现代培训需求分析

1. 基于胜任力的培训需求分析法

（1）胜任力及胜任力模型。

胜任力（compentence）这一概念最早于 20 世纪 60 年代由合益－麦克伯

（Hay−McBer）咨询公司提出，指员工胜任某一工作或任务所需要的个体特征，包括个人知识、技能、态度和价值观等，也是能将某一工作或企业中表现优异者与表现一般者区分开来的个人潜在的、深层次特征，即那些可以被可靠测量或计数的、并且能显著区分优秀绩效和一般绩效的个体特征。[①]

胜任力模型指担任某一特定任务角色所需要具备的一系列胜任力的总和。[②] 通常，胜任力模型被描述为在水面漂浮的一座冰山，即胜任力的冰山模型。该模型的水上部分代表表层的特征，如知识、技能等，这些特征容易被发现和测量，也容易通过培训来改变和发展；水下部分代表深层的胜任特征，如社会角色、价值观、自我概念、特质和动机等，这些特征较难被发现和测量，但却是决定人的行为及表现的关键因素。表 3−8 是某企业培训师的胜任力模型。

表 3−8 某企业培训师的胜任力模型

胜任力的维度	胜任力描述
个人效力	表现个人自信：相信自己有能力处理好培训，即使在具有挑战性的情况下，也可以使学习变得容易。它包括独立行动、寻求挑战自我和处理极具挑战性的情况等行为
	表现适应性：具有适应和有效完成工作的能力，要根据情况变化的需要来调整教授方法。具体行为包括在不明确的情况下有效工作，以及在紧张和压力下进行建设性的工作
	表现对秩序和质量的关注
	追求上进和自我发展：要表现出一种想要促进学习以及个人和他人发展的愿望和意图
对顾客的了解程度	确定顾客的需要：在作出决定和采取行动前充分理解和考虑顾客（培训参加者、主办人和外部顾客等）的需要
	具有分析能力和概念性思维
技术或功能性专长	基本知识：了解本领域的基本组成
	能够胜任的知识：表现出对本领域工作知识的掌握
	熟练掌握的知识：对该领域知识具有熟练的掌握，有能力通过融合其他领域的知识来扩展自己的知识
辅助技能	促进学习：能够创造一个有助学习的环境，能够使用多种多样的讲授技巧和辅助工具来促进学习和自我发展。这种胜任力的外在行为表现为有进行介绍的能力
	相互理解：能够理解他人没有说出或表达一半的思想、感觉和顾虑

80

---

① 叶茂林，杜瀛. 胜任特征研究方法综述 [J]. 湖南师范大学教育科学学报，2006（4）：101−104.

② 薛琴. 胜任力及相关概念辨析 [J]. 商场现代化，2008（3）：277−278.

胜任力的维度	胜任力描述
演讲发挥技能	高水平的讲授

资料来源：大卫·D.迪布瓦.胜任力［M］.北京：北京大学出版社，2005.

现在许多公司都在依据经营战略建立组织层面的胜任力模型，为公司员工招聘与甄选、培训与开发、绩效考评和薪酬管理服务。在员工培养机制中运用胜任力概念，可以寻找出改变员工行为的有效途径。目前一些企业广泛应用"胜任力模型"作为培训课程设计的依据，有针对性地开发培训课程。一方面要求清楚公司不同岗位的胜任力要求（个性、价值观、能力和知识等），另一方面需要清楚员工的能力特点、知识水平等有哪些不足以满足未来岗位的要求，这样才能保证培训的针对性，有利于提升关键员工和管理人员的胜任能力，从而提高员工的绩效。

（2）基于胜任力的培训需求分析的主要步骤。

①职位概描（position profiling）：将所需要的绩效水平的胜任力分配到职位中，这是履行一个具体工作职责所要求的专业能力，通过职位要求的绩效水平，确定所需的相关胜任能力。职位概描为胜任力识别和分配提供了基础。

②个人概描（personal profiling）：依据职位要求的绩效标准来评估职位任职者个体目前的绩效水平。结合有关数据资料，依据个体绩效现状及重要性排序确定培训需求。个人概描提供了员工胜任力的记录。

职位和个人胜任力得到界定后，确定培训需求就变得容易了。同样，企业层面的新的胜任力需要与已知的胜任力结构相呼应，并由此可以有效地预测组织范围内的未来培训需求。

（3）基于胜任力的培训需求分析有其独特的优点。

①提供工作分析和人员分析的企业背景，以企业分析统领其他两个层次的分析。

②从较多注重绩效差距、缺点分析等消极因素，向注重胜任力等积极因素的方向转移，具有范式转移的意义。

③培训需求分析更精确。对职位和个人胜任力进行规范评价，为培训需求分析和预测提供可行而有效的依据或标杆，最大限度地减少无谓的培训。

④有助于培训有效性的评估。胜任力的分析和评价为测评培训的学习效果提供了标准，同时，工作职位的胜任力评价也为因培训而产生的"行为变化"提供了测评标准。

⑤可使拥有能力的人得到正式认可。通过职位概描和个人概描，对那些被评选为有胜任力的个人无须"钻培训圈"就能得到正式认可。

2．任务和技能分析

通过任务和技能分析确定培训需求的方法是对培训需求经验预计法的进一步发展。这种方法对引进新技术、安装新系统、增设新职位的培训需求非常适合。比如操作者的职能改变了，甚至可能是全新的，可以将新工作分解为若干项任务，进而对这些任务所需的技能进行分析，见表3-9。

表 3-9　任务和技能分析工作示例

分析员：_____　　日期：_____			
岗位/职能	任务描述	设备/系统/资源	所需技能
文员	编辑文案 转接电话 保管文具 接待来访人员 收发传真 复印文件 订餐	个人电脑 文字处理应用软件 电话 传真机 复印机 餐厅、饭店名册	打字指法与速度 电脑系统操作 商业信函写作 电话接听技巧 传真机使用 复印机使用

一般地说进行任务和技能分析首先要确认一项职务或工艺，把职务（或工艺）分解成若干项主要任务，再将每个任务分解成若干项子任务。确定所有的任务和子任务后，在工作表格上用正确的术语将它们列出来，每个任务单列一项，并列出子任务和每项任务和子任务所需的技能，最后确定哪些任务和技能需要进行员工培训。

3．缺口分析

培训是解决现有问题的首选办法，因此，需要抛弃那些培训解决不了的问题，把注意力放到那些可以通过培训解决的问题上，同时抵制一次解决全部问题的诱惑。注重现状和需求，然后考虑如何通过培训来弥补缺口。

培训是用来弥补缺口的，可以通过发现缺口来确定培训需求。在此，我们引出需求分析中的另外一个重要概念——缺口分析。

我们的培训目标是希望填补现有的技能和希望达到的技能之间的缺口。这个缺口可能是显而易见的，例如对打字员进行打字培训可以加快数据输入速度。这个缺口也可能很大，例如一家大公司的管理层存在从国内市场进入国际市场所面临的知识缺口。通过缺口分析，我们可以知道需要进行多少培训（或者培训是否可以弥补缺口）。如图3-2所示说明了缺口分析的过程。

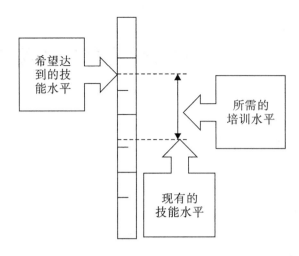

图 3-2　缺口分析过程

我们以某公司某职位员工计算机培训需求缺口分析为例进行具体说明。首先查找职位说明书，明确该职位实际所需的计算机技能为 4，见表 3-10，即"能用COBOL，Assembler，JAVA，UNIX 或其他语言编程。有软、硬件的知识和实际工作经验，能为台式电脑/微电脑系统提供软、硬件支持"。同时，经过问卷调查、访谈法或观察法，发现该员工的实际计算机技能只达到 2，即"能制作基本/标准的输出（如文字、图形、电子数据表、基本的或递归 DSS 报告等）"。通过缺口分析，我们明确了该员工的培训需求。

表 3-10　培训需求缺口分析示例

1	在清楚的指令和程序下运用计算机（如收发电子邮件、基本数据输入及列示数据信息等）
2	能制作基本/标准的输出（如文字、图形、电子数据表、基本的或递归 DSS 报告等）
3	能制作复杂的输出（如高级的电子数据宏、数据库报告、HTML 编码、唯一的非递归的 DSS 报告等），在工作经验/知识的基础上定义输入分析程序的功能及使用手册
4	能用 COBOL，Assembler，JAVA，UNIX 或其他语言编程。有软、硬件的知识和实际工作经验，能为台式电脑/微电脑系统提供软、硬件支持
5	能解决大型的或工作站-服务器系统技术问题（如软、硬件和数据库交流）
6	能撰写大型的或工作站-服务器系统程序详细说明书（不仅仅是用户使用功能说明）
7	设计/升级操作系统软件、大型多用户平台系统、大型的/主机系统的性能和容量模块、文件系统、程序和数据库、为商务问题实际完整的硬件/软件/数据库方案
8	能设计并执行公司的信息技术策略，为销售产品的软件或硬件升级

第五节　培训需求分析成果

一、培训需求分析报告

培训需求分析报告结论要以调查的信息为依据，不能以个人主观看法作出结论。撰写评价报告的目的在于对各部门申报、汇总上来的培训动意、培训需求的结果作出解释并提供评价结论，以最终确定是否需要培训及培训什么。这也是后面确定培训目标、设计培训课程计划的依据和前提。培训需求分析报告没有固定的格式，一般地，培训需求分析报告包括以下几个方面的内容，见表3-11。

表3-11　培训需求分析报告的内容

报告包括的内容	具体描述
报告提要	对报告要点的概括
培训需求分析实施的背景	通过对企业短期绩效提升派生的培训需求和长期发展潜在的开发需求分析，为培训需求项目确定方向、目标和标准，有效地发挥培训与开发干预活动的战略性支持作用
开展培训需求分析的目的和性质	培训成果与绩效差距的连接 培训目标的制定 培训项目设计及实施的依据——培训项目效果评估的基础
培训需求分析实施的方法和流程	培训需求信息收集分析的方法 实施流程：组织分析、任务分析、人员分析
培训需求分析的结果	总体结论：决定是采用培训与开发干预还是其他管理手段解决绩效差距等问题 结论1：提升个人当前技能和绩效，如专业技术类培训、通用技能类培训、强制性培训 结论2：开发个人未来专业能力，如工作轮换、领导力开发、小组行动学习 结论3：促进组织变革，如企业文化建设、员工敬业度调查、六西格玛管理
项目建议	项目设计：包括课程设计要素、项目实施方式、项目效果评估等 项目成本预算，即项目成本分类及汇总
附录	包括收集和分析信息时用的相关图表、原始资料等，如调查问卷、访谈记录、绩效档案、行业标准等

撰写评价报告时，在内容上要注意主次有别，详略得当，构成有机联系的整体。为此，在撰写前应当认真拟就写作提纲，按照一定的主题及顺序安排内容。

二、培训计划

经过培训需求分析，明确了培训需求以后，即可确定培训目标和计划。培训目标的确定为培训提供了方向和框架，培训计划的制订则可使培训目标变为现实。企业应根据培训需求，结合本企业的战略目标来制订培训计划。培训计划主要包括设定培训目标和内容、确定培训人员、培训方法和形式、培训预算等。如何制订培训计划，将在下一章培训与开发计划设计详细介绍。

复习思考题

1. 什么是培训需求？什么是培训需求分析？
2. 如何评价培训需求分析在组织培训中的作用？
3. 培训需求分析的主要内容有哪些？
4. 如何从组织层面、工作层面、人员层面进行培训需求分析？
5. 培训需求分析的方法有哪些？
6. 在培训需求分析中如何应用胜任力模型？

案例分析

2020 年年底，北京一家零售行业 IT 部的刘经理有点烦，因为在年度绩效考评工作总结会议上，总经理对 IT 部的工作业绩进行了点名批评。去年 IT 部的几项重要考核指标没有完成，刘经理在绩效管理上并没有及时跟进。刘经理目前带领 20 多人的团队，2020 年 IT 项目出现了爆炸式的增长。刘经理的技术虽然在行业里绝对是专家级的，但是他在团队管理和项目管理上确实有很多地方存在不足。

第一，人员配置。2020 年的团队成员没有变化，由于公司推行数字化办公，因此 IT 项目增长了近 30%，20 多人的 IT 部采用扁平化的组织管理架构，有几个空缺的岗位一直没找到合适的人员。

第二，项目管理。各个部门大力推广数字化，将工作流程从原来的纸质报告审核换成了 OA 系统审批，大客户部和海外市场部提出了搭建数据模型进行优化分析的需求，其中很多项目在前期没有进行足够的可行性研究分析，导致半途而废。而项目的增加使本来就很忙的 IT 部出现了人手短缺，频繁的加班导致工作效率低下、投诉增加，几家外部合作的供应商也没能给 IT 部提供及时有力的支持。

第三，绩效考核。绩效考核目标设立时没有和下属进行充分的讨论交流，考核目标更多的只是写在纸上，有的部门主管认为考核就是走个形式，分数高低最后还是领导说了算，所以平时的工作并没有围绕绩效目标来开展。

分析与讨论：

1. 如果你是该公司人力资源部的培训负责人，你会如何开展培训需求分析？如何协助他改善现状呢？

2. 试拟定一份开展培训需求分析的计划。

3. 谈谈你在培训需求分析过程中获得了哪些启示？

第四章　培训与开发计划设计

☆ **学习目标** ☆

在企业中开展培训活动，需要有一定的投入。为了确保这种投入能带来有价值的结果，必须对培训与开发活动进行精心设计和组织。培训与开发活动始于周密、合理的计划。通过本章的学习，我们将了解到培训与开发计划的内容及其类型，充分理解员工培训与开发计划的依据，明确培训与开发计划的原则，并在此基础上，掌握培训与开发计划的步骤。

☆ **关键概念** ☆

培训与开发计划
年度培训计划
在职培训
课程开发计划

☆ **引导案例** ☆

米拉日湖度假村拥有并经营着三家娱乐公司，每年吸引着 3000 万左右的游客。它是一家非常成功的企业，过去几年中投资者获得的回报率每年达 22%。据 12 家商业出版社称，该度假村在赌博业和酒店业中的生产率是最高的。该公司的酒店始终保持着 98.6% 的入住率，而当地其他酒店则为 90%。

米拉日湖成功的关键是以高质量的服务赢得回头客。除了招聘最好的雇员，让他们从事感兴趣的工作并为他们营造良好的环境外，米拉日湖度假村将培训放在公司的首要位置上。为开发自己的人力资源（包括培训），公司研究了 200 多家其他企业的人力资源管理活动，包括酒店、赌场和生产型企业，以探索哪些行为有效，哪些行为无效，从而拟定一个培训基准。米拉日湖度假村之所以投资于培训，不仅是因为要提高雇员的专业技能，同时也是为了他们在米拉日湖内的职业生涯展开做好准备。举例来说，通过培训使雇员掌握事业成功所必须的关键和战略以此来取悦客户，同时还投资旨在提高雇员非工作时间生活质量的培训。

第一节　制定员工培训与开发计划的依据①

一、应结合企业的发展阶段

根据生命周期理论，企业的发展一般可分为初创期、快速成长期、成熟稳定期和衰退期四个阶段。在企业的不同发展阶段，组织机构的不同层次对人员技能、知识和能力的要求是不同的，其阶段目标、组织形式、集权程度、领导风格等因素也制约着企业的培训模式。因此，企业要根据自身所处的不同发展阶段设计适合企业本阶段发展并能够有效支撑其竞争战略的培训体系，以确保在培训上的投入能最大程度地提高个人与企业的绩效。

1. 初创期

初创期是企业开始创业、进入市场的时期，是一个新企业的诞生、充满希望与险阻的阶段。

企业的战略目标是求得生存与发展，尽快渡过创业期。初创阶段，培训工作的重点是督促员工加强学习外部先进企业的经验，利用外部资源对员工进行有效的培训，主要围绕以下两方面进行：管理水平提升和管理理念统一的培训。

企业创业者一方面可通过参加外部培训机构举办的经营管理方面的培训，提高自身经营管理水平；另一方面充分发挥自己的人格魅力、创造力和影响力，对员工开展团队合作、创业教育等针对性的培训，促进员工间的团结协作，同时激发全体员工的热情、雄心和创新精神，提高全体员工的创业意识，帮助员工初步做好自己的职业规划。

2. 快速成长期

如果企业运行良好，成长性、竞争性都会增强，就会过渡到下一个发展时期，即企业生命周期的快速成长阶段。

在快速成长期，企业发展战略的核心是如何使企业获得持续、快速、稳定的发

---

① 周红云. 员工培训：技术与策略［M］. 北京：中国劳动社会保障出版社，2013.

展。此时，企业已经具备设立专门的培训部门的能力，可以开展系统的、有组织的专业培训，所以在快速成长阶段培训工作要围绕企业本阶段发展战略，针对以上存在的问题进行对症下药，对员工重点开展岗位技能、心态、管理思维、企业文化等方面的培训。

3. 成熟稳定期

成熟稳定阶段是企业生命历程中最为理想的阶段。在这一阶段，企业的灵活性、成长性及竞争性达到了均衡状态。

在成熟稳定阶段，培训资源已有一定的积累，培训的目的就是使企业核心能力模块化，培训管理系统化，资源得到有效利用。此时，企业培训工作部分或者完全从人力资源管理职能中独立出来，有了比较完备的培训体系，培训工作有经费、有计划、有实施、有评估，管理机构完整，人员分工明确，各类员工培训层次分明，开发了内部讲师和外部供应商，能提供比较全面的培训计划。但有时候培训往往重点不突出，讲究面面俱到。所以，在这个阶段企业培训应注重员工多职能和轮岗培训、管理创新培训和技术创新的培训。

4. 衰退期

企业进入衰退期，可能是由于企业本身的原因，也可能是由于外部环境造成的。衰退并不完全意味着企业走向灭亡，更多时候是企业发展阶段中的一个低谷。

在衰退阶段，企业战略管理的核心是寻求企业重整和再造，使企业获得新生。因此，在此阶段，企业培训的重点工作有：一是对员工加强企业变革和企业发展方面的培训，促使员工提高对企业变革的重要性和必要性的认识与理解，做好企业变革的发动工作，顺利推进企业变革。二是配合企业人力资源战略的转移，重点放在人才转型上，对员工后期发展出路给予指导，指导员工学习新技术、新技能、新知识，以便适应新兴产业，降低转换成本，实现企业的二次创业和帮助员工顺利再次就业。

二、应结合企业的发展战略

培训计划一定要与公司的发展战略结合起来，要将企业有限的资源放在对企业发展最有利的培训项目上。因此，做好培训计划首先要了解企业的发展战略。根据战略构想设定企业长期和短期的绩效目标，一般来说，与长期战略结合的培训能够满足企业长期经营对人力资源的需要。对一个想要发展或正在发展的企业来说，长期战略至关重要，有时甚至能决定企业的生死存亡。其次是中期战略，主要是为了满足企业年度经营对人力资源的需要而采取的培训活动。

然后将企业的现实与绩效目标的要求进行比较，分析和确认实现绩效目标的障碍，包括人员、技术、企业流程等各方面的差距。如果是人员方面的问题，就需要确认属于人员的哪方面的问题，如缺乏必要的知识、缺乏必要的技术、缺乏必要的行为等，这些问题，除了可能要采取的其他人力资源管理措施外，还必须通过有计划的培训与开发才能得到圆满的解决。

三、应考虑企业存在的问题

为了顺利实现企业目标，防止从前的问题重复出现，人力资源管理部门应清楚在以前工作中存在的问题，并分析及确认问题的来源是管理层面还是员工层面，到底是人的能力问题还是态度问题，根据分析结果，设计培训内容，纳入相应的培训计划之中。

四、应满足员工的发展需求

企业应给员工设计合理的职业发展规划，掌握员工的个性能力特征，并通过与其沟通了解员工的发展方向与培训需求。大部分员工由于长期从事一种工作，容易产生职业倦怠感，没有创新愿望，失去了过去的工作热情。在如今加速变革的时代，他们也有着强烈的学习和改变意愿，需要通过学习提高认识，对自己职业和人生重新定位。人力资源管理部门可采用需求问卷、访谈等的方式进行需求信息收集，分析筛选后拟订培训计划。

五、应依据可利用的资源

拟订培训计划的目的是希望该培训计划最终能得到落实。在制订培训计划时，首先要考虑预算问题。如果企业的培训预算不能够支持培训计划，培训计划制订得再漂亮也没有意义。根据确定的培训课程，结合市场行情，制定培训预算。在制定培训预算要考虑多种因素，如公司业绩发展情况，上年度培训总费用，人均培训费用，等等，在上年度基础上根据培训工作的进展情况考虑有比例地加大或缩减培训预算。

同时，也要与该培训计划的参与者深入地沟通，为培训计划的有效实施提供人力、物力和财力等资源保障。

第二节　培训与开发计划设计的原则

一、差异化原则

1. 内容上的差异化

由于培训的目的是要改善员工的工作业绩，因此培训的内容必须与员工的工作有关，而在企业中每个职位的工作内容都是不一样的，每个员工的工作业绩也是不同的，因此在培训时应当根据员工的实际水平和所处职位确定不同的培训内容，进行个性化的培训，这样的培训开发才更有针对性。这个问题在有些企业的培训中并没有引起足够的重视，虽然也投入了大量的资源，但效果并不理想。

2. 人员上的差异化

虽然培训开发要针对全体员工来实施，但这绝不意味着在培训过程中就要平均使用力量。按照"二八原则"的解释，企业中80％的价值是由20％的人员创造的，加之企业资源的短缺，因此在培训中应当向关键职位进行倾斜，特别是中高层管理人员和技术人员，正如德国企业家柯尼希所指出的，"由于企业中领导人员的进修与培训太重要了，所以应由企业上级谨慎计划并督导其实现"。

91

二、实用性原则

为确保计划实用性，员工培训应当有明确的针对性，从实际工作的需要出发与职位特点紧密结合，与培训对象的年龄、知识结构、能力结构、思想状况紧密结合，目的在于通过培训让员工掌握必要的技能以完成规定的工作，最终为提高企业的经济效益服务。只有这样培训才能收到实效，才能提高工作效率。

三、效益最大化原则

企业作为一种经济性组织，它从事任何活动都是讲究效益的，都要以最小的投入获得最大的收益，因此对于理性的企业来讲，进行培训开发同样需要坚持效益原则，也就是说在费用一定的情况下，要使培训的效果最大化；或者在培训效果一定的情况下，要使培训的费用最小化。

企业必须将员工的培训与开发放在战略的高度来认识。员工培训有的能立竿见影，很快会反映到员工工作绩效上；有的可能在若干年后才能收到明显的效果，尤其是对管理人员的培训。因此企业必须树立战略观念，根据企业发展目标及战略制订培训规划，使培训与开发与企业的长远发展紧密结合。培训是一种最大的投资，要进行科学设计、认真组织，保证培训效果，实现收益的最大化。

四、以人为本原则

企业在进行员工培训的时候一定要尊重人、塑造人。不仅要根据员工自身的优势和爱好来培养员工，还应该给员工以适当的空间来使他们发表自己的建议和意见，保持他们的创造力。企业要正确认识"智力"投资和人才开发的长期性与持续性，用"以人为本"的经营理念搞好员工培训。

五、创新性原则

企业应根据实际需要和职工气质、性格、能力类型等的差异进行不同层次、不同需要的培训，进行专业技术培训和特殊能力的培训，从而有助于又快又好地完成既定的工作任务，充分发挥出各种能力的作用。差异化管理策略根据企业成员的个性差异，进行差异化培训。

这样做不仅可以使个体对企业的目标任务有着明确的了解并为之努力，更能使企业中的成员对自己及他人有更深入的认识，从而使个体在企业中的自我定位更加准确，成员间相处更为融洽和谐，企业更容易发挥其整体优势。

第三节　培训与开发计划的类型

一、长期计划

所谓员工培训与开发的长期计划，是根据培训与开发的需求和长期目标，结合企业已有的人力、物力和财力资源，配合企业的战略目标，制订相应的长远计划。长期培训计划的设计基于掌握企业组织架构、功能与人员状况，了解企业未来几年的发展方向与趋势，了解企业发展过程中员工的需求，结合企业现阶段工作重点与需求，同时明确有哪些资源可供利用。

长期培训计划需要明确的事项：①企业的长远目标分析；②个人的长远目标分

析；③外部环境的发展趋势分析；④目标与现实的差距；⑤人力资源开发策略；⑥培训策略；⑦培训资源的需求；⑧培训资源配置；⑨培训内容整合；⑩培训行动步骤；⑪培训效益预测；⑫培训效果预测。

具体来说，在制订长期计划的过程中，主要涉及以下五方面的内容。

1. 确立培训目标

通过对培训需求的调查分析，将培训的一般需求转变为企业培训的总体目标，如通过培训来达到的各项生产经营目标和提高企业的管理水平。

2. 研究企业发展动态

首先，企业培训部要同有关的主要管理人员研究企业的生产营销计划，以确定如何通过培训来完成企业的年度生产经营指标。其次，企业培训部还要与有关人员共同研究企业的生产经营状况，找到需要改进的不足之处，寻求通过何种培训可以改善现状、实现培训的特别目标。

3. 根据培训的目标分类

围绕企业生产经营目标的培训应列入业务培训方案；围绕提高企业管理水平的培训活动则应列入管理培训方案。因此，培训方案的制定是针对培训目标，具体设计各项培训活动的安排过程。企业的业务培训活动可分为素质训练、语言训练及专门业务训练。企业的管理培训活动主要是班组长以上管理人员的培训，内容包括系统的督导管理训练及培训员专门训练等。

93

4. 决定培训课程

课程是培训的主题，要求参加培训的员工，经过对某些主题的研究讨论后，达到对该训练项目的内容的掌握与运用。要对各类培训活动的课程进行安排，主要是列出训练活动的细目，通常包括：培训科目、培训时间、培训地点、培训方法等。注意培训课程的范围不宜过大，以免在各项目的训练课程之间发生过多的重叠现象；但范围也不宜过狭，以免无法真正了解该项目的学识技能，主要以熟悉该训练项目所必需的课程为限。

5. 培训预算规划

培训预算是企业培训部在制订年度培训计划时，对各项培训方案和管理培训方案的总费用的估算。预算是根据方案中各项培训活动所需的经费、器材和设备的成本以及教材、教具、外出活动和专业活动的费用等估算出来的。

二、年度计划

年度培训计划指以每一财政年度为周期制订的员工培训与开发计划，是根据企业年度发展规划，在员工需求确定和目标设置的基础上，明确一个财政年度的培训与开发人员、内容、方式和费用预算。该计划应和组织的长期计划协调起来，同时作为组织年度人力资源规划的组成部分，一同为组织的战略服务。

1. 年度培训计划制定的原则[①]

（1）培训计划要以组织战略为导向。

（2）要全员参与并获得绝大多数员工的支持。

（3）培训计划的制订一定要以培训需求分析为前提。

（4）培训方法与手段应满足员工个体差异化的要求。

（5）尽可能多地得到最高管理层和各部门主管承诺及足够的资源来支持各项具体培训计划。

（6）采取一些积极性措施以提高培训效率。

（7）注重培训细节。

2. 年度培训计划制定的基本策略

整体上来说是自上而下—自下而上—自上而下的形成过程。年度培训计划制订作为一个小工程，其启动必然是自上而下来的。总部培训部门必须承担这个责任。

首先，总部培训部门必须明确分析研究企业层面的需求，作为年度培训计划的方向。具体手段是根据总部人力资源策略衍生出的培训规划进行培训运作计划分解，此时注意排除个人意见干扰。

其次，各部门或下属机构根据自身需求情况制订初步的部门年度培训计划，这个计划体现员工需求和部门需求两个层次。主要手段有员工访谈调查、直线经理考核及改进意见采集等。

再次，总部培训部门综合所有年度培训计划，并对各部分进行评价论证与协调，最后得出公司年度培训计划。

最后，各个部门或机构根据企业通过的年度培训计划，对本部门或机构的年度培训计划做修改，并提交总部培训部门进行备案。

3. 年度培训计划的主要内容

年度培训计划内容涉及管理实践、行业发展、企业规章制度、工作流程、专项业务、企业文化等课程。从人员上讲，中高层管理人员、技术人员的培训宜以外训、进修、交流参观等为主；而普通员工则以现场培训、在职辅导、实践练习更加有效。

4. 年度培训计划制订的基本流程

年度培训计划的制订步骤可以根据公司具体情况进行具体界定，但如果试图说局限于几个步骤的描述则不甚科学合理。大体上由下面几类任务组成。

---

① 赵耀. 员工培训与开发 [M]. 北京：首都经济贸易大学出版社，2012.

（1）前期准备。

年度培训总结、年度规划制订工作，培训年度计划制订动员会（宣传年度计划项目进程等），面对各机构或部门的策略宣传等，这部分自上而下启动。

（2）培训调查分析研究。

内部访谈与收集信息、现状分析与策略思考、机制评价、资源评估、培训规划分解、公司高层培训工作意见等。甚至要统一召开培训系统会议来推动，来展开培训需求调查。

（3）年度培训计划主体内容。

包括培训组织建设、项目运作计划、资源管理计划、年度预算、机制建设等方面的内容，需要有量化目标、具体行动方式、保证机制等。这部分是自下而上形成。总部必须重新排列项目组合，平衡内外训练资源，编拟培训经费预算，并最后进行效益预估与潜在问题分析。

（4）年度培训计划的审批以及展开。

总部培训部门整合年度培训计划，遵从一定流程获得审批后，下发各部门或机构进行传导，并督促其完成年度培训计划的二次修订，这部分自上而下完成。

三、课程计划

课程计划是在年度培训计划的基础上，就某一培训课程进行的目标、内容、组织形式、培训方式、考核方式、培训时限、受训对象、讲师等细节的规划。课程目标应明确完成培训后培训对象所应达到的知识、技能水平。设定现实可行的培训目标，既为培训指明了方向，又为评估培训效果提供了指标。

1. 培训课程设计与开发的基本原则

（1）课程的选择应与培训目标一致。

要有一种既定的连续性政策和计划目标，来避免课程计划的分散，保证培训课程的整体性。

（2）应设计固定与机动两种形式的课程。

培训应当以员工的需要和兴趣为基础开设一些固定的课程作为核心课，而且为了满足其新的需要和兴趣，还应开设一些可能临时加设的机动课程，使培训课程不致沉闷老套。

（3）课程应照顾学员中大多数人的需求。

课程设计应当尽力提供能使各种学员感兴趣的课程。

（4）可操作性强。

课程要在计划好的时间内完成目标要求，就必须使其具有可操作性，否则只会空对空，徒劳无功。

（5）课程设计要密切联系企业与员工实际。

那种为时髦而设立的对企业、员工并无实质帮助的课程应坚决删除。

（6）课程的讲师要慎重选择

再时兴、有用的课程也会因拙劣的教师而降低效用，因此，如果财力充沛，就绝不要在这方面吝啬金钱，因为优秀教师的回报是迅速而显著的。

2. 培训课程的组成要素

（1）目标。

课程目标提供了学习的方向和学习过程中各阶段要达到的标准。它们经常是通过联系课程内容，以行为术语表达出来，而这些术语通常属于认知范围。一般课程的教学大纲中，最常用的有如"记住""了解""熟悉""掌握"等认知指标，以至于忽视"分析""应用""评价"等较高级的认知行为目标。在实际中常被忽略的还有一些情感领域的目标，如价值、信念和态度等。

（2）内容。

在课程内容组织上，有两点尤其重要，就是范围和顺序。顺序指内容在垂直方向上的组织。范围指对课程内容在水平方向上的安排。范围要精心地限定，使内容尽可能地对学习者有意义并具有综合性，而且还要在既定的时间内安排。

（3）教材。

教材要以精心选择或组织的有机方式将学习的内容呈现给培训者。在学科课程中，教科书是最常用的教材，也几乎是必备的，在教科书的选择上，主要是内容丰富，针对性、实用性、操作性强。

（4）模式。

课程的执行模式，主要指的是学习活动的安排和教学方法的选择，旨在促进培训者的认知发展和行为变化。

（5）策略。

一个被普遍运用的教学策略是"判断—指令—评价"。在这一策略中，教师分析学生的学习进展情况，判断他们遇到了什么困难，对学习顺序的下一个步骤作出指令。当学员完成指令后，教师作出评价，确定他们是否掌握了课程设计的学习内容。

（6）评价。

学科课程的评价重点放在定量的测评上，衡量可以观察到的行为。例如，在报告学习者的学习状况时，常常用 A、B、C、D 等人们假定能表明某种程度的成就的字母等级表示。

（7）组织。

除了集体授课制以外，分小组教学也经常被课程设计者运用，分组教学为因材施教的个性化教学提供了某种可能。

（8）时间。

课程设计者要巧妙地配置有限的课程时间，培训师要使学生在整个课程执行期间积极地参与学习活动，把课堂时间看成是最有价值的。

（9）空间。

空间主要是指教室，还有一些特殊的空间可以利用，如图书馆、实验室、艺术室、研讨室、调研场所、运动场等。

3. 培训课程设计与开发的方法

（1）适应型模拟法。

适应型模拟法，即以现有适应工作岗位或达到任职资格标准、具备职务要求的学识、技能水平的人员为标准，依照他们的知识结构、学识水平、技能水平，来对欲培养的员工进行课程设计。这种设计，常根据缺什么补什么的原则。知识补充性培训和岗位适应性培训一般采用适应性模拟法。

（2）深度型梯度法。

深度型梯度法，是指把一个深度的培训目标分解成一个个台阶，选择几个由浅到深的不同的课程对员工分步实施培训。经过边进修、边实践、边提高的学习过程，逐步完成一个个台阶的学习任务，分步达到某一深度的专业水平的目标。这样既符合成人学习深层次专业知识的智力特征，又可以缓解工作和学习的矛盾。新增知识培训、专业知识培训一般都采用深度梯度法设计。

97

（3）结构型优化法。

结构优化法，即不断优化知识结构的课程设计。课程开始阶段，从基础知识、关键知识、急需知识入手，以达到初步适应的目的；完成开始阶段后，从专业知识结构的深度入手，促进综合水平的不断提高，以达到改善知识结构之目的。更新知识结构为目的的培训最适合采用结构优化法。

第四节 培训与开发计划的内容

一、培训的目标

培训的主要目的在于提高绩效。企业在制订培训计划时，必须明确想要通过培训期望达成的效果，即培训目标。企业中的培训目标可以分为以下三大类。

1. 提高员工在企业中的角色意识

员工只有完全融入企业，才能充分履行其职能。这一点对于新进员工尤为重要。俗话说，"良好的开端是成功的一半"，如何使新员工尽快熟悉企业的各个方面，消除陌生感，以一种良好的方式开始工作，在企业与员工之间建立默契和承诺，决定了新员工导向培训在企业培训工作中的重要作用。

2. 获得知识，提高技能

通过培训来提高员工在工作中必需的知识、技能水平。这些知识与技能主要包括：基本知识，如语言、数学等；人际关系技能；专项知识和技能；高层次整合的技能。高层次整合这类技能主要针对企业中的中、高级管理人员而言，要求能适应复杂变化的情景，如领导、战略规划、经营决策、组织设计等。

3. 态度动机的转变

通过培训提高员工对企业与工作的认知，改变态度，形成良性动机，进而改善绩效。

二、培训的负责人和培训师、培训对象

1. 培训负责人

培训负责人指参与制订人力资源规划，理解规划对培训开发的要求，负责制定有效配套方案并推动落实的工作人员。

培训负责人的职责如下。

（1）负责制定公司培训开发政策并完善相关制度流程，形成规范的培训体系及机制。

（2）组织实施公司培训需求调研，编制年度培训实施计划。

（3）负责制定、策划培训项目方案并组织实施，确保项目高质量地开展。

（4）负责实施领导力学院等专项重大培训项目规划与运营。

（5）主持培训教材的编写，监督与指导培训资料和培训档案的整理和建立，提升培训基础管理工作水平。

2．培训师

培训师是培训体系中最重要的组成部分，是培训的基石和可再生力量。

培训师的来源一般有两种渠道，即内部讲师和外聘讲师。内部讲师主要负责专业技能与企业文化的培训，外聘讲师主要负责新理念、新思想的培训。内部和外聘讲师的比例应依据培训的实际需求，尽可能做到内外搭配合理，相互学习、相互促进，形成一个和谐高效的团队。培训者无论来自公司内部还是外部，都需要有专业技能和培训经验。

一个合格的培训师需要多方面的能力，主要包括：（1）深厚的理论知识、过硬的教学经验和实战经验。（2）激励他人的能力。（3）建立关系的能力。（4）变通的能力。（5）沟通的能力。（6）诊断问题并找出解决方法的能力。（7）人格魅力。

3．培训对象

培训对象就是培训目标的适用对象，虽然人人都可以被培训，所有员工都需要培训，而且大部分人都可以从培训中获益，但由于企业的资源有限，不可能提供足够的资金、人力、时间做漫无边际的培训，因此，所有员工不一定都需要培训到同一层次或同等程度，或安排在同一时间培训，必须有指导性地确定企业急需的人才培训计划，根据组织目标的需求挑选被培训人员。

99

一般而言，企业内有以下三种人员需要培训。

（1）可以改进目前工作的人。培训的目的是使他们能更加熟悉自己的工作和技术。

（2）有能力而且企业要求他们掌握另一门技术的人。考虑在培训后，安排他们到更重要、更复杂的岗位上。

（3）有潜力的人。企业期望他们能掌握各种不同的管理知识和技能，或更复杂的技术，目的是让他们进入更高层次的岗位。

列出培训对象后，最好能立即列出该对象的相关资料，如平均年资、教育背景、共同特质、曾参加过的培训等。

三、培训时间、期限

1．培训时间

确定恰当的培训时机，是在设计培训计划时常常需要考虑的问题。企业一般会把培训安排在以下时机：（1）新员工入职时。（2）企业技术革新时。（3）销售业绩下滑时。（4）员工升职时。（5）引进新技术、开发新项目时。（6）推出新产品时。

2. 培训期限

不同的培训对时间的需求差别很大。影响培训持续时间的因素包括以下几个方面。

（1）培训内容。

通常一些短期培训可以介绍主要议题和当今技术发展状况，也可讨论简单的议题。系列培训能为学员提供总结和再强化的机会，因而适用于传授较深和较难的内容。

（2）培训费用。

封闭式培训要求学员在培训地吃住，因而，学员的花费更多，但学员往往也更愿意接受一些更加复杂的培训。

（3）学员素质。

学员素质高，接受能力和学习能力强，培训持续时间可短，否则，应适当延长，以保证受训者对学习内容的充分消化、吸收。

（4）学员的工作与休闲时间的分配。

大部分培训都是在工作时间进行的，但也可考虑利用员工的休闲时间。

四、培训领域

1. 培训领域规划

在培训开发计划设计中，对培训领域的规划是最基本的内容，解决的是"培训什么"的问题。这也对组织培训主管人员提出了较高的要求，能够掌握工作分析等实用工具，又要对组织特征、组织战略、组织文化有较深入的了解。一个组织中有很多的工作岗位，有些需要较多的工作才能把职责完成，有些则需要较少。对于管理人员来说，工作分析是十分有用的工具，因为通过这项分析可以把培训的领域系统地划分出来，使得管理人员能够有规划地进行培训。

2. 工作分析概述

工作分析（job analysis）指收集所有与职位相关的信息，以科学和系统的方法确定某职务的性质、责任、任务和要求，决定一项工作所应包含的工作项目和从事此项工作的必备知识、技术和能力，并提供与职务本身要求相关的其他信息。

3. 工作分析工具[1]

（1）职位分析问卷。

---

[1] 方承武，张迎红. 浅议工作分析 [J]. 安徽工业大学学报（社会科学版），2008，25（2）：57—58.

职位分析问卷是由工作中各个方面一系列详细、具体的要素组成，每个要素在某项工作中的重要程度一般由 5 个基本尺度来衡量，通过选择尺度分出等级，确定该要素在工作中的作用。

（2）职位描述问卷。

职位描述问卷是以 PAQ（职位分析问卷法）为模式开发的一种人员定向的工作分析方法。但它针对的是该公司的具体要求而量身定做的，因此，适用其他企业不强。

（3）工作元素调查。

工作元素调查包括 153 个与工作成功有关的工作元素，由任职者在一个三点量表上评定每一个元素。数字化的评定结果还有利于计算机存储信息和对数据进行分析。这种方法最大的优点就是使用简单，并且由于只请任职者完成而不是由专业人员进行，因此可以大幅节省费用。

（4）关键事件技术。

关键事件技术是要求管理人员、本岗位员工以及工作分析人员记录对他们的工作绩效比较关键的"关键事件"，从而获得工作分析资料的方法。它对于防范事故，提高效率较之确定工作标准起到更大的作用。同时这种方法还可以提示工作的动态性本质，它提出的问题也更具可操作性。

（5）通用工作分析问卷。

通用工作分析问卷是充分注意到了工作者定向的工作分析工具存在的诸多不足后所开发的一个通用工作分析系统。该系统在问卷项目抽象水平的处理和量尺的设计上做出了诸多改进，操作起来任务量大，比较复杂。

五、培训内容

1. 确定培训内容的依据

（1）以工作岗位标准为依据。

员工都有工作岗位的标准和要求（包括知识、技能、工作态度等）。这些标准和要求是员工上岗的基本标准，若员工不具备他所要上岗的岗位标准和要求，就应该通过培训达到上岗标准。

（2）以生产服务质量标准为依据。

作为企业人力资本的员工，脱离不了企业所处的环境，在知识、技能和工作态度方面必须与这种不断变动的外部环境相适应，不断更新知识、提高技能，以满足生产质量标准的要求。

（3）以企业的发展目标为依据

企业发展目标的确立必然对企业人力资本结构和等级提出要求。这可以从两个方面来看：①当某项工作的目标要求与职工现有知识、技能、工作态度出现差距时，就有必要进行培训；②当企业的目标与实现这个目标所必需的人力资本条件出现差距时，为消除差距就必须组织培训。

2．培训的主要内容

在企业管理者组织员工进行培训前，我们有必要系统地了解一下员工培训具体有哪些内容。在此，我们可以从企业文化、学习型企业、团队精神以及员工能力这四个方面来阐述。

（1）打造优秀的企业文化。

在企业文化的培训过程中，培训者首先需要让员工对于自己所在企业的文化有一个清醒的认识。培训者需要从文化的功能、组织性或者地域性的角度来把握企业文化的实践和培训工作。在培训过程中，培训者要以一种最佳的方式把这些文化框架与培训内容加以结合。培训工作是否成功，则要依赖于培训者在不同文化之间建立联系的能力，以及培训者积极地将这种联系转化到培训中的能力。

（2）建立学习型企业。

所谓学习型企业就是它的每一个成员都在不断地探求其工作方式的最佳途径，并尽最大的努力去实现个人绩效最大化和自我价值的目标。在学习型企业中，每一个员工都是学习者，每一个员工都互相学习，并强调这种学习的持续性，通过这种学习来促进企业的不断进步。

学习型企业具有三个特征，即鼓励并提供学习与创新的条件和环境，整体上接受和吸收新观念的开放性，企业的整体目标导向。学习型企业能够不断地审视企业内成员行为的具体内容，并根据成员间相互分享的内容，来获得大家所关心的信息。

（3）团队精神。

团队精神是团队成员在领导的指挥和带领下，相互沟通交流，协同一致为共同的愿景而努力奋斗的精神。其核心是协同合作，最高境界是向心力和凝聚力空前增强团队成员之间的相互信任，实现个体与集体利益相互统一，促使团队和企业高效运转。对于一个现代企业来讲，建立一个高效、团结、协作的工作团队，是企业在竞争中取得胜利的根本保证。无数知名企业兴旺发达的实例雄辩地证明，优秀的工作团队是企业一笔不可或缺的宝贵财富。

（4）能力培训。

能力培训是学习者获得和提高某个方面特定能力与知识、技能的过程。在此过程中，这些技能不断被强化应用，以达到工作岗位的企业或行业标准，继而提高员工的工作绩效，最终达到提高整个企业绩效的目的。因此能力培训过程相当灵活，允许学员采取不同的途径获得能力。

六、培训场所

1. 培训的场所的类型

（1）内部培训场地。

其训练目的主要有工作现场的培训和部分技术、技能或知识、态度等方面的培训，主要是利用企业内部现有场地实施培训。其优点是组织方便、节省费用；局限性是培训形式较为单一，且受企业环境影响较大。

（2）外部专业培训机构和场地。

其培训项目主要是一些需要借助于专业培训工具和培训设施进行的培训项目，或是利用其优美安静的环境实施一些重要的专题研修等培训。其优点是可利用特定设施，并暂时离开工作岗位而专心接受训练，使培训更加连贯和系统；局限性是组织起来较为困难，且费用较高。

2. 好的培训场地应该包含的因素

（1）舒服且交通便利，尤其是外训。

（2）安静、独立且不受干扰。

（3）为受训者提供足够大的空间使他们可以自由移动，让他们清楚地看到其他同事、培训人员和任何想看到的东西或培训中使用的范例（如录像、产品样品、图表、幻灯片）。

103

七、培训方法

1. 培训方法概述

在培训过程中，选择恰当的培训技术和方法，并充分合理运用，是培训与开发设计的重要任务之一。现行的培训方法和培训技术多种多样，每种培训方法和技术既有优势也有局限性，要发挥好它们的正面作用，培训组织者和培训师首先要全面地了解每种培训技术和方法的使用方法及特点，然后再结合具体的培训目的、培训内容、企业条件等作出合适的选择。对于培训方法，本书将在第六章进行详细介绍，在这一部分对其基础内容进行阐述。

2. 培训方法的主要类别

（1）在职培训。

在职培训指为了使员工具备有效完成工作任务所必需的知识、技能和态度，在不离开工作岗位的情况下，对员工进行培训，也称为"在岗培训""不脱产培训"

等。许多企业通过在职培训来培训员工。这通常表现为安排新员工跟着有经验的员工或主管人员学做工作，由这些有经验的员工或主管人员来实施培训。常用的在职培训方法主要有师带徒、导师制、工作轮换、教练、行动学习等。

（2）脱岗培训。

脱岗培训指在任何工作场所之外的空间（可以是会议室、礼堂等）举办的培训。一些大的公司投资设立专门的培训中心进行培训，如摩托罗拉、麦当劳等。有些培训中心像企业大学一样，提供丰富的培训内容。常用的脱岗培训主要有讲授培训法、案例研究法、研讨法、角色扮演法、操作示范法、头脑风暴法、试听教学培训法、游戏法、自我培训法等。

（3）E化培训技术。

E-Learning，就是网络培训。简单地说，就是在线学习或网络化学习，即在线教育领域建立互联网平台，学员通过计算机上网，通过网络进行学习的一种全新的学习方式。它包括互联网在线学习和内部网在线学习两种基本方式。

2. 选择培训方法的程序

（1）确定培训活动的领域。

企业培训的目的和特性形成培训目标，在具体实施培训活动时要划定培训的领域。要在这些领域中有效地开展教育培训活动，就要选择恰当的技巧和方法。

对企业培训的领域进行整理和分类，并把它们与培训课程相对照，研究选择适当的培训方法和技巧，以适应培训目标所设定的领域。

（2）分析培训方法的适用性。

培训方法是为了有效地实现培训目标而挑选出的手段和方法。它必须与教育培训需求、培训课程、培训目标相适应。同时，它的选择必须符合培训对象的要求。从培训方法与培训内容、培训目标的相关关系出发，对企业培训中的培训方法可做如下分类。

①与基础理论知识教育培训相适应的培训方法，包括讲义法、项目指导法、演示法、参观等。

②与解决问题能力培训相适应的培训方法，如案例分析法、文件筐法、课题研究法和商务游戏法等。

③与创造性培训相适应的培训方法，如头脑风暴法、形象训练法和等价变换的思考方法等。

④与技能培训相适应的培训方法，如实习或练习、工作传授法、个人指导法和模拟训练等。

⑤与态度、价值观以及陶冶人格情操教育相适应的培训方法，如面谈法、集体讨论法、集体决策法、角色扮演法、悟性训练和管理方格理论培训等。

⑥基本能力的开发方法，如自我开发的支持，以及将集中培训运用在工作中的跟踪培训等。

（3）根据培训要求优选培训方法。

每一种培训方法都有它的长处与短处，有一定的适用领域。优选培训方法，即选择最优的培训方法，也就是要选最合适的培训方法。优选培训方法应考虑以下几点要求。

①保证培训方法的选择要有针对性，即针对具体的工作任务来选择。

②保证培训方法与培训目的、课程目标相适应。

③保证选用的培训方法与受训者群体特征相适应。

④培训方式方法要与企业的培训文化相适应。

⑤培训方法的选择还取决于培训的资源与可能性（设备、花销、场地、时间等）。

第五节　制定培训与开发计划的步骤

一、战略、目标解读

在本步骤中，人力资源部门需要对公司战略、目标进行详细的分解和解读，简言之，就是弄清楚公司未来想要实现什么、想要达到什么目标，以及为了实现这一目标所应具备的能力。例如，公司希望开发某款新产品，而要开发这款新产品需要研发人员具备某项能力。同时要求生产部门掌握制造这种产品所需的工艺和技术，这就是对公司战略、目标的解读，并且将这种解读转化为对相关序列的部门和岗位的独有能力要求。

1. 制定培训目标

培训目标有时会与培训需求相同，有时又不相同。当一次培训就可满足培训需求时，这次培训目标就与培训需求相同。培训目标还是考核培训效果的标准。一个良好的目标必须具备三个特点——具体、可量度、可观察度。

2. 制定培训目标的步骤

（1）提出目标。

在进行课程设计之前，就应该明确地提出培训目标。但是，需要注意的是，这个培训目标是要在整个培训过程中，依据对受训人员的不断了解，从而不断增加和修改的。

（2）分清主次。

在培训需求调查中会了解到受训者的很多需求，但是由于培训资源等方面的限制，不可能全部包含于培训目标之中，因此我们必须分清主次区别对待。只有完成了"必须掌握"的目标之后，才能考虑"最好掌握"的目标。

（3）检查可行性。

根据受训者的情况、时间等条件，检查是否能够实现目标并作出适当的调整。目标可以分为三种：知识目标、技能目标以及态度目标，培训者应该根据不同的目标采取不同的课程设计方式。

（4）设计目标层次。

要设计目标的层次，首先要回答两个问题：一是这次培训需要哪些知识，二是哪些目标需要在其他目标之前完成。

二、人员现状评估

在确定了基于战略、目标要求下的能力项和能力等级之后，就需要对企业现有的人员进行能力的评估，以此明确员工是否具备、具备多少相应的能力。通常对员工的能力进行评价需要依托于任职资格管理体系，但由于大多数企业都未完成任职资格管理体系的建设，所以只能使用其他的方法。例如在学校里教师常用的摸底测试方法。通过摸底测试，可以对全公司的员工进行相应的能力排查，从中找出存在明显短板的能力项，在锁定了短板的能力项之后，人力资源部门就可以开始有针对性地制定培训方案了。

三、课程选型

1. 学科课程

学科课程是以学科知识为中心设计的课程，它分别从各门学科中选择部分内容，确定一定教学时间和学习期限来完成。学科课程具有很强的科学性、系统性、连贯性，适合于正规的学校教育与培训。

2. 综合课程

综合课程也称合格课程或广域课程，它是将几门相邻学科知识进行合并，既保留学科课程分科教学的长处，又克服了学科课程过细的问题，最适合以提高综合素质为目标的企业培训。

3. 活动课程

活动课程又叫经验课程，是一种与学科课程相对应的课程。活动课程的基本知识和技能的学习主要是围绕各种活动进行，即在"实践"中学。该类课程适用于以发展个性、特长为目标的各类教育与培训。

4. 核心课程

核心课程也称轮形课程，是以人类的基本活动为核心而组织的课程，它以一个学术领域主题为核心重新组织有关学科材料，从而形成学科之间的新联系。它介乎于学科课程与活动课程之间，也类似于小综合课程，不同的只是以一个核心主题为中心进行综合。该类课程适合以研究型为目标的教育与培训。

5. 集群式模块课程

集群式模块课程，又称为活动中心课程，它是借鉴 MES（模块化技能培训法）、CBA（以能力为基础的教育模式）和"双元制"等国际职业教育课程模式的基础上，根据市场经济特点和成人教育的内在规律，研究开发出来的一种培训课程模式。该类课程以提高受训者素质为目标，以岗位技能培训为重点，既强调相关职业通用知识与技能的传授，又强调特定职业、职位的知识与技能的培养。集群式模块课程适用于我国目前的职业教育和职业培训。

四、课程、师资开发计划

107

1. 课程开发计划

培训课程开发就是培训开发师依据培训计划书的培训目标、课程大纲以及学员的状况分析，选择和组织课程的内容。

（1）课程开发计划制定流程：课程开发立项、成立课程开发小组、制定开发标准与流程、制定课程开发计划。

（2）课程开发原则：课程开发原则包括：可传承、持续更新、实用性。

（3）课程开发步骤：

①课程需求调研：确认核心问题；确认原因及解决方法；分析并制定技能标准；受训者评估与差距分析；确定培训课程方向。

②制定课程大纲：制定课程目标；编排课程内容；选择培训方法与技巧；确定培训资源。

③编写课程资料：编写课程说明书；编写讲师手册；编写学员手册；编写演示教材；编写案例工具包。

④试讲与课程评估：内部试讲；内部对课程进行评估。成果：《课程评估与修订方案》。

⑤课程修订与确认：根据评估结果对课程进行修正；形成最终的所有课程资料。

⑥推动实施：内部讲师培训辅导；根据需求进行示范培训。

2. 师资开发计划

培训师的来源一般有两种渠道，即内部培训师和外部培训师。内部培训师主要负责专业技能与企业文化的培训，外部培训师主要负责新理念、新思想的培训。

（1）内部培训师队伍。

内部培训师，指的是除人力资源部之外的其他部门的兼职培训师。建立内部培训师队伍是人力资源培训与开发体系的重要组成部分。充分利用内部培训力量能够有效降低培训成本，同时还能够有效加强培训与开发的效果。在培训效果相同的条件下，充分利用企业内部资源的效益比企业培训外包的效益更好，而利用企业内部培训资源一个很重要的途径就是建立内部培训师队伍并发挥其作用。

建立内部培训师队伍一般要经过以下过程。

①进行工作动员。

②各个部门上报有资格的培训师候选人员名单，培训部门对候选人进行筛选。

③培训部门负责对培训师队伍进行培训技能方面的培训，这是建立内部培训师队伍的最重要环节之一。

④企业高层管理机构或高层管理者对培训合格后的人员进行培训师的资格认定测试后，要对这些组成人员进行正式的资格确认。这一最后环节标志着培训师队伍最终建立起来。

⑤人力资源部将其培训师资格归档并录入个人人事资料，从而成为绩效考核、晋升和薪酬评定等方面的依据。

（2）外部培训师。

①外部培训师的选择渠道。

在外部培训师的筛选中，还需要做到广开门路、不拘一格。要通过各种渠道获取相关信息，信息越多、范围越广，选择到优秀培训师的机会就越大。具体的选择渠道有以下几种：

a. 参加各种培训班；

b. 旁听高等院校专家教授的讲座；

c. 通过熟人介绍；

d. 通过中介服务机构和专业培训组织介绍；

e. 通过专业协会；

f. 通过网络或者借助媒体广告联系和招聘培训师。

②外部培训师的关系维护。

人是受情绪影响的，外部培训师也需要进行关系维护。保持与外部培训师良好的人际关系，有助于增强培训的效果。

a. 培训前多沟通。

向培训师多介绍企业文化背景、学员期望、公司高层对培训的期望、学员信息等。

b. 培训时服务周到。

尊重培训师，对其工作给予认可和感谢；及时反馈培训中出现的问题；给予一些人性化的关怀，如提供舒适培训授课环境、准备好各种培训所需设备用具等。

c. 培训后及时反馈。

培训结束后一周内把学员和公司领导对课程的评价报告反馈给培训师。

d. 外部培训师的培养。

对一些非常适合本企业文化和水平，学习能力又很强的优秀外部培训师，可以让他们融入企业的内部培训师队伍，让他们参与一些本企业特殊课程的开发，长期担任本企业的培训师。

e. 长期关系的维护。

在培训结束后进一步保持和培训师的联系，在节假日送去问候和祝福，举办一些培训师交流会，年底年初赠送领导签字的小礼品，给优秀培训师颁发优秀培训师证书等。

五、制定费用预算、制订实施计划

109

1. 制定费用预算

（1）培训预算的构成。

①场地费。

企业如果拥有自己的培训场所，那么分摊当年的折旧费就可以了。如果没有自己的培训场所，则需要租借，这笔经费在教育预算框架中会占有一定的比重。

②食宿费。

在企业的经营机构和业务场所分散在全国甚至世界各地的情况下，集中培训的食宿费将会是经费预算中最重要的组成部分。

③培训器材、教材费。

随着培训手段和方法日益现代化，教育器材费用与视听器材费用呈不断增长的趋势。在确定这部分预算时，必须先考虑那些限于能预见的、作为提高教育效果的而且是不可或缺的培训工具和手段。

④培训相关人员的工资以及外部培训师的讲课费。

实践证明，在企业内部设立培训部门并不一定都适用，而外部的专家可能在专业知识方面更胜一筹。如果使用外部培训师，可能在费用上会有所增加，但是只要培训效果好，完全可以弥补费用增加的问题，毕竟培训效果是最主要的。指导课程的费用是直接与培训项目相联系的费用。它一般包括培训师的薪水、学员的薪水、咨询费、伙食费、住宿费以及其他费用。管理费用包括对培训薪水进行评估的费用、交通费用、雇用费用，以及宣传费用、一些办公杂项费用。

⑤交通差旅费。

从所属企业或业务场所到教育培训基地的交通差旅费是一个不可轻视的经费预算项目。

以上是培训的主要经费预算项目，企业应根据总预算额度以及项目的实际需要确定预算经费的分配。

（2）确定培训预算的几种方法

①比较预算法。

最通常的做法就是参考同行业关于培训预算的数据并进行比较。第一步就是获取同行业企业培训预算的平均数据。人事部经理可以与本行业中的同行就培训预算问题进行一次沟通，相互了解一下对方企业的情况，然后取一个平均值（因为各企业的规模不同，建议取人均培训费用）。

②比例确定法。

对某一基准值设定一定的比率，来决定培训经费预算额的方法。例如，根据企业全年产品销售额的百分比，来确定培训经费预算额；根据全年纯收入的百分比，或总经费预算的百分比来确定培训经费额等。

③人均预算法。

预先确定企业内人均培训经费预算额，然后再乘以在职人员数量的平均预算法。

④推算法。

如果企业有历史培训预算的数据，参考这些数据会更加有意义。推算法是根据过去的培训预算使用额，通过与上一年度对比确定预算的方法。

⑤需求预算法。

根据企业培训需求确定一定时限内必须开展的培训活动，分项计算经费，然后加总求和的预算法。

⑥费用总额法。

有些企业规定人力资源部门全年的费用总额，包括招聘费用、培训费用、社会保障费用、体检费用等人力资源部门全年的所有费用。其中培训费用的额度可以由人力资源部门自行分配。

（3）制定费用预算的步骤。

①当年末企业进行本年度总结和下一年度规划之时，应该由企业高层领导确定

培训预算的投放原则和培训方针，以保证培训预算的"名正言顺"。

②接着由专业培训机构或者培训人员对企业确定的方针进行分解、分析，确定初步的年度培训规划；财务人员和培训项目负责人则根据设定好的规划分解培训预算的项目，设定会计科目。

③培训受益部门根据培训预算项目和年度培训项目，拟定本部门下一年度的培训费用总额。

④培训管理部门收集培训预算审核方案，组织专业管理人员就培训预算的额度、效果、对象、范围等方面进行评估，确定调整方向并与培训受益部门、培训实施部门进行充分沟通，设定合理费用额度。

⑤培训费用预算方案审定完毕并修改后，报送培训受益部门存档，这标志着培训预算被审核批准。

⑥培训受益部门、培训实施部门根据获批预算方案修改年度培养规划，重新设定培训项目。

⑦培训实施部门制定培训项目实施方案。

⑧按照培训规划安排实施培训项目。

2. 制订实施计划

通过对培训与开发设计内容的掌握，我们可以确定培训与开发的计划。接着便是制订一份实施计划，我们将会在下一章了解到如何编制一份详细的培训实施方案书。

复习思考题

1. 培训方法主要包括哪几种？
2. 年度培训计划的含义和基本流程是什么？
3. 设计培训与开发计划设计的依据是什么？
4. 培训与开发计划设计要遵循哪些原则？
5. 如何制订培训与开发计划？
6. 一份完整的培训开发计划要包含哪些内容？

案例分析

三月份，某公司人力资源部按计划要派人去深圳某培训中心参加一次培训。当时人力资源部的人员都想参加，不仅是因为培训地点在特区，可以借培训的机会到特区看一看，而且据了解，此次培训内容很精彩，而且培训师都是一些在大公司工作且有丰富管理经验的专家。但很不凑巧，当时人力资源部工作特别忙，所以主管权衡再三，最后决定由手头工作比较少的小刘和小钱去参加。人力资源部主管把培训时间、费用等事项跟小刘和小钱做了简单的交代。培训期间，小刘和小钱听课很认真，对培训师所讲内容做了认真记录和整理。但在课间和课后小刘与小钱俩人总在一起，很少跟其他学员交流，也没有跟培训师交流。

　　培训回来后，主管只是简单地询问了一些培训期间的情况，小刘、小钱与同事也没有详细讨论过培训的情况。过了一段时间，同事都觉得小刘和小钱培训后并没有什么明显的变化，小刘和小钱本人也觉得听课时很精彩，但是对实际工作并没有什么帮助。

分析与讨论：

1. 小刘和小钱的培训效果令人满意吗？
2. 从培训计划设计的角度思考：该项培训存在哪些问题？为什么？
3. 根据案例提出在培训计划设计时应当注意什么来提高培训效果？

第五章 培训与开发实施

学习目标

培训开发实施前的基本准备

培训组织工作的步骤

培训开发实施过程的影响因素

培训外包的主要流程

关键概念

培训准备

培训后的风险防范

培训激励

培训外包

培训过程管理体系

113

引导案例

　　福建东百集团股份有限公司（以下简称东百集团）是一家创建于 1957 年的大型商贸企业。对于历史悠久的东百集团来说，其经历了由计划经济向市场经济转变的全过程，公司认为面对激烈的市场竞争，不论是商品、服务、环境还是管理，归根结底是员工综合素质水平的竞争。随着公司的不断发展和壮大，老员工要跟上新的形式，更新知识；而不断充实进来的新员工急需提高业务技能和了解企业文化，迅速融入企业，使企业团结向上、充满活力和希望，所有这些成为东百集团人力资源管理的首要课题。

　　公司领导从实践中领悟到：通过员工的培训，一方面，可以帮助员工充分发挥和利用其潜能，更大程度上实现其自身价值，增强他们对企业的责任感；另一方面，通过员工的培训，可以提高员工的工作效率，同时增强企业的活力和竞争力。

员工的培训和教育是企业抓根本、管长远、打基础、上水平的大事。因此，在实际工作中，由总经理亲自挂帅，工会主席具体分管职工教育培训中心，形成以培训中心为主体、各职能部门分工协作、齐抓共管的立体交叉的人才培训网络系统。为了将培训工作落到实处，公司把教育与培训工作作为单项指标列入经理任期目标责任制，进入公司重要议事日程。

公司围绕"全面提高企业职工素质，服从服务企业经营发展"这一培训目标，认真制定职工教育培训长远规划和短期目标，建立健全了一整套保证培训目标实现的规章制度。公司制定了职工教育条例、长期和短期培训制度、考核制度、奖惩制度。其中规定一般员工每年要保证 10 天的培训时间，中层以上领导干部培训时间不少于 20 天。为使培训不流于形式，实行"两挂钩制度"，即：职工培训与岗位技能工资挂钩；考核成绩与晋级、升资、职务挂钩。一系列规章制度均提交工会职代会审议通过，从而使教、学、用、考、奖走上有章可循的道路。

第一节　培训实施前的准备工作

正式实施培训前需要做好各种准备工作，准备工作越细致到位，培训效果就越能得到保障。

一、组建培训项目小组

组建培训项目小组，做好成员的分工与协作，是培训组织实施的重点之一。准备阶段的培训项目小组，主要职责是协调培训中的各项工作安排。要明确培训的分工与职责，确保各司其职，分工协作，见表 5-1。

表 5-1　培训项目小组成员分工

人员	具体分工
人力资源部经理（组长）	整个培训的总体筹划、总体安排
培训主管（副组长）	培训工作的具体操作、执行
培训讲师/培训机构	培训讲义、培训要求的传达、培训反馈的整理
培训支持部门	培训器材、食宿、车辆等后勤供应工作
相关部门主管、受训者	提供培训建议和辅助性工作

1. 做好培训通知下发的工作

在培训计划制订后，最好第一时间通知相关学员及相关岗位负责人，以便他们可以针对培训做好工作计划安排。如果等到计划审批通过后再进行处理，学员或相关部门的工作将处于被动状态，这不利于培训工作的展开和整个企业的运作。

（1）培训实施方案书。

一份详细的培训实施方案书可以从主题、组织、实施过程、内容和注意事项等方面保证培训实施顺利进行，并对培训过程进行有效控制。在编制培训实施方案书时需要注意：①培训名称要详细、明确；②培训方案的目的要简明扼要、重点突出；③应当写清楚受训人员所属部门、职务、姓名等基本情况，如果是团队形式，则应当写出团队名称、负责人情况和团队成员情况；④培训实施方案的内容应易于理解，表达方式简洁明了；⑤实施方案应当详细阐述预期效果，并说明取得这些效果的原因。

（2）培训实施进度表。

培训实施进度表体现了一个培训项目在实施过程中的实际行程，以确保培训按计划进行。

培训实施进度表没有标准模式，但从有利于操作的角度衡量，培训实施进度表一般应包括每项培训活动的起止时间、培训的内容或子项目、每项培训活动的目标、负责人等。

（3）编制培训的相关文件。

各种培训开发文件有员工培训需求调查表、员工培训申请表、学员签到表、培训考勤表、学员自我评估表、培训满意度调查表等。

在各种培训文件中，培训开发应急预案越来越受到人们的重视。因为培训开发过程中往往会出现一些事先可能难以预料或难以控制的情况，所以需要在编制培训开发方案的同时，准备一套甚至多套应急预案。

应急预案需要全面地就以下可能出现的问题进行考虑，并准备相应的应急措施：①停电；②教室变动；③培训师变动；④学员的接送和交通突然出现问题；⑤学员住宿、用餐突然发生变化；⑥天气的变化；⑦其他问题等。

二、召开培训动员会，做好心理准备

召开培训项目动员会的目的，一是进行培训重要性的宣讲，以统一思想和认识，使大家重视培训工作并给予积极配合；二是对所有培训准备工作进行具体安排，把每项工作落实到具体的人。

在所有培训前的培训动员会议中，一定要有由高层领导主持的培训启动会，充分阐述培训对公司的意义和对学员职业发展的价值，激发学员的学习热情，强调公司对培训的重视和严格管理制度，要求各部门负责人给予时间上的支持与配合。

培训的成功与否，与学员的心理状况密切相关，培训前要做好各方面人员的心理准备。学员、培训师、培训辅助人员、主管或负责人都要做好心理准备。只有所有参与其中的人都重视培训工作，并投入最大的激情和努力，才能使培训取得最佳的效果。

三、进行培训教材和素材的准备

1. 培训教材的配备

培训教材的来源渠道一般有以下 3 种途径。

（1）购买现成的教材。

在市面上各类学习资料有很多，内容也非常丰富，可以直接选用。但是选取培训教材时需要注意，最全面的培训教材不一定就好，有时候就某一特定问题编写的教材往往更适合。

（2）改编教材。

为了使现成的教材更适合培训，可以对市面的教材进行一定的修改，使其与培训更好地契合。

（3）自编教材。

如果要进行大量教学和培训工作，或者希望自编高质量的教材，那么就要收集相关资料，请教专家，把想法转变为具体的教材。

自编教材可以由讲课人根据培训目标和任务自己准备，由培训学校审定、确认。在确定教材主题的情况下，编写好基本的提纲；根据提纲在企业内部采集图片、数据表格、指令看板、具体产品作为载体进行讲解；还可演示一些优秀的题材案例，设计一些现场互动题目或者沙盘类游戏，组织一些小组竞赛，培训后进行周期性验收。自编教材也可能是由企业专门组织力量编写的企业内部教材（注意：这种内部教材是企业的宝贵财富，一定要注意保密）。

准备培训教材时需要考虑的因素包括课程内容的差异性、培训对象的差异性、培训对象的兴趣与动力、培训手段的可行性。

针对不同的培训类型，教材编写有不同的要求。例如，以促销活动为背景的培训，培训教材重在活动细节的量化设计，要将各种可能出现的问题进行设想演练，以确保促销活动顺利进行；以企业文化作为培训主题，培训教材则要侧重如何达成积极向上的团队共识、振奋士气的设计；以提高销售技巧为培训主题，培训教材则应更侧重于情景互动的设计，内容应是贴近终端，源于终端，才能让导购员和销售人员学有所得，学以致用，从而改变不良的销售心态；以行业市场为主题的培训，培训教材则须侧重于综合内容设计，内容以拓宽视野、提高自信心等为主。

2. 各类素材的准备

培训的主要目的是让学员保持学习兴趣，理解并能够记住所学习的技术和知识。学员通常容易记住出现频率高的信息。不同来源的信息，人们接受的概率也有所差别。为了使培训真正有效，就必须让学员能够看、听、说，要尽可能多地演示，为学员创造参与其中的机会。例如，阅读材料：与幻灯片保持一致，提供学员可以做笔记的材料和课后参考阅读的材料；视觉材料：幻灯片、场景、图画、照片、标语等，尽量醒目、清楚、美观；听觉材料：音乐、声音、对话等，注意音调的变化、节奏的快慢程度、音量的大小及发音的清楚程度；感觉材料：包括情绪、可以实践的活动等；培训教师个人准备的材料：培训教师可以根据自己的习惯选用适合自己的学习要点注释、标注等。

3. 测试题目的准备

测试是衡量学员学习收获的一种有效方法。它的主要作用有：评价学员所面临的问题以及困难，对学员进行激励，考察培训中的指导材料、培训内容、培训方法以及活动设计是否存在问题，评价学员培训后的收获和表现。

测试细则是评估个人完成培训目标程度的具体说明。主要有明确测试的用途、测试的目标和目的、如何进行测试，并说明测试结果的应用。

测试题目是用于检验学员受训后知识、技能以及绩效状况的一系列问题的评价方法和手段。测试题目可以采用下列类型的题目：判断正误、选择、写短文、填空、配对、现场演示、口头回答、角色扮演等。

4. 培训场地以及辅助设备的准备

（1）培训场地的准备。

培训场地是实施培训的具体场所，是一场培训的基础硬件之一。一个与培训项目匹配度高的场地，无疑会对培训本身增色不少。如庄严、大气的培训场地，与大型培训在形象和气势上会有着极好的映衬，而一个温馨、高雅的场地，对于一个小型交流会的氛围营造会大有裨益。选择什么样的场地要根据培训的性质、来宾构成、培训规模、细节问题等因素来确定，见表5-2。

表5-2 培训场地准备时应考虑的细节问题

细节	应考虑的内容
噪声	检查空调系统噪声，检查临近房间和走廊及建筑物之外的噪声
房间结构	使用近似方形的房间，过长或过窄的房间会使受训者彼此难以看见、听见或参与讨论
照明	光源应主要是日光灯，灯光要可以控制。要保证光线充足，这样学员才有精神学习
墙与地面	会议室应铺地毯，要使用相同色调，避免分散注意力。另外，只有与会议有关的资料才可以贴在墙上
反光	检查并消除金属表面、电视屏幕的镜子的反光
电源插座	房间里间隔6英尺（约1.8米）设置一个电源插座，电源插座旁边还应放一个电话插头。培训者应能很方便地使用插座
音响	检查墙面、天花板、地面和家具反射或吸音情况。在培训开始前应调试好音响，调节其清晰度和音量

（2）培训辅助设备的准备。

通常来说，培训需要的辅助设备包括卡片、黑板、白板、投影仪、电视、电脑等。此外，培训辅助设备还包括纸、学员名牌或名字架、游戏道具或演示道具等。

使用辅助设备的原则：①保持简洁；②图表文字大小适中；③每个页面文字不超过8行；④一次只看一张；⑤在图表上做注释；⑥不要挡住培训者视线；⑦演讲者始终是核心，而不是辅助设备。

第二节 培训的组织工作

一、培训介绍

做完相关准备工作后，课程就要进入具体的实施阶段。无论何种类型的培训课程，开始实施以后要做的第一件事情就是介绍。培训介绍的具体内容包括：①说明本次培训的主题；②介绍培训师；③介绍培训目标和日程安排；④说明培训效果的考核评估方式；⑤宣布培训管理规则及培训纪律；⑥"破冰"活动；⑦学员自我介绍。明确系统的培训介绍可使每一名参与培训的人员都准确了解培训活动的组织安排，确保培训活动顺利开展。

二、课前管理

"好的开头是成功的一半"，针对课程，培训师在课程教学过程中，一定要处理好课前导入。课前导入在企业培训中，被称为"破冰"。所谓"破冰"是指"打破坚冰"的活动，可用于消除团队成员间的隔阂，建立相互支持的、积极的、通力合作的群体关系，使人们更开朗、坦率，以利于人与人的交流。在培训课程开始前需要进行"破冰"。通过培训师、受训者的自我介绍，让师生之间相互认识，消除陌生感；也可以采取一些特殊的"破冰"游戏让每一个人被调动起来，提升心理兴奋度，以更积极的心态投入到培训活动中。另外，在此阶段，培训师还应该与学员就培训目标达成共识，不仅让学员了解培训内容，而且让他们认识到培训是真正从学员的需求出发，与他们的工作息息相关，从而认识到培训是"我的培训"而不是"企业的培训"，从根本上改变以往被动接受的局面，增强员工的培训意愿。

1. 恰到好处的"破冰"对于培训实施具有很重要的意义

（1）有助于激发受训者愉悦的心情。

许多心理学家和教育学家曾指出，积极的情绪、情感状态有利于个体对知识的吸收。在培训中，各部门从培训需求出发，结合学员特点，运用一系列的方式和策略来激发学员的积极心态、调节学员的学习心情；基层培训通过分组管理形成竞争性的学习氛围，促进学员自我管理；中层培训通过与学员进行有效沟通，设置奖惩制度，调动学员参与的积极性；同时培训中要注重把握人的生理规律，在下午尽可能缩短培训课时间，增加休息时间，减少困乏带来的不舒适感，从而营造浓厚、轻松的学习氛围。"破冰"有助于激发学员的积极心态，使学员带着积极的情绪和情感投入到培训中，学习的内在潜力得到更自主、更充分的发挥，进而保证培训内容的有效吸收。积极的"破冰"产生了巨大的激励效应。

（2）有助于提升培训效果。

传统的培训模式主要以培训师单向传授知识、技能为主，学员是被动的，培训效果仅仅停留在"知"这一层面上。同时，由于个体的情绪、态度会影响其认知活动，如果在培训中仅仅关注对学员知识的传授，而不重视对学员积极情绪的调动、注意力的吸引和保持等，那么学员最终获得的"知"的效果可想而知。而在培训"破冰"中，培训师的角色不仅仅是一个知识、技能传授者，更是一个心理氛围的营造者与引导者，通过构建相互信任、支持的软环境，不仅可以使学员获得对培训知识、技能的认知，还能使他们在培训中获得积极的情感体验以及做出适当的行为。

（3）有助于形成信任氛围。

在培训过程中的信任关系主要有两种，一是学员对培训师的信任，二是学员与学员之间的信任。在培训"破冰"中，特别强调心灵的沟通，培训师将体会、感悟与学员分享，获得学员的信任，在启发学员、打开学员心扉的同时，将专业知识、技能最有效地传达给学员，使他们能够真正地接受这些知识。

另外，在企业的培训中，参加培训的学员既可能是同一级别的管理者，也可能是管理者与员工一起接受培训。在平日里出于种种原因，同事或上下级之间很少有心与心的真诚交流，而在培训中，培训师通过一些促进相互沟通的方式和策略，促成学员之间产生相互信任、支持的心理氛围，使大家慢慢进入状态，进而引导学员敞开心扉进行有效沟通和分享，在一个特定的理性环境里畅谈工作中遇到的问题，真正实现培训与工作相结合的目标。

2. 一些较好的"破冰"经验

（1）巧妙使用背景音乐。

在培训中，适当地使用一些音乐作为背景有助于心理氛围的营造。在培训的不同阶段需要调动学员情绪时，可以选用不同类别、不同节奏的音乐（轻音乐或流行音乐等）。在培训刚开始的预热、暖身阶段，可以采用比较柔和的轻音乐或歌曲，使学员在放松、平静的心态中进入当天的培训；在学员分享体会、感悟的阶段，使用舒缓动情的音乐营造一种相互信任、具有支持性的氛围；而在师生互动，进行热烈的小组讨论、活泼的小游戏时，宜采用节奏较快、令人情绪高涨的音乐，营造出热烈、兴奋、活跃的氛围；在培训即将结束时，可采用鼓舞性的音乐或歌曲等，再次调动学员的兴奋状态，使他们对之后的工作充满信心和动力。

（2）适时对灯光进行变换。

在培训过程中，通过灯光强度的变换可以在不同阶段营造适合的氛围。在培训师讲解知识、技能时，灯光应该比较明亮，适于学员听课；而在学员进行分享时，灯光应该比较柔和，营造出温暖、舒适、适宜倾听的氛围。

（3）教室、学员座位的巧妙布置。

在培训中，为了有助于培训师的讲授、师生之间的互动以及小组的讨论，一般将桌椅摆设成以培训师讲台为中心的扇形、圆形或马蹄形。教室的这种布置便于学员进行自我管理，学员能积极参与课堂活动，达到好的培训效果。班组长培训中的桌椅摆放对班组长培训项目的效果也可以起到关键作用。

（4）潜移默化的互动游戏组织。

组织互动游戏一方面可以集中学员注意力，另一方面学员能较快地进入培训状态，提升参与度。"破冰"时要恰到好处，让学员带着意犹未尽的态度去听课是较好的效果，通过"破冰"让学员紧随培训师的思路进入课程。但在实际工作中要避免"跑题"，要始终以培训为主线，"破冰"只是个工具而已。

三、课程讲解

课程讲解是教学过程的重要组成部分，其目的是使学员能掌握新知识和新能力。培训师在讲授时，要按照知识、技能点的内在联系，贯彻有关的教学原则，用清晰的表达、明快有条理的板书，将课程的内容、要点准确无误地传授给学员。

培训过程中的课程讲解，要注意以下几点。

1. 始终贯彻启发式指导思想

教学过程是动态因素之间互动互感的过程。培训师每涉及一个主题，都要考虑如何运用启发式教学方法来激发学员的积极性和主动性，使学员积极思考，认真实践，主动学习知识、技能，提高能力和思想品德。

2. 坚持理论联系实际的原则

培训师在依据教材逻辑顺序展开课程时，要结合教材尽量多地让学员参加实践活动，如实验、实习、调查等，提升学员的实践能力，使之获得比较全面的知识。同时，对于接受在职培训的学员，还应注意尽可能将教材内容与其实际工作相结合。

3. 必须紧扣教学目标

师生互动参与的教学过程，都必须按照教学规律的要求，为实现培训目标而设计，不能够离题万里。

四、对学习进行回顾和评估

1. 培训知识总结

及时做出总结性的宣讲，对于培训内容的巩固很重要。巩固课程是为了加深对新内容的理解，尽可能地做到融会贯通，培训师可以使用提问、复述、随机练习等方法，帮助学员理清思路、增强记忆、检查学员理解程度、发现问题、及时弥补不足，使所学知识与技能得到及时巩固。同时结合成人学习的特点，通过图表、游戏、引经据典等形式，做出引导性的激励，促使学员主动去思考工作的指导，达到培训效果的尽快转化。

2. 培训考核

对学员进行培训考核是考查学员对培训内容的接受程度，也是督促学员认真参与培训的一种方式。可根据培训内容，对所教学的内容、组织、内在联系以及工作指导，随机进行测试考核。可以通过多种形式进行，如问答式、提交总结、互动演练、谈个人收获等形式。培训师要及时给予指导，及时纠偏。一般情况下，对于态度类培训采取的是培训后一段时间，以一周为限，组织参加培训者提交培训心得及改进思路：对于知识类培训采取的是不断地进行知识考试，使学员能够真正将知识点记忆理解。对于技能类培训采取的是现场实际操作演练，当即进行，由主管或者其他现场管理者进行考核。培训后的效果考核，一定要与培训整体考核管理进行衔接，否则培训效果就会大打折扣。

3. 培训课程评估

培训课程评估是培训组织管理中对培训修正、完善和提高的必要手段，是企业培训组织与管理必不可少的环节。对于培训课程的评估，主要涉及两个问题，一方面，是对培训组织、培训师培训过程的认知评估，即对培训计划与实施全过程、培训师准备讲授过程，判定在多大程度上达到了预期目的和目标，这是关于培训课程运营状态的评价，通过评估，检验教学环节中的问题，总结经验；另一方面，是对于培训效果的评估。通过测定学员的知识、能力、态度的转变，判定培训课程在多大程度上促进了学员的能力、素质和意愿的开发与提高，这是对培训实施的直接成果的把握。培训效果评估主要采用的方法有：书面测试法、报告法、作品审查法、实际操作法、上级反馈意见。过程评估主要采用的方法有业务日志法、听讲日志法、清单法、面谈法、问卷调查法。

这里仅仅涉及到此，在后面的内容中我们将深入探讨培训效果评估的问题。

五、实施过程的控制

培训开发实施过程的控制，是指采取一系列的措施，保证培训开发活动与培训开发方案的要求相一致，最终达到课程预期的要求和结果。过程控制主要包括培训开发制度的制定和实施监控，以及培训开发应急预案的制定和实施。

1. 制定规章制度与控制措施

培训开发部要制定规章制度与控制措施，以监督控制培训开发方案的贯彻落实。培训开发部主管人员可以通过旁听或参加有关培训活动、课程，监督检查培训开发活动是否正常进行。对培训开发过程的控制还包括，将学员的参与态度和成绩同奖罚措施挂钩，以鼓励员工积极自觉地参加培训开发；培训开发部定期举行例会，与各级主管或培训人员讨论培训开发事宜，听取有关人员对培训开发工作的建议、设想等；作好培训开发评估也是对培训开发活动的一种控制方法。

2. 制定应急预案

要制定培训开发的应急预案。培训开发过程中存在很多不确定性因素，例如：停电、教室变动、培训师变动、学员的接送、交通问题、住宿问题、饮食问题、天气因素，以及培训开发的其他一些突发事件等，这些问题需要提前考虑好，制定好应急预案，一旦出现问题才能有条不紊地处理。此外，培训组织者还应准备好现场应急补救的措施。作为培训组织者，一定要有课讲砸了的心理准备和应急措施。一旦出现讲课效果与期望出入很大，学员反映很差的情况，应急补救措施就派上用场了，常见的现场培训补救措施见表5-3。

表5-3　常见的现场培训补救措施

出现的情况	应急补救措施
培训师填鸭式灌输	转换为由学员提问
学员反应冷淡	让学员相互解答，调动学员积极性
培训师讲解生硬、不生动	采取放录像、VCD等图文并茂的形式来渲染气氛
安排不周，时间空余	采取问题测试、学员填写问卷等形式让时间能被充分利用，或缩短培训时间，延长休息时间

3. 培训的过程管理体系

培训的过程管理体系是培训模型重要的一个维度，培训过程管理体系能够使得培训的进行流程化、规范化、专业化，科学合理的培训过程管理能够和培训课程体系共同发挥最大的作用，使得培训有用且有效。只有在培训的过程中，培训的课程体系才能体现价值，因为离开培训过程的课程体系只是一堆资料；而离开培训课程体系的培训过程会无的放矢，很多过程中的活动都是无效的。因此在培训的过程管理体系中，一定是涉及到培训课程体系，并且是紧密相关的。

培训过程共分为需求调查、制订计划、课程开发、培训实施、效果评估五个模块。培训需求调查是培训效果得以保障的基础和制订培训计划的前提；培训计划是整体培训工作的总体纲要和执行框架；课程开发是保证培训的有针对性和适用性的重要环节；培训实施是培训的展现；效果评估是检验培训的效果并进行持续改进的依据。培训过程最终形成一个闭环，并且培训过程中的前一个模块工作做得越好，后面模块的工作就越容易。

第三节　培训后的工作

一、结业仪式

培训结束，通过考核检验，按照组织活动的完整性，要及时对培训学员的表现做出总结性评价、要对培训活动的组织过程做出总结性评价、要对培训的效果做出总结性评价。由不同的人员分别就以上几个内容进行分享总结，由组织者及时颁发证书。

二、整理资料

及时对培训实施涉及的各类文件资料进行整理归档，对于完整的培训管理是一项很重要的工作。主要涉及的内容有培训方案、培训计划、培训教材、培训教案、出勤记录、培训影音资料、培训考核资料、评估问卷、评估报告等。如果可能的话，由培训组织者完成培训工作项目总结报告。

124

三、培训跟踪

培训实施的后续跟踪，对于构建完整的培训体系尤为重要。既要关注培训效果转化，全面评估培训效果，及时发现新的培训需求，又要关注培训组织的完整性、课程的准确性，通过后期走访、问卷、观察、面谈等形式，对培训组织查漏补缺，进一步完善。此外，还要关注培训费用管理，要跟踪培训成本与收益，进行必要的指标分析，为培训工作管理做出准确的判断。

四、风险防范

培训开发是企业的一种投资行为，同其他投资一样存在投资风险。培训开发风险的存在很大程度上降低了培训开发效果的回报。因此，企业需要规避培训开发中的种种风险，提高员工满意度，达到企业与员工共同发展的目的。

1. 员工流失风险的防范

培训开发风险中非常重要的一个风险是培训开发后员工的流失。最基本或者说最直接的做法就是依法完善培训开发用工合同，确认企业与受训员工的权利与义务。在《中华人民共和国劳动法》和《中华人民共和国劳动合同法》的基础上，根据员工劳动合同时间的长短以及所在的工种、岗位的实际情况，制订相应的培训开发计划，同时以签订劳动合同的方式，明确服务期限与违约赔偿的有关事宜。因为，随着知识经济时代的到来，员工培训开发已越来越被视为一种软性的企业福利，在企业获得培训开发效益的同时，员工也能使自身职业生涯得以发展。双方获益的前提是劳动关系继续存在，因此这种关系可通过法律的相关规定来进行约束，使人才流失与知识产权流失的风险降到最低限度。另外，要做好留人工作，如果一个员工通过培训开发知识技能有了较大的提高，要考虑安排相应的岗位或职位，并且在待遇方面也应有所体现。

2. 培训开发后技术流失风险的防范

对于企业的专利技术，法律可以予以保护，但对专有技术的运用方法与经验，企业只能依靠加强员工的保密意识教育来保护。企业应在培训开发员工技术的同时，培养员工的企业责任感与集体荣誉感，通过企业文化来约束员工、降低培训开发的技术流失风险。

第四节 培训外包

125

一、培训外包的内涵及形式

培训外包，是企业把培训与开发的一些核心职能（如培训计划和培训方案设计、培训课程设计、课程讲授、培训现场组织、培训效果评估等）委托给专门的培训机构，由专门的培训机构负责制订培训计划、办理报到注册、提供后勤支持、设计课程内容、选择讲师、确定时间表、进行设施管理、进行课程评价等事宜，或者负责其中部分事宜。培训外包因为聘请专业培训机构做专业的事情，往往能使培训与开发活动以更低的费用、更好的管理、更佳的成本效益进行，并且责任更清晰。与此同时，培训外包还有助于企业把更多的精力投入到自己熟悉的业务领域，以维护企业的核心竞争力。当然，是否采取培训外包，还是要通过科学的决策分析来最后决定。

培训外包有两种形式：主题式外包和年度外包。前者是专门的培训机构按照委托方的需求，围绕培训目的（主题），紧密结合委托方实际情况，为对方量身定制个性化的培训解决方案。后者是培训机构结合委托方的经营战略和人力资源战略，拟定培训规划和年度培训计划，以自己专业化知识和集团采购的优势，协助委托方以低成本组织实施培训计划。

二、培训外包流程

培训外包的工作是经由培训需求分析、确定培训外包方式、确定培训外包项目、挑选培训服务商、接受并评价"计划书回复"、寄送项目计划书、考核并决定培训服务商、签订培训外包合同、跟踪质量控制等一系列环节来完成。

1. 进行培训需求分析

无论是选择外包，还是由自己组织，都必须进行培训需求分析。在对培训外包的成本进行考查的前提下，再决定是否选择外包。

2. 确定培训外包的方式

人力资源部经过讨论决定采取培训外包的方式后，还需报送上级审核和批准。

3. 决定培训外包项目

在上级领导认可和批准培训外包后，人力资源部就要考虑把哪些项目外包出去。把哪些项目外包出去应根据企业目前的培训能力、培训预算、培训内容而定。如果企业正处在急速发展期且急需培训员工时，可以适当考虑外包某些或全部培训活动。如果企业处于精简状态，可以将整个培训职能外包出去，或只将培训职能的部分工作外包出去。

决定外包项目后，培训负责人起草《培训项目计划书》。项目计划书中应具体说明所需培训的类型、将参加培训的员工以及提出一些有关技能培训的特殊问题。项目计划书起草应征求多方意见，争取切合企业培训的要求。

4. 挑选培训服务商

起草完项目培训计划书后，人力资源部要根据培训项目的具体内容和要求寻找适合的培训服务商。

5. 寄送项目培训计划书

找到适合的外包服务商之后，人力资源部要把项目培训计划书寄送给外包服务商。

6. 接受并评价计划书回复

在培训服务商回复项目计划书后，人力资源部要对回复进行评价。

7. 考核并决定培训服务商

在与培训服务商签订有关培训外包合同之前，可以通过专业组织或从事外包培训活动的专业人员来了解、考查该服务商的证明材料。在对可选择的全部对象都做过评议之后，再选定一家适合自己的服务商。

8. 签订培训外包合同

双方经过谈判、协商，就培训外包达成共识，在对合同条款进行充分讨论并确认后签订培训外包合同。为确保合同的严谨性，在签订合同之前，应先让企业自己的律师进行审查，还可请专业会计或财务人员审查该合同以确定财务问题以及收费结构。

9. 跟踪质量控制

在培训活动外包之后，还要定期对服务费、成本以及培训计划的质量等项目进行跟踪监控，以确保培训计划的效果。这需要建立一种监控各种外包培训活动质量和时间进度的机制。

三、选择培训外包的原则

企业如何选择合适的培训外包商，应遵循什么标准，以下 10 个原则可供参考：①成本；②资格证明；③行业背景；④经验；⑤经营理念；⑥实施培训的方法；⑦培训内容；⑧现实的产品；⑨对项目计划书的要求；⑩支持，见表 5-4。

127

表 5-4　选择培训供应商的原则

原则	具体内容
成本	价格要与培训项目的内容和质量相称
资格证明	包括资格认证、学历和其他能证明培训提供者专业能力的资料
行业背景	在相关领域从事经营的时间长短和经验
经验	包括培训项目的外在感观、示范材料是否提供中试项目
经营理念	培训提供者的经营理念是否与组织相符
实施培训的方法	培训提供者采用哪些培训方法和技术
培训内容	项目和资料的主题和内容如何
现实的产品	包括培训项目的外在感观、示范材料是否提供中试项目
对项目计划书的要求	外部培训机构提供的服务是否与组织希望对方在项目计划书中体现的内容一致
支持	尤其是在项目实施和售后服务方面的支持力量如何

在这些原则中，各原则所占的比重与特定管理人员相关，如一些管理者希望寻求最好的供应商，那么他们会更加考虑供应商的经验与客户列表。其他的管理者青睐于明星机构，注重供应商的领导地位以及在各种媒体中的宣传。

四、企业选择培训外包时应考虑的因素

1. 本企业的专业水平

企业缺乏专业性的知识、技能、态度或其他方面的需求时需要设计与实施人力资源开发项目。

2. 时效性

雇用外部机构来推进流程实施非常适时。

3. 培训学员数量

一般来说，培训学员数量越大，企业自己设计项目的可能性越大；反之，选择外部培训机构的可能性越大。

4. 培训课程

如果培训课程涉及商业秘密、隐私时，人力资源开发部门应该利用内部培训师实施项目。

5. 成本

人力资源开发部门必须考虑成本因素，但也需要结合其他因素。

6. 人力资源开发活动规模

人力资源开发部门的规模越大，对外部培训机构培训项目设计、执行、实施等方面的评估越严格。

7. 其他因素

其他一些因素也会使得企业利用外部培训机构来执行技能培训。

五、培训外包合同

培训外包合同必须明确合作双方的权利、义务和责任，并对双方认为重要的其他事宜进行约定。双方的权利、义务和责任依据企业外包的事项不同而不同。

下面是一份培训外包合同范例。

×××公司培训项目外包合同范例

甲方：×××公司人力资源部

乙方：×××培训机构

双方秉承合作共赢的信念，经平等协商，就乙方的培训师为甲方提供内训课程讲授服务事宜达成一致。

一、培训说明

乙方安排培训师为甲方讲授培训课程，乙方培训师应认真备课，负责按时为甲方学员提供专业化、具有实用性和针对性的优质培训。甲方负责培训场地和所需培训工具、器材，乙方负责培训学员的组织和管理工作。

1. 讲师介绍：＿＿＿＿＿＿＿＿＿＿＿

2. 授课时间：＿年＿月＿日至＿年＿月＿日 每日＿时至＿时

3. 授课地点：＿＿＿＿＿＿＿＿＿＿＿

4. 课程名称：＿＿＿＿＿＿＿＿＿＿＿

5. 授课对象：＿＿＿＿＿＿＿＿＿＿＿（具体内容详见"学员名单"）

二、甲方权利和义务

1. 甲方负责落实培训筹备、组织和实施工作，指定培训负责人员，具体工作如下。

（1）对参加培训人员的组织与管理。

（2）落实培训时间、场地。

（3）准备参加培训人员的名单，以及培训所需投影仪、音响、话筒、灯光、插座、电池、白板、白板笔、白报纸十张、学员用桶装水、纸杯、横幅会标等。

2. 做好学员培训需求调查分析，与乙方保持联系，落实培训安排，协助乙方培训师的现场教学活动，协助乙方提高授课质量。

3. 对培训师及其课程的宣传以乙方提供的内容为标准，不宜夸大宣传。

4. 指导、安排和督促培训工作，包括提出培训要求，安排具体授课时间、地点。

5. 承担乙方培训的全部费用。

6. 甲方由于和乙方合作所得到的乙方以及乙方培训师的信息必须予以保密。

7. 本合同签订后一年以内，甲方如果再次需要与乙方或乙方的培训师合作，必须与乙方直接签订新的合同，不得与乙方以外的单位或个人以及乙方的培训师私下交流与合作，否则，甲方应当按照本合同双倍金额作为违约补偿金赔付给乙方。

三、乙方权利和义务

1. 乙方在合同签订后，给甲方提供准确、真实、合法的培训师个人资料，并于培训日期两个工作日前将课程PPT文件的电子版提供给甲方。

2. 乙方负责派出助理协助甲方制作培训人员座签以及打印、装订培训教材，并负责培训现场的组织、协调以及培训教室桌椅的布局和摆放。

3. 乙方应按照预定时间开始课程培训，并为甲方提供良好的培训

129

服务。

4. 安排好培训师的行程、教材、电脑。

5. 就培训需求、内容和要求与甲方提前交谈、深度沟通。

6. 负责提供培训调查问卷。

7. 负责提供培训结业证书。

8. 收取培训费用。

9. 乙方培训师讲授的课程拥有自主知识产权。未经乙方许可，甲方不得对乙方培训师授课过程进行复制（录像及其他方式），否则，乙方有权中止授课。

四、费用

1. 付款金额。甲方在本合同生效并收到乙方所开正式发票后一日内，甲方以支票形式向乙方支付人民币元（大写_____元整）（含税）。

2. 发票：本合同所有款项，乙方应向甲方提供正式发票。

3. 汇款方式规定如下。

（1）名　　称：_____培训机构。

（2）开户行：_____

（3）账　　号：_____

五、合同变更、终止、议付与索赔

1. 若甲方未能按期支付乙方培训费用，每逾期一日，乙方可以要求甲方支付相当于当期逾期未付培训费用的1％作为违约赔偿金。

2. 甲方若将乙方资料泄露给其他第三方，乙方有权对此要求甲方付出不低于1万元的经济赔偿。

3. 如果因意外因素导致培训课程内容或时间等因素有变化，乙方应及时通知甲方并及时协调解决。

4. 如果因乙方原因导致培训课程延迟或取消，乙方应向甲方支付培训服务费用的50％作为违约赔偿金。

5. 甲乙双方任何一方违反本合同义务，造成对方或第三人受到损害时，违约方应承担损害赔偿责任。

6. 乙方依本合同之各项约定对甲方负有赔偿或支付义务时，甲方可自行从应付培训费用中扣除。

7. 一方违反本合同义务经另一方通知后仍未改正者，另一方有权解除合同并要求违反合同方承担由此造成的一切损失。

六、保密规定

甲乙双方对本合同及因与对方签订及履行本合同的过程中，直接或间接知悉对方或其母、子公司，关联企业的产品制造方法、产销价格、交易对象及其他机密信息等均有保密义务，任何一方违反本条义务时，应赔偿对方或其母、子公司，关联企业因此所受的一切损失。

七、其他约定

1. 乙方保证培训课程之文字、图表、图片等内容完全由其自行完成所得，或者已取得第三人合法完整的授权，无侵害他人专利权、著作权、商标权、商业秘密或其他知识产权的情形。

2. 如乙方培训课程之文字、图表、图片等内容有任何侵害第三人的专利权、著作权、商标权、商业机密或其他知识产权引起第三方侵权诉讼或主张权利时，由乙方处理侵权事宜。乙方负责辩护或和解的费用。

3. 对前项侵权行为的争议，乙方同意使甲方免于承担任何责任及费用，包括辩护费用、和解赔偿及依法院判决乙方应支付的损害赔偿金。

4. 本合同及其附件构成甲乙双方的唯一协议，替代双方之前所达成的任何口头约定、协议、备忘录等相关文件。任何对本合同的修改应在双方代表书面签署后生效。

5. 任何一方对基于本合同而产生的任何权利的不主张并不代表其对此权利的放弃。

131

6. 甲乙双方相互独立，并不因本合同而产生任何代理、雇用、合伙和合资关系。

7. 本合同任何一方在未征得对方以书面的方式明确表示同意之前，任何涉及本合同所规定的权利和义务的转让均属无效。

8. 双方同意本合同的解释及履行依据中华人民共和国法律。因本合同所产生的争议，如不能以友好协商方式解决，双方同意以乙方所在地人民法院作为第一上诉法院。

9. 本合同一式二份，经双方授权代表签署后生效，双方各执一份为凭，具有同等法律效力，自双方授权代表签章或签字之日起生效。

甲　方：＿＿＿＿＿公司　　　乙方：＿＿＿＿＿培训机构

联系人：　　　　　　　　　　联系人：

联系地址：　　　　　　　　　联系地址：

邮政编码：　　　　　　　　　邮政编码：

电话：　　　　　　　　　　　电话：

传真：　　　　　　　　　　　传真：

授权代表：　　　　　　　　　授权代表：

　年　　月　　日　　　　　　　年　　月　　日

第五节　培训与开发实施的影响因素

一、培训开发人员

1. 培训师

培训师是指根据市场发展状况和企业自身需要，运用现代理念和手段，策划和实施培训项目，并从事培训咨询和教学活动的人员，也是培训体系中最重要的组成部分。无论培训师是来自公司内部还是外部，都需要有专业技能和培训经验。如果企业利用内部专家进行培训，那么必须强调的是，应该让他们尽量用比较具体的方法来传授课程内容（如运用案例），尤其是当学员对培训内容不了解的时候。另外，让管理者和员工做培训者，可以使培训内容更有意义，他们了解公司内部情况，所以让他们做培训者可以使培训内容与学员的实际工作更接近。

目前培训师在市场上主要分为两类：企业培训师（TTT）和职业培训师（PTT），他们的主要职责和特征如下。

（1）产品培训课件的制作，宣讲，对客户进行产品知识培训，答疑。

（2）擅长领域广泛，比如：团队建设、企业文化建立和企业内部流程改造、沟通学、LT思维管理、头脑风暴、企业教练、执行力提升、团队激励和个人激励、个人职业生涯开发和规划、成功学、巅峰潜能销售等。

（3）专业、高效、形象气质佳，能对培训对象产生一定或者强烈的思维冲击和洗礼，帮助培训对象有效提升进步。

（4）能适应经常出差讲课。

2. 人力资源管理部门

现代培训面临着巨大的挑战。负责培训的人力资源管理部门只有十分仔细地分析组织的现状，才能有针对性地进行培训。人力资源管理部门要"懂行"，即熟悉并了解与本企业、本行业有关部门的市场信息和竞争对手的状况，以便有针对性地开展持续培训。企业在进行培训及管理的过程中还需要对员工和领导者进行统一培训，这样才能够形成管理者和随从者之间的紧密关系。培训过程中，培训经理和培训人员之间应该形成明确的角色定位，根据不同的角色开展培训活动。因此在开展培训之前就应当明确培训角色，并在培训过程中需要根据培训当中的各项因素对角色进行微调，部分培训认知的中介作用凸显了培训认知对培训转移效应的重要性。

3. 其他辅助人员

培训过程中的辅助人员指的是主要从事培训的行政组织、管理和后勤保障工作的人员，他们主要扮演着保障教学工作所需的各项条件的保障者和教学活动的组织者等角色。他们主要履行以下具体职责：根据培训总体目标和教学工作的具体要求，进行有关设施和用具的准备；根据教学活动的具体性质和形式，进行学员的组织工作；根据要求负责聘请、组织培训师，编制培训计划。

二、培训运作管理

员工培训工作要做好，一个良好的培训组织是必不可少的。培训组织架构的选择也至关重要，国外许多成功的大企业都有自己的培训组织。就组建培训职能部门的模式来说，主要有以下几种：学院模型、客户模型、矩阵模型、企业办学模型和虚拟模型。

1. 学院模型

学院模型类似于一所大学的结构。培训部门将由一名主管和一组特定课题或在特定的技术领域具有专业知识的专家来共同领导。这些专家负责开发、管理和修改培训项目。例如，销售培训者负责销售技能的培训（开发客户关系，就某一销售项目进行磋商，达成一项销售），计算机专家将提供诸如电子邮件和全球网络的使用及软件设计语言方面的培训。

学院模型的优点是，培训者是培训领域内的专家，培训部门计划由人事专家拟订；缺点是，只适用于大型有实力的公司，培训专家可能与学员沟通不足或不了解公司所需，从而导致培训不符合公司需要。

2. 客户模型

按照客户模型组建的培训部门负责满足公司内某个职能部门的培训需求。例如，培训者可能负责与人力资源、信息系统、市场营销、财务管理或生产运营管理相关的培训项目。

客户模型的优点是，克服了学院模型的不足之处，能够使培训项目满足经营部门的特定需要；缺点是，培训人员必须花费大量时间来研究经营部门业务职能，且因大量的涉及类似专题的培训项目是由客户开发出来的，因而这些项目的有效性可能会存在很大差异。

3. 矩阵模型

矩阵模型要求培训者既要向培训部门经理又要向特定职能部门的经理汇报工作。培训者具有培训专家和职能专家两个方面的职责。

矩阵模型的优点是，有助于将培训与经营需要联系起来，培训者可以通过了解某一特定经营职能而获得专门的知识；缺点是，培训者将会遇到更多的指令和矛盾冲突。

4. 企业办学模型

企业办学模型的客户群不仅包括雇员和经理，还包括公司外部的相关利益者，如社区大学、普通大学、中学和小学。

企业办学模型的优点是，培训项目和课程更广泛，企业文化和价值观受到重视，有价值的培训活动可以在整个公司传播；缺点是，只适合大型有实力的企业。

5. 虚拟模型

虚拟模型是通过远程网络、信息共享等 IT 技术组建虚拟培训开发组织进行培训开发的一种模型。

虚拟培训开发组织在运作时，需要遵循以下三个原则。

（1）员工对学习负主要责任，而不是由组织或者其主管负责。

（2）组织相信员工会对自己的成长负责，培训是一种福利而不是一种任务。最有效的学习是在工作中进行，而不是在课堂上。

（3）为了顺利实现培训成果的转化，上级主管对受训者的支持至关重要。

虚拟模型的优点是，它具有仿真性，超时空性，自主性和安全性。在培训中，学员能够自主结合虚拟培训场地和设施，而学员可以在重复中不断增强自己的训练效果；更重要的是这种虚拟环境使他们脱离了现实培训中的风险，并能从这种培训中获得感性知识和实际经验；缺点是，实施培训的所需要的条件环境操作困难，要求高，普遍使用性低。

三、培训手段

不同的培训手段，所需要的师资力量、培训投入、培训时间和学员素质各有不同，产生的培训效果也有所不同。不同培训手段的具体比较见表 5-5。

表 5-5　不同培训手段的比较

手段	师资要求	培训投入	培训时间	对学员的要求	培训效果
课堂讲授	高	少	可长可短	水平较一致，较好	较好
研讨法	较高	少	较长	有一定的工作经验	好
案例研究	较高	较少	较长	有一定的工作经验	不易见效
角色扮演	不高	少	较长	能积极参与并把握角色	较好
操作示范	高	较少	较长	无特殊要求	好

续表5-5

手段	师资要求	培训投入	培训时间	对学员的要求	培训效果
头脑风暴	不高	少	较长	需要积极发表自己的见解	较好
视听教学	低	较少	可长可短	对培训内容有一定了解	较好
E-Learning	低	较多	较长	有初步工作经验、会电脑	好
游戏	较高	少	较长	能积极参与并有创新意识	较好
自我培训	低	较少	长	需要有自我学习的积极性	好
虚拟现实	不高	较多	可长可短	能积极参与并有一定工作经验	好

四、培训激励

1. 什么是培训激励

培训激励是一种员工教育管理方式。从组织行为学上讲，激励指通过刺激激发人的动机，增强人的内在动力，促使个体有效地达到目标的心理过程，即通常所说的调动人的积极性。从培训这个范畴上讲，激励则是通过刺激激发学员的学习冲动和学习欲望而采取行为的一种手段。众所周知，激励对员工能力的发挥有着巨大的作用。因此，建立健全员工培训激励机制可以有效增强员工参加培训的积极性，充分挖掘他们的潜能。

2. 企业的培训激励机制

（1）将员工培训本身作为激励手段。

要将培训本身作为现代企业中激励员工积极向上的一种必要手段，给员工培训的机会将会使他们感到企业对其发展的重视。同时，在企业培训机会的分配上，必须本着"机会均等、公平竞争、择优培训"的原则，使真正有能力、有潜力的人获得应有的培训机会。如到高等院校进一步深造，取得硕士或博士学位；到发达国家相关行业的大型企业进行技术或管理实习，与国内外大型企业或科研机构联合开发项目或产品，从实践中获得培训和提高。对企业的人才来说，这些都是极具吸引力的培训。

（2）根据培训的效果对参加培训的人员进行物质、精神或升职位的激励。

企业可以对在培训中表现优异的人员进行奖励、表彰，或者把是否接受培训以及接受培训效果的好坏作为升职务、调薪的重要依据。可以将培训考核的结果纳入个人奖金发放的岗位责任范围，根据考核成绩决定奖金发放情况，做到培训结果与个人收入密切相关。对于接受培训后工作能力提升较快的员工经过一定时间的考察可以给予晋升职务的奖励。同时，培训工作的主管部门及执行部门也要进行考核，把培训工作效果作为评价其工作实绩的重要依据。

培训激励是职工教育管理的重点。它对于调动员工的学习积极性、主动性，促进员工知识技能水平的提高具有十分重要的作用。

3. 培训激励的意义

（1）激励有利于增强培训效果。

培训效果取决于能力和动机激发程度两个因素。在能力一定的情况下，动机激发程度越高，培训效果就越显著。在具备了基本的学习能力的基础上，决定员工的培训效果的关键因素是"愿不愿学"，学习态度影响学习效果。激励能够使员工产生积极性并利用这种激将法调控自己的学习行为，主动参与学习过程，最终收到培训的预期效果。

（2）激励有利于培训的持续开展。

如果说员工是企业培训的资源，那么员工的学习欲望则是企业培训资源的催化剂。激励能够点燃员工的学习欲望，使员工对学习充满热情。企业渴求知识、想学技能的人多了，培训就有生机和活力。倘若员工没了学习的欲望，不想或不愿参加培训，企业培训不就成了无米之炊。

（3）激励有利于培育员工终身学习的理念。

成功的激励能够不断引起员工的学习欲望，促使员工不停顿地追求知识，不断地学习，以适应职业发展、知识技术更新和社会进步的需要，最终形成终身学习的理念。

（4）激励有利于构建学习型企业。

有效的激励能够充分激发员工潜在的学习和适应能力，不断发现并排除学习的阻力，为员工持续学习与发展提供强有力的结构性支持，创造一种持续学习和进步的氛围，使企业培训从个人学习向企业学习发展。

4. 激励方式

得当的激励方式会对员工培训产生良好的激励效果。根据培训的环境、对象正确选择激励方式，把握培训控制与激励的平衡点是非常重要的。

在现代企业环境中，培训激励方式可分为以下几点。

（1）目标激励。

目标激励就是通过一定的目标作为诱因刺激人们的需要，激发人们实现目标的欲望。企业应对员工设置职业发展目标，由低级到高级，逐级而上。职业发展目标要详细标明每一个职位的学历、技能知识、工作经历及待遇。并因人制宜地制订相应的培训发展计划，告诉每一个员工要达到职业发展的某一个阶段性目标，你还需要接受哪些教育和训练。当员工清楚地知道自己努力的方向并在抵达目标之后有多少回报在等待自己的时候，就会积极主动地学习，不断为自己"充电"，为达到目标"加速运动"。

（2）经济激励。

在市场经济条件下，企业对激励方式选择倾向于经济激励。在一项问卷调查中，研究者发现受访的大多数企业员工在精神激励和经济激励间更愿意选择实惠经济的经济激励。这是由于他们的经济基础还比较弱，生活尚不富裕，增加收入仍是他们的主导需要。需要同人的行为活动紧密相连，是人的行为的基本动力。需要越强烈、越迫切，由它所引起的行动就越有力、越迅速。因此，将岗位技能工资、升等增资、奖学金、培训补贴等经济激励方式用于企业培训是十分奏效的。

（3）发展激励。

随着科技的发展，企业知识型的员工日益增加。对于注重个性的自由发挥和实现自己人生价值的新一代员工来说，单纯的经济激励未必见效。他们更看重的是企业能否给自己提供发展的机会。发展需要培训，培训促进发展。培训与发展的互动作用就是激励。升等升职，给研究课题、给科研项目，轮岗交流，阶梯式的培训设计都能使工作富有挑战性，使员工个人发展空间具有延展性。以此激发员工的培训积极性，将会达到意想不到的效果。

（4）消极强化。

在劳动力市场供大于求，劳动力素质普遍受到重视的环境下，考试上岗、竞聘上岗已经成为企业择人、用人的主要形式，消极强化在此有其独特的效力。得当的消极强化手段不仅能使行为主体本人吸取教训而改变自己的行为，而且消极强化产生的警示作用同样可以成为培训的动力。对于自身原因没有完成培训计划或培训效果达不到目标要求，综合素质不符合岗位任职资格要求的员工，企业可以采取降职降级、转岗待岗、下岗等消极强化措施，促使他们重视培训，努力学习。

复习思考题

1. 在培训实施前需要做好哪些准备工作？

2. 在培训实施后需要做好哪些总结工作？

3. 培训外包的流程是怎样的？

4. 如何有效避免员工培训后可能会产生的风险？

5. 培训激励的具体手段有哪些？其意义是什么？

6. 目前员工培训工作中存在哪些挑战？作为管理者应如何面对？

案例分析

卡斯尔公司是美国加州一家生产厨具和壁炉设备的小型企业，大约有140名员工，布朗是这家公司的人力资源主管。这个行业的竞争性很强，卡斯尔公司努力使成本保持在最低的水平上。

在过去的几个月中，公司因为产品不合格问题已经失去了3个主要客户。经过深入的调查发现次品率为12%，而行业平均水平为6%。副总裁史密斯和总经理内尔在一起讨论后认为问题不是出在工程技术上，而是因为操作员工缺乏适当的质量控制培训。内尔使史密斯相信实施一个质量控制的培训项目将使次品率降低到一个可以接受的水平上，并接受史密斯的授权负责设计和实施操作这一项目。史密斯很担心培训课程可能会引起生产进度问题，可内尔强调说培训项目花费的时间不会超过8个工时，并且将被分解为4个单元、每个单元2个小时来进行，每周实施一个单元。

然后，内尔向所有一线主管发出了一个通知，要求他们检查工作记录，确定哪些员工存在生产质量方面的问题，并安排他们参加培训项目。通知还附有一份讲授课程的大纲。在培训设计方案的最后，内尔为培训项目设定了下述的培训目标：将次品率在6个月内降低到标准水平6%。

培训计划包括讲课、讨论、案例研讨和一部分电影。教员把他的讲义印发给每个学员，以便于学员准备每一章的内容。在培训过程中，学员花了相当多的时间来讨论教材中每章后面的案例。由于缺少场所，培训被安排在公司的餐厅中举办，时间安排在早餐与午餐之间，这也是餐厅的工作人员准备午餐和清洗早餐餐具的时间。本来应该有大约50名员工参加每个培训单元，但是平均只有30名左右出席。在培训检查过程中，很多主管人员向内尔强调生产的重要性。有些学员对内尔抱怨说，那些真正需要在这里参加培训的人已经回到车间去了。

内尔认为评价这次培训最好的方法是看在培训项目结束后培训的目标是否能够达到。结果，产品的次品率在培训前后没有发生明显的变化。内尔对培训没有能够实现预定的目标感到非常失望。培训结束6个月之后，次品率水平与培训项目实施与以前一样。内尔感到自己压力很大，他很不愿意与史密斯一起检查培训评估的结果。

分析与讨论：

1. 请你根据本章有关培训的准备工作部分内容分析，为什么卡斯尔公司的员工培训计划会以失败告终？

2. 作为培训辅助人员，内尔和史密斯在员工培训实施中犯了哪些错误？他们本该尽到什么样的责任？

3. 如果你是卡斯尔公司人力资源部经理，你会怎样规划这次的员工培训？

第六章　培训方法

学习目标

在职培训与脱产培训的概念及常用方法

不同培训方法的差异

各种培训方法的优势和局限性

影响培训方法选择的因素

关键概念

培训方法

在职培训

脱产培训

引导案例

联想公司别具一格的培训方式。①

联想公司别具一格的培训对象主要针对两类员工：新入职的员工和集团中的高层管理人员，对于这两种人员所采用的培训方式如下。

新入职的员工培训。也称为"入模子"教育，这已成为"联想人"的"必修课"和培训中的"精品工程"，指通过培训学习使员工能系统地接受联想的历史、文化、制度、礼仪等方面的训练，最主要的目的是向新员工灌输联想的核心价值观，让新员工了解集团的概况和熟悉通用的制度（大是大非的原则，被联想人称为"天条"）。新员工的培训时间一般为期一周，一般在下属公司举行。而员工入职后的自我管理和团队训练培训是所有的联想人最难忘的，主要是联想会对每一个新入职的员工指定一个相匹配的

---

① 徐芳. 培训与开发理论及技术［M］. 上海：复旦大学出版社，2011.

领导从生活工作等各个方面帮助他们尽快地适应联想这个新环境，而这个言传身教的方式本身就是对联想公司企业文化、做事风格的最好诠释。

而另一种员工培训方式——集团中高层干部培训。联想一年一度的中高层干部培训会实际上就是研讨会，但是这个研讨会受到公司最高领导的高度重视，是整个培训中的"重头戏"，主要是因为这种培训方式对于联想的中高层干部提高管理水平、解决实际存在的重大问题，以及分享经验、统一认识等有举足轻重的作用。此研讨会的主要目的是为推动联想集团新的或者重大政策的出台，这类培训通常在总部举行，培训的时间也都长短不一，主要是根据培训的目标而定。

在联想集团，对于那些新晋升为管理职务的员工，一般要接受十分严格的考验，要接受基本管理技能训练，包括沟通、授权、团队训练等，而对于那些高级干部来说，在他们平时如此繁重的工作下，还定期会组织"充电"式的培训，这可以使他们保持对市场、技术和管理的敏感，永远站在时代的前列；联想集团为了保证培训能够顺利有序地进行，除了在人力资源部专门设立学习与发展部之外，还成立了联想管理学院，主要是保证培训计划的顺利实施。联想对于考核晋升制度方面，也将有计划地推出相应措施。

第一节　培训方法概述

培训方法是指为有效实现培训目标而采取的手段和技术。现行的培训方法和培训技术五花八门，各类培训方法在各种不同层次、不同类型的培训中发挥着积极的作用。虽然这些方法在培训的实践中还有各自的局限性，但是它们都在不同程度上影响和支持了企业培训事业的发展，并在培训的实践中不断地克服其局限性，逐渐完善和发展成为较成熟的培训方法。培训方法的采用直接关系到培训的结果，要发挥好培训方法的正面作用，首先要全面地了解每种培训方法的特点和具体步骤，然后再结合具体的培训目的、培训内容、企业条件等作出合适的选择。

第二节　在职培训方法

在职培训（on the job training，OJT），是指为了使员工具备有效完成工作任务所必需的知识、技能和态度，在不离开工作岗位的情况下，对员工进行培训，也称在岗培训、不脱产培训等。许多企业通过在职培训来培训员工。这通常表现为安排新员工跟着有经验的员工或主管人员学做工作，由这些有经验的员工或主管人员来实施培训。常用的在职培训方法主要有师带徒、导师制、教练式、工作轮换、行动学习等。

一、师带徒

师带徒（apprenticeship）是一种最传统的在职培训方式。最早的师带徒培训没有一定的方法和程序，新员工只是从观察和体验中获得技能，因而见效相当迟缓。后来的师带徒在指导方式上有了一定的改进，主要是由一名经验丰富的员工作为师傅，带一到几名新员工。通常在需要手工艺的领域中使用这种培训，如管道工、理发师、木匠、机械师和印刷工等。师带徒的培训期限根据所需技艺水平的高低有所不同，如铁匠、摄像师、装饰师等，该类人员采用师带徒培训方式的期限较短，只需两到三年；泥瓦工、厨师等人员的师徒培训期限稍长，需要三到四年；而雕刻师、打井工人等人员的师徒培训期限更长，需要七到八年。[①] 另外，师带徒培训期限还受培训环境的影响，如培训的技术条件。在拥有良好的培训技术环境的情况下，师带徒培训期限会缩短。

1. 师带徒培训程序

师带徒传授技能的主要程序如图6-1所示。

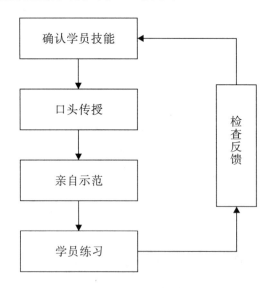

图6-1　师带徒流程

---

① 黄天中. 人事心理学 [M]. 台北：三民书局，1976.

在师带徒传授技能的第一个环节中，首先，经验丰富的师傅常常会通过询问或要求演示来了解新员工是否懂得某一操作技能，如果答案是否定的，他就会先口头传授告诉培训对象应该做什么、怎样做。其次，培训者会亲自示范，一边操作一边讲解动作或操作要领。在培训者认为已经将某一操作技能的要领完全告诉并示范给培训对象后，会要求培训对象练习或跟着做。最后，培训者检查培训对象的学习成果，并决定是否需要重新开始第一个传授环节。

2. 师带徒培训方法的优点

（1）当师傅由于退休、辞退、调动和提升等原因而离开工作岗位时，企业能有训练有素的员工顶上，从而不影响工作效果或效率。

（2）师带徒培训方式最特殊的地方是强调"师"与"徒"之间的互动与交流，这种关系不同于其他培训者与受训者之间的关系。古语说"一日为师，终身为父"，师傅与徒弟之间的关系远超过工作上的指导与合作的关系，师傅对徒弟的教育与指导还涉及徒弟的情感、价值观等生活中的其他方面。故良好的师徒关系，能够减轻培训给新员工带来的压力，缓解进入新环境时的紧张与不安，尽快适应新工作。同时，师傅也可在与徒弟的相处中及时了解新员工的工作与心理情况，及时调整培训计划，优化培训效果。

3. 师带徒培训方法的局限性

（1）从培训的内容和过程来说，师徒制培训中所传授的知识、技能甚至培训的过程都是具体的、狭窄的，甚至是机械性的，新员工所掌握的是师傅手把手传授的每一个细节。故新员工会产生思维定势，对于与指定工作岗位类似或者稍作变动的其他工作的适应能力就会变弱。

（2）每个企业中即使相同的工作岗位对员工的技能、经验、知识的要求也是不同且不断变化的。一旦技术或环境发生了变化，员工原有的技能和经验可能就毫无用武之地，甚至影响新知识和技术的学习和掌握。

（3）不能满足大规模现代化生产的需要，不能指望企业所有的员工都采用这种培训方法，否则会导致效率低下，因此，这种培训方法的适用范围很狭窄。

（4）"师"与"徒"之间存在着客观的利益矛盾与冲突。"教会徒弟，饿死师傅"的传统文化思维根植于大多数企业员工的心中。师傅往往忌惮徒弟学会了自己的本领，就会成为自己的竞争对手，对其造成威胁，因此不肯坦率地、无保留地将自身的知识和技能分享给徒弟，如此必定会对徒弟的工作产生负面影响。

一般而言，师带徒培训的有效性取决于三个方面：师傅、徒弟和企业。师傅应具有较强的沟通能力、监督和指导能力，以及宽广的胸怀；徒弟应虚心好学，积极主动与师傅建立和保持友好的工作关系；企业应为新员工选择合格的师傅，并对师傅的培训工作给予充分的肯定和必要的奖励。随着师带徒培训在实际工作中的应用，其外延和内涵也在不断丰富和发展。接下来讨论的导师制就是师带徒的一种延伸与发展。

二、导师制

导师制是传统师带徒的现代演绎版本，既是师带徒在应用领域中的扩展，从手工艺领域扩展到所有有关知识、技能的领域，又是师带徒在指导范围上的扩展，指导的内容不仅包括知识、技能，也包括品行、态度等方面。

在西方，导师（mentor）的概念已有相当长的发展历史，是指为被领导者提供指导、训练、忠告和友谊的个人角色。指导者与被指导者之间的这种导师关系发展到现在，已有正式和非正式的区别。非正式的导师关系对被指导者的职业发展有着深刻的影响，更侧重于对价值观的培养与职业发展的指导，并且主要是指导者和被指导者之间的私人行为，自行选择，没有指定目标，较少培训与资助。正式的导师制则源于企业的期望，经企业的安排建立，指导关系是结构化和合约化的，有一定的持续时间，既涉及培养被指导人的核心胜任力和动态的能力，也涉及对被指导者的职业生涯的指导。因此，正式的职业导师关系有清晰的指定目标、可度量的结果、正规的指导和固定沟通的时间。现代企业中实施的导师制一般都属于正式的导师制。正式导师制与非正式导师制的比较见表 6-1。

表 6-1　正式导师制与非正式导师制的比较。[1]

	正式导师制	非正式导师制
目的	协助徒弟完成其现阶段职务上的短期目标	协助徒弟获得长期职业生涯发展
动机	基于企业的期望或为了让新人融入组织	由发展需求所驱动
机制	由企业制度或第三者指派	基于师徒双方的相互认同
组织认同	较明确的企业认同、公开化	不被企业认同、私下进行
互动时间	较短，大多为六个月到一年	较长，多达三至六年
关怀程度	较少给予发自内心的关怀	较多给予真诚的关怀
适用情况	新人辅导计划或在职培训	员工职业生涯发展

通常，企业导师制指企业中富有经验、有良好管理技能的资深管理者或技术专家，与新员工或具发展潜力的员工建立的支持性关系。导师制作为一种新型的在职

---

[1]　Belle Rose Ragins and John L. Cotton and Janice S. Miller. Marginal Mentoring：The Effects of Type of Mentor，Quality of Relationship，and Program Design on Work and Career Attitudes［J］. *The Academy of Management Journal*，2000，43（6）：1177-1194.

培训方法，也是一种人才开发机制，通过在企业智力层面构建一种良好的工作学习氛围和机制，培养满足企业发展所需的人才。

1. 导师制的三种形式。[①]

（1）新员工导师制。建立新员工导师制的初衷是充分利用企业内部优秀员工的先进技能和经验，帮助新员工尽快提高业务技能，适应工作岗位的要求。导师辅导的范围包括专业技术、管理技能及一些个人生活问题。

（2）骨干员工导师制。骨干员工指已经掌握了一定的技术或管理技能，具有向更高水平发展的潜力的员工。随着企业的不断发展，对人才的需求也越来越旺盛。为了帮助骨干员工快速成长，挖掘他们的潜力，进一步开发企业人才，企业实行骨干员工导师制，一般由企业的中高层管理人员或高级专业人员担任骨干员工的导师。

（3）全员导师制。在新员工导师制和骨干员工导师制实施的过程中，导师制在职业生涯规划与发展中的作用越来越明显，作为被辅导者能够提升技能，而作为辅导者能够提升管理能力和领导力。因此很多企业开始推行全员导师制，使得辅导成为员工日常工作不可缺少的一部分，上级对下级的工作辅导成为一种责任和义务，并且和绩效、培训等相结合，形成职业生涯促进系统。

2. 导师制的优点

（1）培养出符合自身发展要求的人才，最大限度地发挥人才的潜能，使员工对自己的发展前途和空间充满信心，有效地防止人才的无序流动，也有利于降低人才招募和甄选的成本。

145

（2）促使企业内知识和技能得到扩大和传播。导师与学生分享和交流经验的过程可以帮助导师将相关的隐性知识通过文字、抽象表达等形式转化为显性知识，从而以可记载的形式保留在公司中。这种知识的转换可以为公司带来更多的无形资产，促进不同专业领域人员的沟通和交流，完善企业学习型组织的建设，发挥团队竞争优势。

（3）提供企业发展所需的人才保障，解决引进人才的"水土不服"问题，缩短引进人才的"同期化"，在增强企业内部凝聚力的同时，可满足公司后续发展的人力资源需求。

3. 导师制的缺陷。[②]

（1）易形成非正式组织。

---

① 郭慧. 企业导师制过程中 SECI 知识创造螺旋研究 [D]. 南京：南京航空航天大学，2011.

② 余维田，赵希男，雷刘. 企业导师制的利弊解析 [J]. 企业改革与管理，2004（09）：24－25.

在企业中，导师与被指导人一般处于同一个部门，他们之间无论在工作上还是在生活中接触都较为频繁，比较容易形成非正式组织关系。当非正式组织与正式组织的目标不一致时，如果处理的不好，则会带来阻碍变革、造成角色冲突、传播谣言，拉帮结伙等消极影响。并且，由于导师和学生之间良好的关系，导师离开公司很可能使得学生跟着离开，对企业的发展极为不利。

（2）易产生依赖思想。

第一，员工易受导师影响，以导师为依靠。一般来说，导师往往是企业中的高级技术人员、管理人员或者是部门骨干员工，他们品行端正、为人正直，具有较高的技术能力，工作经验比较丰富，能与被培养人建立融洽的关系，有很强的亲和力，能获得被指导人的充分信任。这样，新员工工作时就易受导师影响，从而对导师产生依赖性，这种工作上的依赖心理不利于学生的知识创新。第二，有时导师也会依赖被指导的新员工。依赖心理有时候是相互的，导师对被培养人而言是公司理念和文化的代言人，有较高的威信，当导师取得被指导新员工的认可和信任之后，有些导师会将本该自己负责的工作交给学生代为完成，久而久之，于是就产生导师对所带新员工的依赖心理，这样往往会影响企业整体工作效率。以上两种依赖心理，都不利于企业的健康稳定、快速发展。

对企业而言，首先，实行导师制要保证组织内部有足够的可胜任导师的人员。他们要有丰富的工作经验、高超的专业技能、开阔的视野，能够为学员提供全面的帮助。其次，被指导者要具有较强的可塑性和提升的潜力，有能力并愿意通过这种方式来提升自己的水平。最后，导师制的指导计划要与企业的目标密切相连，通过导师制的实行，使被指导者与企业共同成长和发展。

三、教练法

"教练"是人们非常熟悉的称呼，人们一般理解为运动员们的教练，或者是如篮球跳水、游泳射击、田径等各项体育运动领域中的教练员队伍。其实，经过国外学者专家长期的实践、研究和开发，教练式培训的运用范围已经扩展到体育以外的其他更大的领域。"教练"不止被理解为体育运动中的教练。而已经成为一种独特的培训手段，丰富了词义本身的内涵。

教练法是一种由被称为"教练"的专业职称或虽然没有这个"教练"职称却掌握教练技术的资深管理人员或企业导师与被教练的对象（上至总裁等高层管理人员下至基层骨干或新员工）进行的一对一的辅导方式。专业的顾问型、咨询师式的教练是一群有承诺、对人热诚、有丰富人生经验和事业成功的人士。他们不仅拥有杰出的成就，更通过教练技术去支持他人创造成绩。而非专业型的导师掌握了教练技术，也能够比不掌握教练技术的人有更丰富的激励手段去完成对培训对象的潜能开发，促进培训对象的自省、顿悟。

企业教练不只是一种知识训练或者技巧训练，它更注重激发人的潜能，注重一种态度训练。企业教练并不是解决问题的人，而是为被教练对象提供一面镜子，使被教练对象洞悉自己。利用教练技术反映出被教练对象的心态，使被教练对象理清自己的状态和情绪，并就其表现的有效性给予直接的回应，令被教练对象及时调整心态、认清目标，以最佳状态去创造成果。

1. 教练法的实施步骤

教练法的实施步骤如图 6-2 所示。

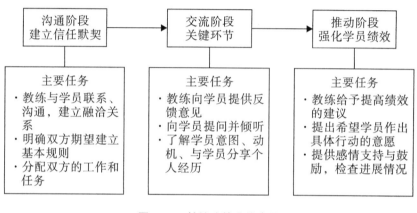

图 6-2　教练法的实施步骤

在实施教练过程中，培训教练需要做到 3 点：（1）指导培训对象作出计划、策略，以及引导培训对象思考为什么要做、如何做、做的后果如何。（2）指出培训对象所不能或没有设想到的状况等。（3）持续的引导与客观意见的反馈。

2. 教练法的优点

（1）教练法是一种具有运动心理学和教育学基础的培训方式，能够引导受训者从心理上战胜阻碍行为改进的任何困难，克服自我限制的想法，自发地找到新的成长和发展机会。

（2）教练法能够为受训者提供一个安全、富有营养的环境，使受训者能够在持续的反馈和学习中实现行为的持久变化，将所学的内容转化为行为的改善，提高受训者的自主性和灵活性。

3. 教练法的局限性

（1）教练法是一个民主合作的过程，教练通过建议、提问等方式激发和引导受训者发现问题、解决问题，受训者的自主性较高。故教练式的培训对受训者的自主学习能力、领悟能力、心理能力等综合素质的要求较高。如果合作达不到能力要求，培训的效果就会难以掌控。

（2）教练注重通过心理影响和指导来激发受训者的心理动机，实现培训目标。故受训者在培训中所形成的价值观、目标与愿景将深受教练个人的影响。如果教练偏离方向，则培训目标也极易偏离方向。

四、工作轮换

工作轮换（job rotation）亦称轮岗，是企业有计划地按照大体确定的期限，通常为一到两年，让员工或管理人员轮换担任若干种不同工作，从而达到考察员工的适应性和开发员工多种能力的目的。工作轮换作为培训方法也常被称为是交叉培训法。历史上早期出现的轮换，是以培养企业主的血缘继承人（例如企业主的长子要继承父业等）为目的，并不是制度化的管理措施。现在，许多企业采用工作轮换的方式培养新进入企业的年轻管理人员或有管理潜力的未来管理人员。特别注意的是，工作轮换是通过横向的交换，使管理人员或员工从事另一岗位工作，使他们在逐步学会多种工作技能的同时，也增强其对工作间、部门间相互依赖关系的认识，并培养对组织活动的更广阔的视野，如招聘主管与培训主管进行工作轮换。

1. 工作轮换的实施要点

在为员工安排工作轮换时，企业首先应当考虑培训对象的个人能力以及他的需要、兴趣、态度和职业偏爱，从而选择与其合适的工作。另外，工作轮换时间的长短取决于培训对象的学习能力和学习效果，而不是机械地规定某一段特定时间。工作轮换在实施时要注意下列一些方面：首先，工作轮换的计划是需要根据各个培训对象自身的具体情况而制订的，培训者应该将企业的需求与培训对象的兴趣、能力倾向及职业爱好等因素相结合。其次，培训对象在某一部门工作的时间长短，应视其学习进度而定，而非统一规定轮换的时间。最后，培训中必须配备有经验的培训者。培训对象在每一岗位工作时，应由富有经验的培训者进行指导。培训者最好经过专门的训练，负责为培训对象安排任务，并对其工作进行总结、评价。

2. 工作轮换的作用

（1）在员工方面，首先，通过不同岗位和部门的工作实践，员工能够锻炼各种工作技能，提升自己的职业能力，包括人际交往能力，为以后的工作扫除障碍。其次，通过在各岗位和部门的工作，员工能够了解整个组织的运作和发展情况，了解自己的工作在实现组织目标中的作用和意义，从而提升员工的团体意识，形成或修正职业价值观，最终改善工作绩效。最后，不同岗位和部门的工作实践可以让员工充分了解自己的职业兴趣、职业能力和职业追求，了解自己的优、劣势，从而找到适合自己的工作岗位，为自己的职业发展规划提供有利的参考。

（2）在组织方面，首先，通过工作轮换，组织充分了解了员工的职业能力、职业兴趣、职业价值观、绩效表现等，这为内部人力资源配置提供了依据。其次，工作轮换能增进培训对象对各部门管理工作的了解，改进各部门之间的合作。在工作轮换培训中，员工能了解并掌握各种不同的工作和决策情境，这种知识面扩展对完成跨部门的、合作性的任务是很有必要的。最后，岗位轮换提高了员工的工作能力，也就实现了企业人力资源存量的增值，从而提升了企业的竞争力。

3．工作轮换的缺陷

（1）培训对象需要在短时间内实现在不同岗位上的轮换，很难学会各种不同的工作技能，因而在不同岗位上的绩效或许达不到理想状态，从而影响整体工作的开展。

（2）易造成短期化行为。培训对象可能认识到其目前的工作环境是临时性的，不久就会换到别的岗位上，所以在工作上敷衍了事，浑水摸鱼、消极工作、降低效率。

（3）培训对象工作轮换后的工作安排或者晋升计划一旦泄露，即如果各部门了解受训者的"身份"，那么轮岗部门同事间的关系因为工作利益的考虑将会变得很微妙，从而使得信息沟通产生失真、不完整的情况，必然无法达到原本的培训目标。

149

五、行动学习

由于团队或工作群体会在实际工作中面临问题，在职培训就更有条件让他们合作，商讨解决方案并制订行动计划，然后由他们负责实施这一计划并进行培训，这就是最实际的行动学习（action learning）。在职培训可以让同部门的、跨部门的员工参加，甚至还可以让客户和分销商参加而不需要他们支付任何培训费用。当然，具体人员构成必须根据任务要求而定。实际上，在职培训仅仅停留在对培训内容的掌握阶段是不够的，只有让学员运用所学的方法进行实践，付诸行动，培训的效果才能真正得到体现。

1．行动学习的优点

（1）行动学习能够将受训者所学的知识和技能与实际操作相结合，提高培训的实际运用效果。

（2）行动学习给学员提供了一个利用所学方法和技能解决实际问题的机会，从而大大激发了学员的学习热情。

（3）受训者在行动学习中得到的管理层的支持和指导会让其感受到企业对员工意见的重视和支持，提高了员工参与公司事务的积极性，增强了员工的责任感。

2. 行动学习的局限性

（1）从培训实施的条件来讲，行动学习中要解决的问题必须是实际存在的与培训内容相关的问题，短时间内很难符合培训的要求。

（2）由于行动学习为实战型学习，执行过程中需要投入大量的人力、物力、财力和时间，成本较高。

（3）从培训的风险性来看，行动学习不仅需要制定方案，还需要执行方案。方案的执行效果直接影响问题的解决，以及工作环节的运行，若实施不当，会产生负面的效果。

对于行动学习中存在的问题，首先，应尽量选择与培训内容相关且便于成本控制的项目，在计划实施之前作好完整的准备，提供各种紧急处理预案。其次，在方案执行的过程中，加强对受训者的监督和指导，尽量避免产生负面的效果。

第三节　脱产培训方法

脱产培训也称职业外培训，指离开工作和工作现场，由企业内外的专家和培训师对企业内各类人员进行的集中教育培训。许多企业在广泛采用在职培训方法的同时，也注重采用脱产培训方法。如海尔公司非常重视对员工的脱产培训。在海尔，几乎每个单位都有一个小型的培训实践中心，员工可以在此完成诸多在生产线上的动作，得到充分的锻炼机会从而合格上岗。另外，为培养出具有国际水平的管理人才，海尔还专门筹资建立了培训基地——海尔大学。

根据培训时间长短，脱产培训又可以分为全脱产和半脱产两种。培训对象以全天的时间脱产参加的培训为全脱产培训。一些研究机构、行业协会、咨询机构和培训机构举办的各种短期研讨会通常采用这种形式。如果培训需相当长的时间，为了避免影响工作，可以采用半脱产形式，即进行非连续性培训。培训对象每天或每周只接受若干小时的训练，其余时间仍返回工作岗位，继续工作，如现在较为流行的半业余的 MBA 培训即采用这种形式。常用的脱产培训方法主要有讲授法、案例分析法、情景模拟法和行为示范法等。

一、讲授法

讲授法指培训师用语言将他想要传授给培训对象的内容表达出来的一种培训方式。采用这种培训方法，培训对象是信息的被动接受者，培训师与培训对象之间的沟通在大多数时候也是一种单向沟通——从培训师到培训对象。

1. 讲授法实施要点

讲授法要求必须做到讲授内容要有科学性，讲授要系统，条理清晰，重点突出，讲授的语言要准确、生动。为了使讲授进行得顺利，必须做好讲授的准备工作。首先，要确定好的培训师。培训师是讲授法的灵魂人物，培训质量全由他掌握，培训师必须具有良好的仪表、谈吐、深厚的专业理论功底，有效的组织能力以及培训评价技能，能编写所有资料、教材，能自如运用所编写的资料。其次，要做好授课准备。了解培训对象的基本情况，包括知识、学历、职位等，制作学员管理卡片，选择合适的教室，设计适当的教室布局，准备讲课内容资料和讲课设备以及发给学员讲课资料，等等。最后，是讲课技巧。包括培训师给学员的第一印象、激发学员的听课兴趣、授课内容的逻辑性及身体语言的运用等。

2. 讲授法的优点

（1）讲授法是最节省时间、最具有规模效应的培训方法。讲授法可以让一名培训师同时面对众多的受训者，每增加一个受训者的边际成本几乎为零。

（2）讲授法对培训场地、设备等硬件条件的要求低，简单的讲授法只需要一个独立的空间、一块黑板和一支粉笔就可以开展。即使目前有各种多媒体技术的辅助运用，相对而言，对场地和设备的要求还是很低。

151

（3）讲授法的培训过程和进度便于控制。讲授法是以培训师为中心的培训方法，培训内容、培训进度、培训资料、考核方式等都是由培训师来决定的，培训师能及时、全面地了解培训的情况，并根据情况设定培训内容的广度和深度，控制培训的进度与节奏，从而更好地实现培训目标。故讲授法是一种低成本又高效的培训方式。

3. 讲授法的局限性

（1）讲授法是一种规模教学，难以实现因材施教。讲授法是由一名培训师采用统一的教学计划对一群受训者实施培训。只有在学生同质性明显的情况下，教学的规模效应才能取得应有的效果。然而，受训者的同质性只是一个相对性的概念，每个受训者的学习能力和知识水平不可能基本相同，故培训师只能着眼于全局开展培训，很难顾及到受训者的个体特征，对于那些认知能力和技能水平高于或低于平均水平的受训者而言，这样的培训方式不能实现最佳的培训效果。

（2）讲授法是单向式的培训方式，缺乏灵活性。讲座法的培训过程是由培训师控制的，讲授的内容、进度取决于培训师，受训者基本处于被动接收状态，这种单向性的信息传递是讲授法的最主要的缺点。单向性的信息传递，使培训师与受训者之间缺乏必要的交流和反馈，受训者之间的相互沟通和交流也相对较少。所以，单纯地或过多地采用讲座法，会助长受训者学习的被动性和依赖性，不利于受训者学习积极性的发挥。

（3）讲授法的培训手段单一，缺乏直观体验。讲授法主要以语言为媒介来传递知识和技能，然而有些知识和技能光用语言是无法完全表达的，受训者在没有一定经验的情况下是很难理解和想象的。另外，单纯的语言传授很容易造成听觉的疲劳，使受训者失去学习的兴趣。

二、案例研究法

案例研究法（case study）指为参加培训的学员提供实际案例并展开有目的、有组织的团队活动进行学习研讨的方法。案例研究法始创于美国哈佛商学院，它通常是给受训者一个棘手的现实案例，然后受训者运用自己的知识和经验，通过讨论来解决案例中提出的问题，以培养受训者应用所学知识解决实际问题的能力。

1. 案例研究法的实施要点

（1）案例编写及选择。

设计和编写案例是整个案例研究的核心。首先，一个好的培训案例必须难度适当，即通过受训者的努力能够得以解决；其次，要具有针对性，即通过案例问题的解决能够启发受训者，使其解决问题的实际能力有所提高。否则，会让受训者产生挫败感，影响其参与学习的兴趣，达不到培训的效果。

案例设计和编写步骤为：第一步，要明确问题和情境。考虑所选择的案例与培训目标的相关性，明确问题，设置有效的情境，激发受训者的讨论热情，引起受训者解决它的兴趣。第二步，研究问题、调查取证、收集有关案例细节的详细资料。第三步，草拟案例，将细节和证据与事件中的有关要点联系起来，并能预测出受训者在使用这个案例时的反应。第四步，选择确定展示这个案例所用的媒介。同时，培训者要考虑如何进行案例练习，其中包括：确定是让受训者单独实践还是分小组进行，受训者如何报告自己的分析结果。第五步，汇集所有的案例资料，包括图、表、文章、工作说明书等，然后详细编制案例，拟出具体的实施步骤、准备指导受训者进行分析的问题，并设计一个有趣的、引人注意的案例开头以吸引受训者的注意，并为案例提供一个快速的定位。

除了自己设计案例外，还有许多途径可以获得现成的案例。利用现成案例的一个好处在于，它们是已经设计好的成型案例，而且已经通过了实验，有着一定的可靠性。但使用之前必须对这些案例进行检查，确定这个案例对受训者到底有多大的意义，与培训内容的关联度有多高。

（2）对培训师的要求。

案例研究法对培训师的要求异于传统讲授法对培训师的要求。采用案例教学时，培训师在课上要当好导演、教练、学习促进者、解决问题的引导者和学员讨论行为的评价者等多种角色。特别地，培训师对受训者的反应和提出的解决方法要进行点评，培训师的点评如何，直接关系到受训者的理解和收益。这就要求培训师做到反应敏捷，善于发挥，既要给出理论上的精辟阐述，又要恰如其分地分析受训者所持观点的优缺点；既要有总结，还要有提高。由于培训师在案例教学中所扮演的角色与在传统的课堂式教学中所扮演的角色有着很大的差异，所以，在主持案例教学之前，应对培训师进行系统的培训，帮助他们应对挑战，有效实现角色转变。

（3）受训者的反应。

案例研究的主体始终是受训者而不是培训师。案例研究的目的是，让受训者能够通过对这些过程的研究来进行学习，通过参与案例的解决提高自己处理问题的能力。所以，受训者的积极参与、认真研究是案例研究成功的关键。

2. 案例研究法的实施步骤

案例研究法的步骤如图6-3所示。

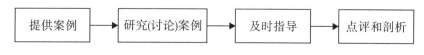

图6-3　案例研究法的步骤

（1）培训者编制或挑选适合于培训的案例提供给受训者，向受训者提供大量背景资料。为了保密起见，有关的人名、单位名、地名可以改用假名，但其基本情节不得虚假。有关数字可以乘以某掩饰系数加以放大或缩小，但相互间比例不能改变。

（2）让受训者熟悉案例内容并面对面地讨论案例中列举的问题。

（3）及时指导。在正式培训中，先留给学员足够的时间去研读案例，引导他们产生"身临其境""感同身受"的感觉，使学员如同当事人一样去思考和解决问题。关注学员讨论动向，发现学员讨论偏题应及时修正。

（4）要对各小组的讨论进行点评，对解决方案进行剖析，引导学员深入思考。

3. 案例研究法的优点

（1）案例研究法具体、丰富、生动，克服了理论学习枯燥、单一、死板的固有弊端，为理论学习提供了良好的氛围，调动了受训者的学习和研究兴趣，优化了培训效果。

（2）案例研究法中的案例都是实际存在的事件，对案例的分析和思考不同于一般学习理论时的纸上谈兵，而是需要考虑现实环境、可行性等实际情况，培养了受训者考虑问题时联系实际、不脱离现实的好习惯。

（3）案例是万千事件中的个例，既反映客观规律，又表现个别特征。这样的特点可以让受训者在学习中冲破固有思维的阻碍，懂得用客观规律来解释个别现象，

153

并能根据个别特点找到最合适的解决方法。

4. 案例研究法的缺陷

（1）案例研究法对参与者的要求比较高，受训者和培训师的素质直接决定了培训的质量。从案例挑选或撰写到分析过程中的指点，再到分析完后的评价，都要求培训师拥有丰富的知识、较强的协调能力、思维能力和引导能力。同时，案例分析对受训者的理论基础分析能力、解决问题能力、探索能力、创新能力、思维能力等多方面的素质都有较高的要求，否则，受训者就无法达到案例分析应达到的效果。

（2）案例研究法不适合理论的系统学习和掌握。案例是众多事件中的个例，为实现创新和解决问题，一个案例可能涉及很多理论和知识，但这些知识之间的逻辑联系可以并不是很大。

（3）案例研究法的综合分析会涉及很多知识点，但可能对每个知识点的研究都不深入。故案例研究法虽然具有较大的优势，但也要选择适合的领域，否则，会产生负面的效果。

三、角色扮演法

角色扮演法指在一个模拟的工作环境中，在未经预先演练且无预定的对话剧本而表演实际遭遇的情况下，指定参加者扮演某种角色，按照实际工作中应有的权责来担当与其实际工作类似的角色，模拟性地处理工作事务，借助角色的演练来理解角色的内容，从而提高处理各种问题的能力。

角色扮演法相当于一种非正式的表演，不用彩排，它通过员工自发地参与各种与人们有关的问题，扮演各种角色去体验其他人的感情，通过别人的眼睛去看问题，或者体验别人在特定的环境里会有什么样的反应和行为。通过这种方法，参加者能较快熟悉自己的工作环境，了解自己的工作业务，掌握必需的工作技能，尽快适应实际工作的要求。

1. 角色扮演法的实施要点

（1）确定一个明确的目的。在演练之前，要明确即将要练习的目标。角色扮演以培养学员能力为核心，该能力必须与学员工作相关。

（2）发展一个故事大纲。故事大纲是角色扮演中要使用的剧本，有两种类型：一是有剧本的故事；二是没有剧本的故事。根据培训的目标，角色扮演可以策划成有剧本的或没有剧本的。对前者，要求学员表现得清晰明确；对后者，学员可以自由发挥。

（3）提供清楚的说明材料。为确保角色扮演成功，要向学员提供如何演这个角色的清楚的指导大纲。

2. 角色扮演法的三个关键角色及主要职责

（1）导演——指导整个演练过程，由培训师担任，在演练过程中起组织、指导作用。

（2）演示者——按照导演的要求、预先确定的原则和程序扮演分配的角色，体验角色的工作任务及工作技巧。

（3）观察者——仔细观察整个表演过程，进行分析、评价，由除演示者以外的所有受训者担任，是培训课程的主角。

3. 角色扮演法的优点

（1）学员参与性强，学员与讲师之间的互动交流充分。可以提高学员培训的积极性，变被动培训为主动，使学员真正投入到培训中去，而非仅仅是接受讲师单向讲授的知识。

（2）特定的模拟环境和主题有助于训练基本技能，有利于增强培训的效果。角色扮演法往往设定特定的模拟环境，更容易针对学员的个别情况为他们设计合适的角色扮演游戏，更有针对性地对他们加以培训，而摆脱传统培训泛泛而谈的缺点。

（3）学员能够较快熟悉自己的工作环境，了解自己的工作业务，掌握必需的工作技能，尽快适应实际工作的要求。

（4）通过扮演和观察其他学员的扮演行为，可以提高学员的观察能力和解决问题的能力，学习各种交流技能。角色扮演法中，培训的内容主要包括扮演和观察，通过学员的亲身体验和旁观使他们能更为全面地了解他们所扮演的角色以及所接受的培训，有利于学员站在他人立场上思考问题。

（5）通过模拟后的指导，可以及时发现自身存在的问题并进行改正，避免可能的危险与尝试错误的痛苦。

4. 角色扮演法的局限性

（1）场景的人为性减弱了培训的实际效果，扮演中的问题分析限于个人，不具有普遍性。

（2）角色扮演法效果的好坏主要取决于培训讲师的水平。一个既符合培训目的又能使学员积极参与的角色培训法往往需要讲师有很高的水平。

（3）演出效果可能受限于学员过度羞怯或过深的自我意识，容易影响学员的态度，而不易影响其行为。

四、游戏培训法

游戏培训法是一项具有合作及竞争特性的活动，它综合了案例研究与角色扮演的形式，要求参与者模仿一个真实的动态的情景，参与者必须遵守游戏规则，彼此合作或互相竞争，以达到某种目标的方法。游戏培训法能够激发受训者的学习兴趣，使员工在不知不觉中巩固所学的知识、技能，开拓思路，提高解决问题的能力。目前，已经有专门的培训公司开发各种游戏供企业使用，而且他们会根据培训的目的和对象的不同设定不同类别的游戏方法，如团队建设类、沟通技巧类和激励类等。游戏培训法包括两种类型：普通游戏法和商业游戏法。

1. 普通游戏法

普通游戏法是通过让员工参与到游戏中来进行培训的方法。游戏的设计使员工在决策过程中会面临更多切合实际的管理矛盾，决策成功或失败的可能性同时存在，需要受训人员积极地参与训练，运用有关的管理理论与原则、决策力与判断力对游戏中所设置的种种遭遇进行分析研究，采取必要的有效办法去解决问题，以争取游戏的胜利，常见的游戏活动如沙漠遇险、孤岛求援、红黑游戏、海上沉船等。

（1）普通游戏法的实施要点。

①采取游戏法的目的是为了培训员工，因此不要以游戏本身作为培训的目的而使其成为一种单纯的游戏，而应将其纳入培训计划作为辅助教学的方式，同时应慎重考虑游戏在整个课程中的插入位置，避免使其与前后内容格格不入，打破培训计划的连贯性。

②培训师最好能熟知各游戏的特征（目的、效果、观察要点等），然后在制订培训计划时反复斟酌在哪一阶段的培训过程中加入哪一种游戏。

③游戏中必须有一定的游戏规则，并且需要培训师根据规则掌握游戏的进度，有洞察团体及个人行为的能力。

④作为培训师，在游戏训练中培训者应是游戏的组织者、旁观者和协助者。在游戏过程中指导员应把握参与游戏的"度"，既不能对游戏方法不闻不问，又不能过分热情地参与游戏。这是由于培训员在游戏中还有其他职责，他除了让游戏顺利开展外，还应注意现场状况，掌控各种情况的变化。

⑤游戏的设计需要涉及竞争的内容并且有一定的深度，游戏需要有一定的结局，并且能启发受训员工深入思考。

（2）优点。

①把游戏加入到培训中可以改变培训现场气氛并且由于游戏本身的趣味性，还能提高员工的好奇心、兴趣及参与意识。

②可以在游戏过程中，通过参加者的互相配合、团结合作，改善人际关系，增加团体的凝聚力。

③可以使理解深刻，联想到对现实的启示。

（3）缺点。

①游戏有时过于简单化。

②游戏法培训对事先准备，即游戏设计、胜负评判等都有相当的难度要求。

③游戏的实施过程比较浪费时间。

2. 商业游戏法

商业游戏法（business games）是采用游戏的方式来开发学员管理技能的一种培训方法。该方法仿照商业竞争的规则，由两个或更多的受训者相互竞争以达到预期目标；或者是众多受训者通过合作来克服某一困难以实现共同目标，要求受训者在游戏中收集信息，进行分析和决策。商业游戏法是一种以完成某项"实际任务"为基础的团队模拟活动，通常采用小组形式进行，数名被测评者组合成一个小组，就给定的材料、工具共同完成一项游戏任务，并在任务结束后就某一主题进行讨论交流。在游戏中，每个小组成员各被分配一定的任务，有的游戏还规定了小组成员的角色，不同的角色权限不同，但不管处于什么角色，要完成任务，所有的成员都必须合作；在游戏的过程中，测评者通过观察被测评者在游戏中的行为表现，对预先设计好的某些能力与素质指标进行评价。商业游戏是一种社会性的游戏，它通常经过严密的组织和设计，要求参与者必须严格遵守游戏规则，通过团队合作，解决某些问题，进而完成任务。参与者在游戏中所作的决策涉及各个方面的管理活动：如劳工关系（谈判合同的签订）、市场营销（为新产品定价）及财务预算（支持购买新技术）。

经营决策模拟是具有代表性的商业游戏，它通常使用计算机软件模拟企业真实经营状况，将参训者分成若干个小组，每一个小组代表一个组织的决策团体（如董事会、经理会议等）。针对计算机软件模拟的特定情况中的一些企业环境因素，由各小组人员站在相互竞争的立场上研讨问题并制定经营方针。在各小组中，参训者要承担各种角色，并对产品的价格水平、生产量等做出决策。这些决策通过计算机处理比较其结果，以显示虚拟市场中参训者决策的优劣。

（1）商业游戏法的优点。

①情况逼真而富有趣味性，能较好地激发受训者的积极性。

②受训者将学到的东西与直观、复杂的情景相联系，理解和记忆深刻得多，学到的知识也容易迁移。

③游戏可以使受训者充分发挥自己的想象力，在改变自我认知、改变态度和行为等方面具有神奇的效果。

④有利于营造团队。为了使自己的团队在游戏中取胜，受训者需要不断地沟通、交流，以交换经验，通过共谋计策，增强了他们之间的信任感，有助于团队凝聚力的形成。

（2）商业游戏法的缺点。

①可能将现实过分地简单化，这会影响到受训者对现实的理解。尤其表现在游

157

戏不能很好地模拟出企业的历史、文化，也很难模拟出企业所处的大的社会环境，如其面临的社会压力、社会价值观等，因此，很难让参与者看到另外一种选择可能造成的影响和后果。

②管理游戏的设计和操作比较浪费时间，游戏设计和实施的费用也比较昂贵，而且需要经常对其进行修改，有的甚至是从头设计。

③因为游戏与模拟毕竟不是现实，受训者也能意识到这一点，因而在活动中他们的决策可能相当随便，所以这种方法容易使人缺少责任心。

④在游戏中，决策者往往在有限制的条件下进行决策，这在一定程度上会影响决策者的创新或革新能力的充分发挥。

五、行为示范法

行为示范法是部门专业技能训练的通用方法，一般由部门经理或管理员主持，由技术能手担任培训员，在现场向受训人员简单地讲授操作理论与技术规范，然后进行标准化的操作示范表演。利用演示方法把所要学的技术、程序、技巧、事实、概念或规则等呈现给员工。员工通过反复模仿实习，经过一段时间的训练，操作逐渐熟练直至符合规范的程序与要求，达到运用自如的程度。

1. 行为示范项目的开发

行为示范培训项目的开发包括明确关键行为、设计示范演示、提供实践机会等环节。

第一，明确关键行为。开发行为示范项目第一步是要确定关键行为，关键行为（key behavior）指完成一项任务所必需的一组行为。可以通过优秀员工所使用的技能或行为方式来确定关键行为。

第二，设计示范演示。在开发行为示范项目时，一个很重要的考虑因素是示范演示。计算机和录像演示是示范演示的最主要的方法。有效的示范演示具有以下 6 个特征。

（1）示范者能清楚地进行关键行为的演示。

（2）对受训者而言示范者演示的可信度要高。

（3）在示范过程中要进行关键行为的解释与说明。

（4）对受训者疑惑的行为，尽量重复进行解释和示范。

（5）对示范过的关键行为要进行总结回顾。

（6）在示范中提供正确使用关键行为和错误使用关键行为的两种模式。

第三，提供实践机会。使用行为示范时还应该注意向受训者提供实践机会，让受训者演练并思考关键行为。可以将受训者置于必须使用关键行为的环境中，或通过角色扮演、行为模拟等形式让受训者演练关键行为，培训师做出及时反馈，对受训者的正确行为给予激励，错误行为给予纠正，以达到行为强化的目的。

2. 行为示范法的实施步骤

行为示范法的实施步骤如图6-4所示。

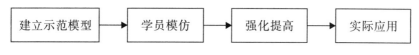

建立示范模型　→　学员模仿　→　强化提高　→　实际应用

图6-4　行为示范法实施步骤

（1）建立示范模型。向受训者示范某项工作的标准行为方式，可以通过录像、录音等方式，也可以由培训师演示。

（2）学员模仿。观看样例后，受训者在模拟的情景中进行模仿。

（3）强化提高。培训师对受训者的模仿表现进行评价和指导，让受训者在反复练习中接近样例中所展示的标准或正确的行为。

（4）实际应用。给受训者提供一个实际工作的环境，让受训者在工作中运用培训所学的技能。

3. 行为示范法的优点

（1）通过行为示范法，受训者可以直观感受某项工作的正确或标准的行为方式，这比培训师口头传授、资料阅读等学习方法更加生动和直接。

（2）行为示范法简单、标准、固定，特别适合机械操作方面的培训。

4. 行为示范法的缺点

（1）行为示范法提供的是一个简单、标准、固定和缺少变化的模型，受训者对模型做反复、机械地模仿，演练过程相当枯燥，容易失去学习兴趣。

（2）行为示范法所提供的模型暗示学员在遇到某固定问题时应该采取哪个标准的行为，受训者记住的可能就是一个固定的行为。然而，实际工作中会遇到很多特殊的情况或者不确定性，任何具体的行为方式都不可能普遍有效，故行为示范模仿法所提供的标准行为不一定能帮上受训者。若受训者形成了思维定式，标准行为可能反过来成为受训者进步的障碍。

第四节　培训方法的选择

一、选择培训方法的原则

1. 科学性

企业的培训开发工作一定要从企业实际出发，以素质模型为基础，以人才测评结果为参考，以培训需求调查为依据，通过企业分析、人员分析和人才测评来确定培训需求，进而科学的评估和反馈。这里说的科学性主要是指培训方法选择的科学性，培训流程的科学性。一个科学的培训方法应当兼顾到大部分学员的实际情况，同时符合企业的实际情况，而不是生搬硬套各种流行的培训方法来对企业的员工进行培训，那样的结果只会是事倍功半。而一个科学的培训方法的流程也必然是符合实际的，循序渐进地对学员进行培训，所有的培训方法都不可能一步到位解决所有的问题。对员工技能上的培训，应该讲求科学方法。企业可借用"管理之父"泰勒的培训技巧和方法，即将一些生产中的技能操作步骤一一分解，使之简单易学，而后让员工反复训练。这种培训方法，可以让一个"门外汉"很快掌握一项操作技能，成为一道工序的熟练工。

2. 可操作性

知识被应用才能成为力量，同样，一个好的培训方式必须有可操作性才能实在地提高企业人力资源的整体素质。再好的培训方法，如果完全不切实际，无法操作，那也只能算是空谈。在企业选择培训方式的时候，不仅要考虑其科学性，更重要的还要考察培训方法的可操作性。只有一个培训方法能切实地为企业所用，提高企业的生产效率，才能算是一个好的培训方法。这就要求企业在选择培训方式的时候不能一味跟风，追逐那些当今最流行的培训方式，应该根据企业的实际情况进行选择。

3. 经济性

培训会产生一定的费用，而这笔开支常常被当作一项投资而不是成本来对待。从经济上看，培训是为本企业服务，为提高工作效率而进行的，因此，在选择培训方法的时候，就必须要比较投入与产出。应让培训物有所值，而非仅仅走个过场，流于形式。因此在培训方法选择的时候需要进行详细的预算和计算预期回报，而非为了培训而去培训。

二、影响培训方法选择的因素

1. 培训目标

要根据培训目标来选择恰当的培训方法。通常企业的培训目标有更新知识、培训能力（包括工作技巧、工作技能和经营决策能力等内容）、改变态度等。具体的培训目标与培训方法的对应关系见表6-2。

表6-2 培训目标和培训方法的对应关系

培训目标	培训方法	原因
知识更新	讲授法等	知识性培训涵盖内容较多，且理论性强，讲授法都能体现其逻辑关联性，对于一些概念性、专业术语等内容需要通过培训师的讲授以便学员理解
培养能力	角色扮演法、案例研究法、行为示范法等	技能培训要求学员掌握实际操作能力，如销售技能、生产作业技能等，学员经过角色扮演法、行为示范法反复练习，能使技能熟练到运用自如。而以培训企业中级以上经营管理人员的经营决策能力为培训目标时，则应选择案例研究法来增加解决实际问题的能力
改变态度	角色扮演法、游戏培训法等	态度培训如采用课堂讲授法会使学员感到空洞，角色扮演能体现学员的态度。采用游戏培训法可以使学员通过共同参与的活动游戏，在轻松愉快的游戏中得到启发，使学习转变为学员的主动行为

161

2. 培训内容

不同的培训内容适用不同的培训方法，所以在选择培训方法前应对培训内容进行分析，根据培训内容的特点选择合适的培训方法。

在讲授知识性课程的时候，就不能选择角色扮演的培训方法，而选择讲授法则比较合适。因为知识性课程涵盖的内容较多，且理论性较强，如产品介绍性课程、基础对外贸易课程、基础财会课程等，讲授法更能够体现其逻辑相关性，对于一些概念性内容、专业术语性的内容通过讲授便于学员的理解。

在讲授技能性课程的时候则完全相反，选择角色扮演的培训方法就比选择讲授法更加合适。因为技能性培训的目的是要求学员掌握实际操作能力，如销售技能、生产作业技能等，学员通过角色扮演的反复练习，使本来不会做的事经过模仿熟练，最后达到应用自如并能够创造性地发挥。如果仅仅通过讲授法，而不参与具体操作，就会出现虽然知道怎样做但不一定能够做的现象，培训也就没有达到目的。

在以态度转化为培训目标的课程中，又与前面的两种课程有所不同。靠说教的课堂讲授式培训会使学员感到空谈大道理，角色扮演式的培训方法又很难体现态度转化过程的内容，如团队精神训练课程、服务心态训练课程等，而采用游戏法则较为合适。通过学员共同参与的游戏活动，使学员在轻松快乐的游戏中得到启发，领会到团队精神的重要意义，认识到服务心态于己于人的重要影响，从而产生强烈的树立团队精神或服务心态的意愿，再通过培训师在方法上面的引导，将很快转变为学员的自主行为。而讲授法应用于心态训练课程时，实现这一目标将非常困难。有关不同的培训内容适合的培训方法见表6－3。

表6－3　不同培训内容下培训方法的选择

课程培训内容	适合培训方法
领导艺术	案例研究法、角色扮演法、游戏培训法等
战略决策	案例研究法等
管理理论	讲授法等
产品知识	讲授法等
营销知识	讲授法、案例研究法等
财会知识	讲授法、行为示范法等
生产知识	讲授法、行为示范法等
跨国经营	案例研究法等
品牌管理	讲授法、案例研究法等
管理技能	角色扮演法、游戏培训法等
销售技能	角色扮演法等
服务技能	角色扮演法等
人际沟通能力	角色扮演法、游戏培训法等
创新能力	游戏培训法等
商务谈判技能	角色扮演法、游戏培训法等
团队精神	游戏培训法等
服务态度	游戏培训法等

3．培训对象

不同的培训对象有不同的实际情况，如果对于每一类培训对象，都采用同样的方法，多数情况下都得不到好的效果。针对不同的培训对象选择培训方法时应注意以下几点。

（1）针对培训对象的学习意愿和学习能力高低差异进行选择。

我们可以通过培训对象四象限图，把培训对象划分为不同的类型，如图6－5所示。

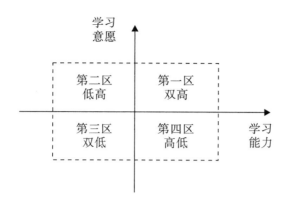

图 6-5 培养对象四象限

图 6-5 中，横轴代表学习能力，纵轴代表学习意愿，四象限的含义为：第一区的受训者成熟度高，即学习意愿和学习能力高；第二区的受训者为低高区，表现为受训者有学习意愿却无学习能力；第三区的受训者成熟度低，表现为学习意愿和学习能力都低；第四区的受训者为高低区，表现为受训者有学习能力却无学习意愿。

在进行培训时，首先要甄别受训者处于哪类区域，然后选择有针对性的培训方法。每类区域相对应的培训方法，见表 6-4。

表 6-4 培训对象四象限区域对应的培训方法

成熟度	受训者行为特点	培训方法
双高区	自信心强、自主、自控能力强，喜欢比较宽松的管理方式和更多的自由发挥空间	案例研究法、行动学习法
双低区	缺乏能力又不愿承担责任，需要具体明确的教导和指导	讲授法、师带徒、教练法
高低区	有学习能力但缺乏学习意愿，加强沟通，调动学习积极性	案例研究法、角色扮演法、游戏培训法
低高区	缺乏学习能力应提供支持和帮助，一方面选择合适的培训方法，另一方面帮助其掌握学习方法	讲授法、师带徒、教练法、行为示范法

（2）针对培训对象的不同职位要求和所承担的具体职责进行选择。

企业内部因工作岗位技能、知识、职权职责的要求不同，因而对员工胜任能力的要求也有所不同，处于企业不同层次管理职位的管理者尤其如此。因此，在选择培训方法时必须要考虑到职位及层次的差异性，选择使用的培训方法，使培训有显著效果。各层次职位人员的适用培训方法，见表 6-5。

163

表6-5　不同层次管理者培训方法的选择

职位层次	工作性质	培训方法
基层员工	负责一线的具体操作，其工作性质要求其接受的培训内容具体且实用性强	讲授法、行为示范法、师带徒、教练法等
基层管理者	在一线负责管理工作，其工作性质要求其接受如何与一线工作人员和上层管理者进行有效沟通的培训	讲授法、案例研究法、角色扮演法等
高层管理者	负责企业的计划、控制、决策和领导工作，其工作性质要求其接受新观念和新理念、制定战略和应对环境变化等培训	了解行业最新动态的讲授法等

4. 培训预算

任何培训都需要投入一定的人力、物力和财力。培训需要投入的成本包括经济成本、时间成本、精力成本和机会成本，企业能够和愿意投入到培训和开发中来的资本限制了培训方法的运用。

5. 企业实力、规模

对于一些中小企业，更多选择商学院的教师或咨询顾问进行培训，或就企业出现的问题进行培训，经常是快要出问题或出现问题后才着手实施，而一些大型企业和外资企业一般都具有系统的培训规划，针对某些领域定期聘请知名的培训师进行培训，而且采取不同方式，如情景模拟法、游戏法等，提升员工的团队精神和实际解决问题的能力。

复习思考题

1. 简述常用的在职培训方法。

2. 简述常用的脱产培训方法。

3. 简述常用培训方法的实施要点。

4. 比较分析不同培训方法的优缺点。

5. 简述选择培训方法的原则。

6. 企业如何选择适用的培训方法？

案例分析

欧莱雅的员工培训体系[①]

作为全球最大的化妆品巨头，欧莱雅非常注重员工的培训。欧莱雅中

---

① 金延平. 人员培训与开发［M］. 第5版. 沈阳：东北财经大学出版社，2019.

国人事总监戴青介绍说，对新员工，欧莱雅传统做法是"赶他们到水中，让他们自己学会游泳"。让新员工靠自己领悟在岗位上明白该做什么工作以及如何开展工作。适合欧莱雅文化的人才会如鱼得水，他们将是欧莱雅的明星员工。

下面从新员工培训、专业技能培训、管理才能培训、亚太区管理培训中心等几个方面来全面了解一下欧莱雅的培训。

（1）新员工培训。

欧莱雅为每一位新员工提供入职培训，每位新员工进入欧莱雅后，会先安排为期一周的上岗培训，详细介绍欧莱雅的历史、企业文化、业务概况、职能部门、组织机构等内容，以及各业务与职能部门的运作情况，使新员工能够很快了解公司，帮助、引导新员工尽快融入公司的文化氛围，融入团队，进入工作状态。

对新招募的经理人员，人力资源部门会专门量身定制为时两周的入职定位培训，与所在部门员工及其他部门的经理沟通、交流，在短时间内建立起工作关系网络，帮助其顺利进入角色，加强与其他部门的合作。在北京、广州分公司招聘的新员工，会先在本地进行培训，然后来上海总部接受培训。公司还会组织新员工参观欧莱雅设在苏州的现代化工厂，了解公司的生产情况，让员工产生自豪感。

165

（2）专业技能培训。

欧莱雅重视员工的职业发展，根据员工不同的潜力和公司对不同员工的期望，定期组织诸如销售、市场、财务、谈判、演讲、沟通技巧等专业技能培训。通过这些培训项目，及时更新员工的知识，提高员工的技能，增强员工的综合竞争力。

（3）管理才能培训。

欧莱雅一贯坚持与著名高校合作对员工进行学历教育与培训。在中国，欧莱雅与全球 50 强、亚洲第一的 MBA 教育学府——中欧国际工商学院合作，为具有发展潜力的员工提供在职 MBA 课程及其他课程教育，为年轻的中国经理制订长期职业发展计划，将他们塑造成欧莱雅未来的高级管理人才。欧莱雅还通过与著名咨询公司的合作，为欧莱雅的年轻经理们量身定造如领导艺术、高效团队、时间管理等课程。

（4）亚太区管理培训中心。

1999 年 8 月，欧莱雅在新加坡建立了亚太区管理培训中心，面向亚太地区的欧莱雅员工做定期的培训。欧莱雅亚太区管理培训中心针对亚洲市场的特点和亚太地区员工的专门需要，组织各类研讨会和培训课程，取得了不错的效果。欧莱雅中国公司每年派出大量优秀员工去新加坡参加各种课程的培训，使他们有机会与亚洲其他国家经理人进行交流，分享经验，拓展国际化视野，提高竞争力。

（5）欧莱雅的"按需培训"。

欧莱雅的培训体系并不是一成不变的，而是灵活机动的。对员工绩效进行评估时，只要员工认为其工作与任务需要培训，就可以主动向上级提出培训的要求。为了提高员工技能与管理能力，适应工作挑战，公司会及时安排员工去参加培训。根据培训实际需要，在国内或新加坡等地开展。这就是欧莱雅的"按需培训"，根据员工的需要灵活、及时地安排培训。

虽然欧莱雅的文化像"诗人"一样具有随意性，但欧莱雅的培训体系却环环相扣，步步为营。从新员工培训到专业技能与管理才能培训，到海外培训，以及在工作实践中培养领导人，欧莱雅的员工培训都很有实用性，为欧莱雅培育出能够在全球化妆品市场独当一面的优秀人才。

分析与讨论：

1. 欧莱雅的培训理念是什么？

2. 欧莱雅是如何将培训与企业需要有效结合在一起的？

3. 欧莱雅对员工职业生涯的关注表现在哪些地方？从企业或员工的角度来思考，你认为该如何保证企业发展和员工发展的双赢？

第七章　培训效果评估

学习目标

理解培训效果及培训效果评估的内涵，了解其必要性与重要性

了解培训效果评估模型及其应用

掌握员工培训效果评估的信息获取方式及流程

掌握培训效果评估方案设计与实施

关键概念

培训效果（有效性）评估

帕特里克培训评估模型

ROI 计量方法

167

引导案例

一个培训师的感触：培训无效是谁的错？

引言

作为一名培训师，蜜蜂瓷砖的培训给我很大感触和体会，这次培训效果很好，切合了我的渗透式培训理念。

蜜蜂瓷砖是世界知名品牌，来自意大利，1999 年进入中国市场。十多年来不断坚持技术创新，研究流行趋势，在设计中主动将中国当地的传统古朴元素与产品相融合。数据统计显示，蜜蜂瓷砖在所有进口瓷砖品牌中占据 50％以上的市场份额。

前奏

培训前我先与该公司人力资源部接触，了解蜜蜂瓷砖的企业文化和价值观，深刻理解其文化的深层含义——激情、拥抱变革、敬业、团队。在这个基础上调整大纲，根据他们的文化与职业化、执行力的理念，找到切

合的案例和素材。授课前与企业负责人面对面地沟通，充分把握学员的情况和负责人培训发展的意图和思维，在沟通领悟中发展思维，完善调整课程体系，形成有针对性的培训内容和框架。

培训过程

必须观点鲜明，案例生动，用图片与视频冲击学员的视觉，达到爱听、融入。在此次培训的第一天进行了有效导入，会上 150 人全部放开，主动发言、表达，课堂状态活跃、学员全部投入。一天 7 个小时的培训很快过去，意犹未尽。课程效果超过预期，是我这么多年培训效果最好的一次，真正意义上满意度 100%。企业文化不断深入每个人的内心，有效生动的案例触动学员们以往的困惑；辅以特别安排的游戏让学员体会到培训的乐趣，学习就是为自己成长；企业文化达到有效的统一、思路达到新的改变。

下面我想要表达的是培训有效落实的另一个关键点：一把手绝对的重视和对培训的高度认可；培训后马上的落实和持续的回顾和应用。在培训过程中，要求学员必须早到 15 分钟，8：30 上课，全体学员必须 8：15到位；授课期间不得走动，除非特殊情口（要主动找负责人登记），小组成员要踊跃发言；铁的纪律才能保证执行力。比较之下，其他企业培训迟到是必然，走动是放松的情况，培训效果可想而知。

课程结束后我针对此次培训专门设置了作业思考题目，题目包括选择题和问答题目。两天课程结束了，当晚必须马上再复习、再反思。公司负责安排当晚分组讨论所学。（1）分组，每组一组长、一记录员安排房间谈论。（2）记录拍照片（我想一个是留念，更重要也是一种监督）。（3）定时间。（4）第二天每组要汇报昨晚讨论的要点，放到大会议室，领导高层都必须参与。比较之下，其他一些企业课后学员无影无踪，不闻不问，只讲课堂激动和感动，而课后不动，培训效果不可能好。

回去后大家把几天所学的知识和感悟记录在一个本子上，工作中就把这个本子带在身边。每个经理必须在这一年把这个本子带在身边，有空就学习、反思，企业一把手把这个作为考核内容，如果发现一次你一天没看，就把你口袋里的钱当场交上去，这样在口袋里放钱的时候就想到本子也是钱，这样才能把复杂的理论变得简单化。简单化的事情重复做，做到极致，这才叫做品牌。

反思

培训效果不好究竟是谁的错呢？

① 老板的错，不是发自内心的重视和坚持落实。只重视培训的新鲜，

不知道企业管理的本质不是天天换鲜，而是要保鲜（对文化、方法的再思考）。

② 管理层的错，没有起到带头和以身示范的作用。

③ 培训师的错，培训师授课呆板和无实践经验、悟性不强，无能力理透企业的真正培训需求点。

④ 学员的错，对学习求知欲不强烈，行动力弱。

⑤ 企业文化中少了"激情"两个字，只有激情的文化才能有超强的团队执行力。

⑥ 培训市场的混乱和浮躁。

⑦ 没有后续的监督和评价体系。

第一节　培训效果评估概述

一、培训效果及培训效果评估内涵

169

企业的员工培训与开发是具有周期性、系统性和目的性的活动，完成一次培训活动，需要在事后对整个过程进行分析与总结，以决定是否开启下一次培训和多久开启下一次培训。培训效果，或称培训有效性，指企业和员工从培训中获得的收益，以及培训活动对社会产生的效益。对员工个人而言，培训收益可以是获得的新知识，掌握的专业新技能或得到的新思维与认知方式；对企业整体而言，培训带来的收益可以是销售额的增加，市场占有率的扩大，员工综合素质的提高以及核心竞争力的提升，等等；另外，虽然企业的培训活动不会直接对社会发挥作用，但通过培养企业员工，改善企业生产力等，足以对社会就业形势、人才结构和产业结构等产生巨大且深刻的影响。

培训效果评估则指对培训活动的有效性进行测量和评估的过程。这一评估可以具体分解到员工个人、企业和社会三个层面，是通过科学的理论、方法和程序，从培训结果中收集数据，对员工、企业和社会三个层次上的收益进行评价，用以确定培训项目的优势、价值和质量的过程，而评价的结果将用于支撑是否在下一次培训中增减和修改培训项目等相关决策。

二、培训效果评估的必要性与重要性

1. 培训效果评估的必要性

培训效果评估的必要性，可以从企业的战略目标和企业资源两方面进行分析。

首先，经济学中对企业经营目标的假设是追求最大化的利润，并在长期中追求企业价值的最大化。基于这样的目标，企业通过确立一系列的战略以形成和增强核心竞争力，并通过差异化在竞争中不断取胜，在这个过程中，若企业的培训战略目标和资本战略目标高度契合，则它与企业绩效产出就息息相关。由此可见，为了度量企业培训战略目标和资本战略目标契合度，培训效果评估必不可少。

其次，任何一次培训，都是企业在人力、财力和物质资源上的大量投入。企业对培训进行投资，是因为学习能够传播和创造知识，从而将那些成功的公司与雇员与不成功的公司与雇员区别开来。因此，为了检验企业培训的成效，避免大量的培训资源投入陷入"竹篮打水一场空"的境地，对培训进行监督，对培训效果进行评估必不可少。

2. 培训效果评估的重要性

首先，通过培训效果评估，能够直接反映出培训对于企业的贡献，体现人力资源管理的效益性。人力资源管理部门在企业中向来被认为是"成本中心"，通过有效性评估，尤其是在明确且客观的定量分析后，可以看到培训投资的收益，并以此体现人力资源部门及其管理工作在企业中的重要作用。

其次，通过培训效果评估，可以决定继续进行或停止某个培训项目，为管理决策提供必要的信息。员工培训与开发是基于企业目标和需求而开展的，在企业的动态发展中，其目标与需求也处于一个不断变化和调整的状态。此外，培训本身也在不断更新发展，曾经主流的培训方式和内容或许在新的时代早已过时或无法适用。因此，基于以上两点，通过培训效果的评估就可以检验特定的某一培训项目是否符合当下需求，是否仍适用于当下情景，明确哪些项目停止，哪些项目需要修改，或哪些项目可以继续开展下去。

在明确了需要修改、完善的培训项目后，通过效果评估，我们能进一步获得如何改进这些项目的信息，一般来说，会从以下几个方面来获取这些信息。

（1）课程内容满足学员要求的程度。

（2）讲师是否是最合适的？

（3）讲师是否采用了最有效的方式来保持学员的兴趣？

（4）培训设施怎么样？

（5）培训时间安排合适吗？

（6）培训项目的协调性？

（7）其他改进建议。

三、培训效果评估的价值标准

从理论上，我们将培训效果评估定义为企业和员工从培训中获得的收益，以及培训活动对社会产生的效益。在具体的评估实践中，我们可从员工个人、组织和社会三个层面设立价值标准进行培训效果的评估。

价值标准是用于评估培训项目有效性的准则或尺度，总体上有以下四种。

（1）对培训活动本身进行的价值判断。

（2）在培训结束后，对学员的实际工作情况进行的价值判断。

（3）在培训结束后，对组织绩效指标进行的价值判断。

（4）对学员与工作没有直接关系的一些表现进行价值判断。

表7-1总结了上述4类评估价值判断的内容、关注的重点和使用的价值标准。

表7-1　培训效果评估的价值标准

内容	评估的重点	价值标准
培训活动中的评估，中心是学员或培训师	·判断学员的表现 ·告诉学员其学习成果 ·衡量培训中学员的变化 ·告诉培训师其培训方法和培训方案的优缺点 ·课程结束后对学员能力的评价	·快乐/兴趣 ·知识或行为改变的结果 ·方法或方案的有效性 ·知识水平或行为表现
培训后对学员工作情况的评估，中心是学员和工作场景	·学习目标是否与培训需求一致 ·学习运用知识或完成工作任务过程中表现出来的行为变化 ·影响学员在工作中运用所学知识的因素 ·个人学习和进步	·培训与工作的相关性 ·设计和方法的有效性 ·个人进步或成长，职业发展
对效益的整体评估，中心是绩效评估	·组织绩效的变化 ·学员实施个人行动计划的情况 ·培训的成本效益 ·培训与组织使命战略的一致	·经营/财务/人事治标的变化 ·工作中新知识的运用；绩效指标的变化 ·成本-收益比较 ·政策间的一致性

171

续表7—1

内容	评估的重点	价值标准
对组织经营所处环境中的社会、文化、政治或伦理因素的评估	• 培训对国家繁荣的贡献 • 社会成本和收益 • 培训伦理、哲学或政治的基本原理	• 可获得的训练有素的劳动力，培训政策和国家战略之间的配合 • 培训社会效果的成本－收益比较 • 态度变化，组织文化变化，社会经济趋势变化，雇用模式变化

四、培训效果评估的类型[①]

一般来说，根据评估的时间的区别，可将培训效果评估分为事前评估、实验性评估和事后评估，三者共同构成培训效果评估的内容体系，但在形式和具体作用上存在差异。

1. 事前评估

事前评估（formative evaluation）具体指在项目设计开发过程中进行的评估。在事前评估中，一般通过调查问卷或与潜在学员、管理人员的访谈来收集有关培训项目的定性数据，包括对项目的感觉、看法和意见等，这些数据是使培训项目更理想的关键信息。事前评估要求在项目正式实施之前先在个人或团体中试行，培训者的任务是衡量项目实施所需要的时间。借助培训的事前评估，有助于通过调整与改进，使培训更加符合需求；有助于让受训者参与学习并对培训项目感到满意；有助于培训活动的顺利实施。

2. 试验性测试

试验性测试（pilot testing）指与潜在受训者、管理者或其他客户预先试行培训项目的过程。试验性测试可作为预先将培训项目演示给管理者、受训者和客户的"彩排"，也可作为事前评估来使用。通过试验性测试，受训者和管理者可以对培训项目针对性地提出意见，并且对完成练习后给予他们的反馈进行评价，这些信息有助于培训项目在正式或全面开始前得到修改和完善，使项目更契合需求，推动培训活动顺利实施。

3. 事后评估

事后评估（summative evaluation）是为了评估受训者是否掌握了培训目标中

---

① 诺埃，徐芳，邵晨. 雇员培训与开发［M］. 北京：中国人民大学出版社，2015.

确定的知识、技能、态度、行为方式或其他成果的评估方式，及为了衡量受训者参加培训项目后的改变程度而进行的评估。事后评估还包括对公司从培训中获得的投资回报（货币收益）或培训效用（非货币收益）的测量。事后评估一般运用测试、行为等级评定或者绩效的客观评价标准，例如销售额、事故发生率、取得的专利等来收集定量数据。

通过对事前评估、试验性测试和事后评估的说明，可以再次明确培训效果评估的必要性与重要性。

（1）明确培训项目的优势与不足以及培训成果是否在工作中得到了运用。

（2）了解培训项目的内容、组织与管理是否有助于学习和培训在工作中的应用。

（3）明确哪些受训人员从培训中获益最多，哪些人最少？

（4）收集有助于推销该培训项目的信息（通过了解参与者是否愿意向他人推荐该培训项目，为何要参与该项目以及对该项目的满意度）。

（5）明确项目的财务成本和收益。

（6）比较进行与不进行培训的成本和收益。

（7）比较不同培训项目的成本和收益，选择出最优项目，

五、培训效果评估流程

培训效果评估是检验培训有效性的过程，也是较为系统化和标准化的过程，一般来说，培训效果评估过程包括评估前准备、收集与整理相关数据与信息、制定并实施评估方案、撰写评估报告、反馈评估结果和调整未来培训项目六大步骤，如图7-1所示。

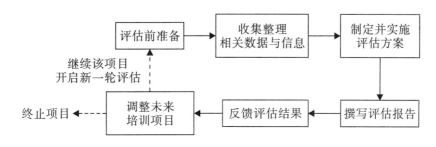

图 7-1　培训效果评估流程

1. 评估前准备

做好培训效果评估准备是开展培训效果评估工作的重要基础。评估前准备主要有以下四方面内容：一是要分析此次培训效果评估的可行性，若评估本身的成本高

于培训项目的成本，就应适当调整或改变评估计划；二是明确评估的主要目的，这有助于对培训与开发项目的前景作出决定，对培训与开发系统的某些部分进行修订，或是对培训项目进行整体修改；三是准备评估所需资源，包括人、财、物等资源，评估所需的人力资源包括外部评估者和内部评估者，内外评估者的选用需要根据企业自身评估能力决定，物质资源包括评估所需的设备、场地等，以及能够支撑人、物、资源消耗的充足资金；四是明确参与者，包括培训对象、培训组织者、外部专家等。

2. 收集整理相关数据与信息

（1）收集评估信息。

评估信息是效果评估的重要基础，其来源有组织业绩记录，也可从学员自身、学员的直接领导、同事，学员所在的团队等收集得到。信息获取的具体方式与评估设计、信息收集方式等有密切的关系。这部分内容将在第二节进行详细介绍。

（2）数据整理与分析。

收集而来的数据或信息往往是分散的、不系统的、无序的，数据的价值往往在被整理和分析后体现。在本章第二节将介绍数据处理的具体方法，如相关分析、方差分析，通过运用统计学的方法能将数据价值最大化展现出来。

3. 制定并实施评估方案

（1）制定评估方案。

评估方案是开展培训与开发效果评估工作的重要指南。一般来说，评估方案里需包含如下内容。

①培训评估的目的。

②评估的培训项目。

③培训评估的可行性。

④培训评估的价值分析。

⑤培训评估的时间和地点。

⑥培训评估人员确定。

⑦培训评估的方法。

⑧培训评估的标准。

⑨培训评估的推进步骤。

⑩培训评估工作的分工与配合。

⑪培训评估的频率。

⑫培训评估报告形式与反馈。

（2）实施评估方案。

首先，在实施评估方案前，我们需了解方案实施需要遵循的三大原则。一是多维度、多层次、多方法原则，对培训项目进行效果评估，应根据培训项目的对象、内容和形式等，确定评估层次，选择评估方法，以保证评估结果的针对性、有效性和全面性。二是客观公正原则，效果评估管理人员和培训组织者进行效果调查和统计应客观公正，不得主观影响评估结果。三是科学规范原则，效果评估管理人员和培训组织者确定评估层次和评估方法要保持规范化和一致性，不得任意减少评估层次和增删评估调查项目。

　　评估的具体实施，主要从柯式评估模型的四个层次出发，对于培训效果评估模型将在第三节进行详细介绍，图7-2展示了评估实施的过程、内容与结果。

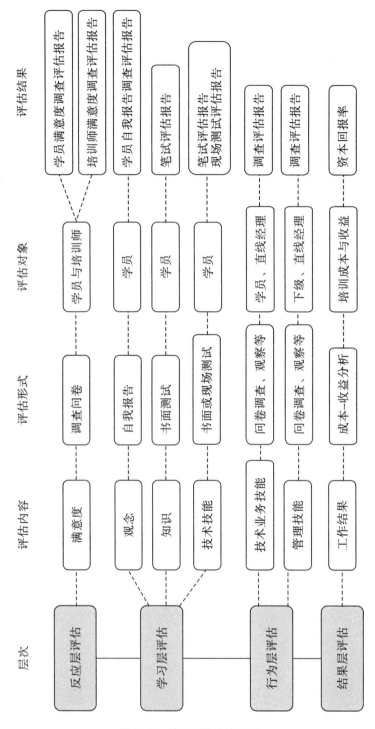

图7-2 效果评估方案实施

4. 撰写评估报告

撰写评估报告时要注意以下几个问题。

(1) 辩证分析问题。

(2) 基于事实真相得出结论。

(3) 要考虑可能存在的偏见。

(4) 要考虑培训的短期效果与长期影响。

培训效果评估报告大致由八个部分组成：培训的一般信息（相当于培训基本背景陈述）；评估方法；数据转换及分析；项目成果；数据处理与分析结果；阻碍与促进因素；结论与建议；附录。

5. 反馈评估结果

将评估结果进行反馈，是培训效果评估后期工作的重中之重，培训利益相关者都有权利和义务知晓培训和开发产生的结果。但值得注意的是，评估结果的沟通，也需要针对不同的人员沟通不同的内容，采用不同的沟通策略，提高沟通的有效性。

沟通的对象及相应的内容有以下一些。

(1) 高层管理者：培训项目的背景；培训评估结果（提供相关数据）；培训项目建议。

(2) 一线经理：培训项目的目标、项目大纲及目标达成率（提供相关数据）。

(3) 学员：培训项目的目标、培训目标达成率（提供培训前后知识、技能方面的数据）。

(4) 培训师：培训目标及目标达成率，培训对业务的影响，学员对培训课程的反应，学员的知识技能掌握现状。

6. 调整未来培训项目

基于培训效果分析结果，可以对该项目的未来工作进行规划。针对评估效果好的培训项目可以保留并继续实施；对于在某些环节有不足的项目可以选择适当修改、调整，再继续实施；一些评估效果差的项目则可以直接暂停或取消，寻找更优的培训项目。

第二节　培训效果评估数据收集和分析方法

无论选择事前评估、试验性测试或事后评估，各类数据都是开展评估的重要依据。事前评估和试验性测试也称为过程评估，收集的往往都是例如学员意见、感觉和信念等定性数据，而事后评估也可称为综合评估，往往收集定量的数据。因此，在培训效果评估过程中，数据收集至关重要，在这部分内容中我们将了解数据的类型、收集与处理方法。

一、数据类型

开展培训效果评估时需要收集如顾客投诉次数、工作人员的错投次数、返修产品件数，排版错误数、赞成性反应、顾客满意度等数据，这些数据都可以被归纳到硬性数据和软性数据两大类别中，是培训评估的两类主要数据来源。

1. 硬性数据

硬性数据指那些客观的、理性的、无争论的事实，是培训评估中非常希望掌握到的数据类型。硬性数据大多来源于有关员工或其所在组织在工作和业务上的产出、产品和工作的质量、发生的各类成本以及消耗的时间等四类数据，见表7—2。

硬性数据一般具有以下六大特征。

(1) 般是定量化的数据。

(2) 容易测量。

(3) 衡量组织绩效的常用标准。

(4) 比较客观。

(5) 比较容易转化为货币价值。

(6) 衡量管理业绩的可信度较高。

表7—2　硬性数据的主要来源[①]

产出	质量	成本	时间
生产的数量	废品	预算的变化	运转周期
制造的吨数	次品	单位成本	投诉的应答时间/次
装配的件数	退货	财务成本	设备停工时间/次数
售出件数	出错比例	流动成本	加班时间
销售额	返工	固定成本	每日平均时间
窗体加工数量	缺货	营业间接成本	完成所需时间
贷款批准数量	产品瑕疵	运营成本	贷款的处理时间
存款的流动量	与标准的差距	延期成本	管理实践
探视病人的数量	生产故障	罚款	培训时间
申请的处理数量	存货的调整	项目成本节约	开会时间
毕业的学员数量	工作完成的比例	事故成本	修理时间
任务的完成数量	事故数量	规划成本	效率
订货量	客户投诉	销售费用	工作的中断时间
奖金		管理成本	对订货的回应时间
发货量		平均成本节约	晚报告时间
新建的账目数量			损失的时间（天数）

---

①　徐芳. 培训与开发理论及技术［M］. 上海：复旦大学出版社，2005.

2. 软性数据

尽管硬性数据是培训效果评估中非常希望掌握到的数据，但由于培训效果有时有一定的滞后性，故硬性数据的一些结果需要一段时间才能表现出来，这时就需要借助软性数据进行评估。软性数据主要从组织的氛围、员工满意度、工作习惯、发展及创造性等方面收集，见表7-3。

软性数据一般具有以下六大特征。

（1）难以量化。

（2）相对不容易测量。

（3）作为绩效测评的指标，可信度较差。

（4）多数情况下是主观的。

（5）不易转化为货币的价值。

（6）一般是行为向导的。

表7-3　软性数据的主要来源[①]

数据来源	内容
组织氛围	不满的数量、歧视次数、员工的投诉、工作满意度、组织的承诺、员工的离职比率
满意度	赞成性反应、工作满意度、态度的变化、对工作职责的理解、可观察到的业绩的变化、员工的忠诚程度、信心的增加
新技能	决策、问题的解决、冲突的避免、提供咨询的成功机会、倾听理解能力、阅读速度、对新技巧的运用、对新技巧的运用频率、对新技巧的运用意图、新技巧的重要性
工作习惯	旷工、消极怠工、看病次数、违反安全规定、沟通破裂的次数、过多的休息
发展	升迁的数量、工资的增加数量、参加的培训项目数量、岗位轮换的次数请求、业绩评估的打分情况、工作效率的提高程度
创造性	新想法的实施、项目的成功完成、对建议的实施量、设定目标

二、数据收集方法

目前较为常用的评估数据采集的方法有调查问卷、测试、面谈、核心小组、观察、业绩报告等。

1. 问卷调查

问卷调查是培训项目最常用的一种评估方法，可用于检查培训项目与工作任务

---

① 徐芳. 培训与开发理论及技术［M］. 上海：复旦大学出版社，2005.

相匹配的程度，评价学员在工作中对培训内容的应用，了解学员倾向的学习方法以及对培训时所使用的教学方法的态度，一般按以下步骤进行。

（1）明确目标信息。

（2）设计问卷。

（3）确定问卷调查样本。

（4）预调查，并对问卷进行修改与完善，必要时重新设计问卷。

（5）正式实施。

（6）对回收的有效问卷进行分析。

（7）报告调查结果。

在问卷编写时，我们可采用五种基本的问题类型：（1）开放式问题，针对这类问题，学员可以无限度地回答。（2）复选列表，学员需在一系列项目的列表中选出某一具体的项目。（3）二选一问题，学员需在正反对立的两个选项中做出选择。（4）多项选择，这要求学员在若干个选择中选出最正确的选项。（5）等级评定，这要求学员对一系列项目进行排序评定。表7-4是一份问卷的样例。

表7-4　培训学员意见反馈表

这是一份快速反馈评估问卷。我们希望通过这份问卷来了解你的学习状况，了解你们对培训教师及组织者的看法，你对课程内容和培训方法的意见与建议 　　请在每道题后的量表上圈出你认为最能表达你的看法的数字		
1. 你认为这部分的内容有用吗？	没用　　　有用　　非常有用 1　　2　　3　　4　　5	
2. 你认为培训教师讲授的内容怎么样？	很差　　　好　　　非常出色 1　　2　　3　　4　　5	
3. 你认为培训的进度？	太快　　　正好　　　太慢 1　　2　　3　　4　　5	
4. 你认为学员的参与程度怎么样？	过多　　　正好　　　不够 1　　2　　3　　4　　5	
5. 你对培训教师的意见？		
6. 这部分培训内容中，你最喜欢什么？		
7. 你有什么意见或建议？		

2. 测试

测试或测验，也是培训评估中常用的方法，主要用来衡量受训人员在受训前后的学习效果。测试评估主要包括书面测试和操作测试，二者相互补充，缺一不可。

书面测试用以了解学员是否已掌握知识，验证学员能力并判断培训方法是否奏效。通过操作测试，旨在让学员了解其学习成果，推动学员将知识应用于实践，也可测量学员体力或脑力劳动作业的准确性、完成的速度和完整性、计划能力及识别能力。

3.　面谈与核心小组讨论

面谈或访谈，是应用范围较广的培训评估数据采集方法。通过面谈可以直接了解到学员对某培训方案或学习方法的反应；了解学员对培训目标、内容与自己实际工作之间相关性的看法；检查学员将培训内容在工作中应用的程度；了解影响学习成果转化的工作环境因素；了解学员的态度和感觉；帮助学员设立个人发展目标；检验组织战略与培训目标之间的一致性。面谈方法可进一步延伸形成核心小组讨论方法，是小规模的分组讨论形式，这一方法适用于评估学员对特定的练习、案例、模拟或培训项目的反应，培训后对学员取得的总体成效以及通过后续跟踪评估对培训效果进行评估三大范围。

一般来说，面谈实施主要经历以下步骤。

（1）确定需要的目标信息。

（2）设计访谈方案。

（3）测试方案效果，必要时重新设计。

（4）全面实施。

（5）对访谈资料进行分析。

（6）报告调查结果。

除了上述的方法之外，可选用的收集评估数据的方法还有观察法、业绩报告和制订行动计划等。具体选用哪种方法，一方面需要根据评估目标及评估所需的数据类型而定，另一方面也要考虑评估者的时间和偏好。表7-5分析了不同方法的优势与不足。

表 7-5 不同数据收集方式的优缺点

数据收集方法		优势	不足	最适宜的场景
问卷调查		• 人力、财力成本较低 • 不受时空限制 • 数据处理方便,编码直接 • 可避免访谈人员偏见	• 时间成本相对高 • 问卷回收效率低,回收数量少或答题质量低 • 问题受调查对象文化水平限制 • 灵活性相对差,如问题一旦设定好无法轻易修改 • 问题设置上可能存在盲点	主要以封闭式提问获得评估数据时
测试	书面测试	• 购买成本低 • 可进行大样本评估 • 易实施,如记分容易、可迅速批改等	• 潜在威胁感 • 测试分数也许与工作绩效不相关 • 受文化因素影响	主要以固定的理论知识点获得评估数据时
	操作测试	• 有较高的表面效果 • 能强化学习效果 • 培养理论与实践结合的意识	• 耗时 • 成本高(资源的投入与损耗) • 需要大量事先准备工作与事中监督工作 • 存在相互观摩情况,评分可靠性不强	主要以专业的实操点获得评估数据时
面谈		• 可及时对问题作出解释以保证受访对象对问题的正确理解 • 灵活度高,可随时深入追踪调查	• 成本高 • 样本规模受到限制 • 访谈效果十分依赖访谈者的能力	主要以开放式提问获得评估数据时

三、培训效果评估的数据分析

1. 数据分析的基本原则

进行培训效果评估的数据分析时,应遵循以下几点原则。

(1)审查一致性和准确性。

(2)数据完全与完整。

(3)保守个人数据秘密。

(4)选择最适宜的统计方法。

2. 常用的统计分析方法

平均数差异检验用以检验两组数据之间的差距在统计学上是否有意义，如学员在培训前后测试分数上是否有差异，培训组和对照组再培训后测量分数上是否有差异。平均数差异检验根据两个组之间的关系，可以分为相关样本和独立样本的差异检验，相关样本指个体之间存在对应关系的两个样本，独立样本指的是两个样本内的个体是随机抽取的，它们之间不存在一一对应的关系。进行检验时，还需设定置信区间，常称为 a 水平，一般设置 $1-a$ 为 0.95 或 0.99。

相关分析用以描述两组数据间的关系，如可用相关分析描述培训前后业绩变化之间的关系。若排除了其他因素的影响，二者之间存在显著相关，则可认为培训是有效的。用来描述两个变量相互之间变化方向及密切程度的数字特征被称为相关系数。

方差分析用以对多个变量组数据的差异进行检验。方差分析的优势在于，它可以用于评估两个以上变量的效应，进行多组比较时能较准确地作出判断，具有较高的统计功效。

第三节　培训效果评估模型

在培训效果评估的模型中，最经典也是最被广为知晓与应用的是唐纳德·柯克帕特里克的四层次评估模型，也称柯式评估模型。此后，学者们基于柯式评估模型，丰富或创新其中内容，提出了其他更多的培训效果评估模型，见表 7－6。由于评估模型较多，本节将只对经典的柯式评估模型与菲利普斯培训效果模型做详细介绍。

表 7－6　人力资源培训评估模型

模型	培训评估指标
柯克帕特里克（1976，1987，1994）	4 层次：反应、学习、行为、结果
CIPP（高尔文，1983）	4 层次：情境、投入、过程、产品
CIRO（沃尔等人，1970）	4 层次：情境、投入、反应、产出
布林克霍夫（1987）	6 阶段：目标设定、项目策划、项目实施、及时的产出、中间产出或结果、产生的影响和价值
布什内尔的系统方法（1990）	4 活动集合：输入、过程、输出、结果
克里格尔、福特和萨拉斯（1993）	学习结果的分类框架：将学习结果分为认知、技能和情感 3 类，提出了测量每一类结果的指标

模型	培训评估指标
考夫曼和凯勒（1994）	5层次：反应、获取、应用、组织产出、社会贡献
霍尔顿（1996）	5变量：辅助因素、动机因素、环境因素、结果评估、能力要素
菲利普斯（1996）	5层次：反应和行动改进计划、学习、学习成果在工作中的应用、经营业绩、投资回报
刘易斯（1996）	3因素：情境、过程、结果
普瑞斯克和托瑞斯（1999）	把评估性调查与研究作为一种方法，强调评估是一个学习过程
斯旺森和霍尔顿（1999）	结果评价体系包括绩效结果、学习结果、认知结果以及结果评价流程、结果评价计划制订、衡量结果的工具

资料来源：德西蒙·RL，沃纳·JN，哈里斯·DM. 人力资源开发［M］. 3版. 北京：清华大学出版社，2003. 斯旺森·RA，霍尔顿·EF. 人力资源开发［M］. 王晓晖译. 北京：清华大学出版社，2008. Lewis T A. Model Thinking About the Evaluation of Training［M］. Performance Improvement Quarterlu，1996.

一、柯克帕特里克培训评估模型（柯式评估模型）

柯式评估模型从四个层次对一个培训项目进行评估，包括反应、学习、行为和结果。柯克帕特里克认为四个层次的信息是递增的，低层次的信息是做更高层次评估的基础，如金字塔一般，越往下就越接近实际，评估时要求获得的信息量越大，具体评估层次及其评估重点见表7-7。

表7-7 柯式评估模型

评估层次	评估标准	评估重点	具体内容
1	反应	学员满意度	对培训师、培训材料、设备和方法等的评价
2	学习	获得的知识、技能、态度、行为	测量原理、事实、技术和技能获取程度
3	行为	工作行为的改进	测量在培训项目中习得的技能和知识的转化程度、学员接受培训回到工作岗位后工作行为有无改善
4	结果	工作导致的结果	成本的节省、工作结果与质量的改变等组织层面的评估

柯式评估模型中，不同的评估层次评估了不同的培训结果指标，见表7-8。

表 7-8 柯式评估模型的结果指标

结果指标	层次	测量内容	举例	测量方式
反应成果	1	受训者满意度	·舒适的培训空间 ·有用的材料和项目内容	·调查问卷 ·访谈
学习成果	2	受训者掌握的原理、事实、技术、操作步骤和工作过程	·电学原理 ·安全规则 ·采访步骤	·书面测试 ·工作样本测试
行为成果	2或3	人际关系 受训者掌握的技术性和运动性技能或者行为水平	·准备甜点 ·锯木头 ·飞机着陆 ·倾听技能	·测试 ·观察 ·问卷调查 ·工作样本测试
情感成果	2或3	受训者的态度和动机	·对多元文化的忍耐力 ·安全态度 ·顾客服务态度	·态度调查 ·访谈 ·焦点小组
绩效成果	4	公司回报	·生产率 ·产品质量 ·成本 ·客户回头率 ·客户满意率 ·事故发生率	·观察 ·数据收集（绩效记录或者公司数据库）
投资回报率	5	项目的成本和收益	培训投入占生产总收益的比例	培训的经济价值

资料来源：诺埃，R. A.，徐芳. 雇员培训与开发［M］. 北京：中国人民大学出版社，2007.

1. 反应评估

反应评估是培训者对项目的感性认知，包括对培训内容、培训师和培训设备的满意度，反应成果通常被认为是"个人舒适度"的一个衡量尺度。

反应评估信息的收集，通常在培训项目结束时，通过让受训者完成调查问卷的方式完成。受训者通常会在学期课程或者培训项目结束后被要求填写对于课堂或者培训者的评估调查表，具体包括受训者对于培训者、培训材料和培训管理，以及课程目标的清晰度和培训内容的实用性等方面的满意程度，表 7-9 给出了度量这一满意度的样本。

反应评估在柯式评估模型中是第一层次的标准，部分培训师把这种评估称为"快乐单"，认为这些信息不一定能反应培训对企业的实际绩效有何作用。但最近研究表明，反应与情感学习成果的变化有很大相关性，因此，正如柯克帕特里克本人所述，评估反应就像评估顾客满意度一样，要使培训有效，首先重要的就是保证学员对培训有积极的反应。

反应评估的作用体现在：（1）提供改进培训的建议和评价。（2）让学员感到培训师和组织者对他们意见的尊重。（3）可以提供一些对培训师看法的定量的信息，可以把这些反馈给管理层，让他们对培训有更多的了解。（4）所提供的信息可以给培训师建立今后培训的绩效标准提供参考。

表 7－9　反应测量样本

请仔细阅读以下各类表述，运用给出的评分标准表示你同意或者不同意的程度
1=完全不同意　　　2=同意　　　3=无所谓　　　4=同意　　　5=完全同意
1. 我已经掌握学习这门课程所必需的知识和技能 2. 这些设备和设施有助于学习 3. 课程达到了所有列举的目标和要求 4. 我清楚地知道课程目标 5. 传授课程的方法有助于有效学习的方法 6. 培训课程中涉及的内容是有用的 7. 课程内容的安排很有逻辑性 8. 我有足够的时间去学习培训内容 9. 我能感觉到培训师希望我们好好学习 10. 向培训师提问时很轻松 11. 培训师课前准备很充分 12. 培训师对这个课程内容十分精通 13. 我从这个课程学到了很多 14. 我在这个课程中学到的内容对工作有很大的帮助 15. 我获得的关于培训课程的信息是准确的 16. 总之，我对培训师非常满意 17. 总之，我对课程非常满意

2. 学习评估

学习评估，也被称为认知成果，可以衡量受训者对项目中强调的原理、事实、技术、程序和流程的熟悉程度，同时也能衡量受训者在项目中学到的知识。

学习评估是柯克帕特里克评估标准框架体系中第二层次的标准，也是十分重要的标准，因为如果没有知识、技能的获得和态度的改变，就很难导致行为和结果的改变。

一般情况下，对学习成果的评价，主要通过在培训后以测试的方式，并主要以书面测试的方式完成，只有参加并通过测试的员工，才能获得相应的证书。

3. 行为评估

行为评估被用来评价技术性或运动性技能和行为的水平，包括技能的学习及技能在工作中的应用，即技能学习和技能转化两个方面。

对行为的评估，相对比反应和学习层次的评估更复杂，更难操作。行为成果评估通常有以下几个特点。首先，学员行为的改变是有一定条件的，若学员没有应用知识的机会，则行为的改变就很难体现；其次，很难预计学员何时在行为上会发生变化，可能存在"睡眠效应"使行为的改变具有滞后性；最后，行为的改变往往受到外部的影响。

行为评估是柯克帕特里克评估标准框架体系中第三层次的标准。受训者掌握的技能水平可通过观察其在工作中的表现来进行评估，技能转化通常也是用观察法来判断的，问卷调查方法也同样适用。有研究表明，仅使用自我评级方式会导致对技能或培训的行为转化有不准确的评估结果，所以技能或行为评估应运用360度评估方法，从多个维度（同事、上下级、本人）来收集信息。表7-10和表7-11展示了对参与过领导力培训的管理者多角度的行为评估量表。

表7-10　行为评估样表（受训者版本）

以下陈述是为了帮助我们更好地了解领导方法培训的效果。请根据您的真实情况作答。您的回答对我们改进课程会有很大的帮助，谢谢您的配合					
项　目	时间和精力				
理解和激励					
1. 接触和了解员工	5	4	3	2	1
2. 倾听下属	5	4	3	2	1
3. 对下属好的行为给予表扬	5	4	3	2	1
4. 和员工聊一些有关他们生活和家庭的话题	5	4	3	2	1
5. 征询下属的意见	5	4	3	2	1
6. 走动管理	5	4	3	2	1
导向和培训					
7. 关心新员工的家庭	5	4	3	2	1
8. 与新员工沟通过去的工作经历	5	4	3	2	1
9. 带领新员工参观部门	5	4	3	2	1
10. 把新员工介绍给其他同事	5	4	3	2	1
11. 当下属工作中有失误时，能及时指出并帮助其改正	5	4	3	2	1
12. 在工作中培训和指导下属	5	4	3	2	1

表7-11　行为评估样表（下属版本）

请仔细阅读以下各类表述，运用给出的评分标准表示你同意或者不同意的程度					
1=完全不符合　　2=不太符合　　3=不确定　　4=比较符合　　5=完全符合					
项　目	与半年前相比				
1. 我的经理对我的工作有了更好的了解	5	4	3	2	1
2. 我的经理更加注意我工作中的成绩	5	4	3	2	1

187

3. 我的经理更多地发挥我的特长	5　4　3　2　1
4. 我的经理更加让我了解他对我工作的期望	5　43　2　1
5. 我的经理更频繁地和我讨论我的工作表现	5　4　3　2　1
6. 我的经理更多地让我表达我的想法和意见	5　4　3　2　1
7. 我的经理更加关注我的发展	5　4　3　2　1
8. 我的经理更多地帮助我提高	5　4　3　2　1

4. 结果评估

结果评估是柯式评估模型中最重要且最困难的部分，它用来评估培训项目给企业带来了哪些改变。由于种种原因，对培训结果进行评估的企业还不太多。一方面，培训师本身并不确切地知道该如何评估结果，并与成本进行比较；另一方面，由于结果的信息往往比较难以收集，如果没有采用较好的评估设计，人们也会对收益是否完全由培训项目导致抱有疑虑，所以对结果的评估在过去被很多企业忽略了。但随着企业在培训投入上越来越大，很多企业开始意识到对结果评估的重要性，这能真正反映人力资源管理在组织中的重要作用，看到其战略意义。

常用的结果指标同见表7—12。

表7—12　结果评估项目

主管/管理培训	销售培训	客户关系培训
产量的增加 缺勤和怠工的减少 成本的下降 离职率的降低 员工建议数的增加 士气和员工态度的改变	销售量 平均销售规模 累计销售量 新旧账户比 每张订单的金额	订单的准确性 订单大小 每日交易次数 失去的顾客数 顾客投诉量

对结果的评估也存在局限性，它只能使我们看到绩效结果的变化程度，但不能直接看到培训带来的经济价值，即这些绩效的改进给公司带来了多少效益，关于这方面的评估我们可从菲利普斯的五级投资回报率模型了解。

二、菲利普斯培训效果评估模型

1. 评估层级及指标

菲利普斯提出了从5个层次6类指标进行培训效果评估的理论，具体内容见表7—13。6类指标包括反应和行动改进计划、学习、学习成果在工作中的应用、经营业绩、投资回报、无形收益，前4个层次与柯式模型一致。

表7-13　菲利普斯模型评估层级划分及重点

评估级别及指标类型	数据重点
一级 反应和行动改进计划	培训项目、培训人员和评估结果将如何得到应用。数据内容有学员对培训项目、培训人员的满意度，学员参加培训后制订的行动计划等
二级 学习	学员及有利于学习的支持性机制。数据内容有学员的测试成绩、操作熟练度等
三级 学习成果在工作中的应用	学员、工作环境和有助于学习内容得以应用的支持性机制。数据内容有学员在培训结束后在工作中行为的变化、运用新知识或新技术的频率等
四级 经营业绩	培训对企业绩效所产生的影响。主观数据内容有顾客满意度的增加、员工敬业度的提高、顾客保有率的增加，客观数据内容有成本的减少、产出的增加、时间的节省等
五级 投资回报率	培训所产生的用货币形式来体现的收益
无形收益	培训所产生的用非货币形式体现的收益。如企业承诺的增加、团队合作的改进、顾客服务的改善、冲突的减少、压力的减轻等

2. 模型贡献

菲利普斯的培训效果评估模型的贡献是十分突出的。第一，它将柯式模型的第四个层次进一步量化形成了第五个层次的评估概念，将培训与开发活动的结果转化为货币价值，提出投资回报率评估模型，如图7-3所示。第二，创造了无形收益作为第六类指标。第三，提出了在制定培训效果评估策略时，应首先确定评估的级别（层次），并据此收集相关的数据资料，包括"硬数据"与"软数据"。第四，评估效果并不一定要覆盖全部级别，应根据目的进行部分或全部级别的评估。第五，设计了效果评估的"十步骤"来指导评估活动的实施，具体包括：制定培训目标、确定评估计划和基础数据、培训期间的数据收集、培训结束后的数据收集、培训效果鉴别、将数据转化为货币、确定培训成本、确定无形收益、计算投资回报率、实施业务影响研究。在菲利普斯培训评估模型贡献中，最值得注意的是投资回报的评估（ROI），我们将在下一部分进行详细介绍。

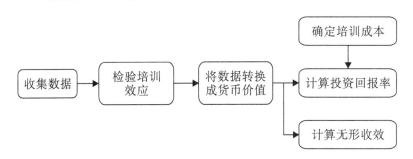

图7-3　投资回报率评估过程模型

3. 投资回报分析

投资回报分析主要用于对培训成本与收益的评估。所谓培训成本收益评估，就是将发生在人力资源开发项目实施过程中的成本与该项目为组织带来的收益进行比较。

投资回报分析主要有两种形式，成本－有效性分析（C/E）和成本－收益分析（C/B）。其中，成本－有效性分析（C/E）比较的是以货币计算的培训成本和培训带来的非货币性收益，是对培训效果的定性分析；而成本－收益分析（C/B）是以货币定量形式来表达培训的收益和有效性，管理者可从财务数据上来判定一个培训项目是否值得选择或继续实施，因此，相比之下，成本－收益分析结果更加准确与科学，也被更广泛地应用于培训效果评估中。

成本－收益分析中最流行的一种形式是投资回报 ROI 分析，这也是菲利普斯五级模型中最突出的贡献。ROI 分析认为，培训对组织产生了积极的影响，但是所付出的成本也许太高，在评估一项培训项目的价值时，不仅要计算它的效益，还要计算它的成本。ROI 通常表示成一个百分数或成本与净收益的比例。

$$培训的投资回报率（ROI）= \frac{培训净收益}{培训成本}$$

（1）培训与开发成本的确定。

确定培训与开发的成本是进行投资回报分析，计算投资回报率的重要基础。我们可以应用布伦尼（Bramley）在 1991 年提出的培训成本矩阵来进行一个较为完整的培训成本分析估计。它从培训在不同阶段所要求的资源入手，分析整个培训过程所花费的总成本，见表 7－14。

表 7－14　培训成本矩阵

	人员费用	场地设施费用	设备材料费用
培训前（设计）	1（a）	1（b）	1（c）
培训中（实施）	2（a）	2（b）	2（c）
培训后（评估反馈）	3（a）	3（b）	3（c）

通过培训成本矩阵，可以帮助管理者或人力资源开发人员比较全面地考虑到需要纳入成本计算的项目。此外，在具体计算培训项目成本时，还需要考虑五种支出：直接成本、间接成本、设计与开发成本、一般管理费用和培训课酬。表 7－15 展示了某公司的某项培训成本预算表，由此我们可以对培训成本预算的基本构成部分有一个清晰的了解。

表 7-15　培训成本预算表

日期：　　年　　月

第一部分：受训人员费用									
课程名称	受训人员和时间				受训人员收入		差旅及食宿费用	资料及其他	受训人员费用总计	
	受训人员数量	层次和步骤	课程时数	受训人员时数	每小时工资和福利	总收入	年度差旅费及食宿费用	年度费用	受训人员费用总计	培训费用/（人·小时）
	1	2	3	4	5	6	7	8	9	10

第二部分：培训师费用													
课程名称	中介机构讲师							非机构讲师			旅费及食宿费用		讲师费用合计	
	讲师的数量和层次	课酬/小时	管理费用/小时	课酬与管理费用/小时	每年培训时数	年度课酬与管理费用总和	年度课酬与管理费用总和/（人·小时）	讲师数量	年度课酬	年度课酬/（人·小时）	年度差旅费用及食宿费用	年度差旅费及食宿费用/（人·小时）	年度讲师费用合计	年度讲师费用/（人·小时）
	1	2	3	4	5	6	7	8	9	10	11	12	13	14

第三部分：培训硬件费用										
课程名称	非企业内部				场地改进		设备和家具			硬件费用合计	
	年度场地租借费用	用于培训的百分比	年度培训场地租借费用	培训场地租借费用/（人·小时）	每年场地改进费用	每年场地改进费用/（人·小时）	设备家具费用明细	年度设备家居费用	年度设备家居费用（人·小时）	年度硬件总费用	年度硬件总费用（人·小时）
	1	2	3	4	5	6	7	8	9	10	11

资料来源："Forrecasting Future Training Cost"，T. E. Mirabal. *In Training and Development Journal*，1978，32，pp. 78－87. Copyright 1978 by the American Society for Training and Development，Inc.

（2）培训与开发收益的确定。

培训收益指企业从培训项目中获得的价值，具体的衡量指标包括劳动生产率的提高、产品质量的改进、产品销售量的增加、成本的降低、事故的减少等。进行培训收益分析时，需要和预期的培训目标以及效果有机结合起来考虑，分析的做法主要有：一是通过以往研究和培训记录，确定培训的收益；二是在公司范围内进行小样本试验，由此来确定某一培训可能带来的收益；三是通过观察培训后绩效特别突出的员工，来分析培训的收益。

当培训与开发的成本和收益都确定后，就可以通过公式计算培训与开发的投资回报率。表7-16和表7-17展示了某建筑企业计算某一培训项目投资回报和总收益的过程。

表7-16 培训与开发成本-收益分析示例

直接成本	
外请教师	0 美元
内部教员——12 天×125 美元	1500.00 美元
额外的福利——工资的 25%	375.00 美元
旅差费津贴	0 美元
培训资料——56 人×60 美元/人	3360.00 美元
教室和视听设备租赁费——12 天×50 美元/天	600.00 美元
食品和点心——4 美元/天×3 天×56 人	672.00 美元
合计直接成本	6507.00 美元
间接成本	
培训管理	0 美元
文秘/行政工作	750.00 美元
额外的福利——文秘/行政人员工资的 25%	187.00 美元
邮寄、运输和电话	0 美元
培训前后所用的学习资料——4 美元×56 人	224.00 美元
合计间接成本	1161.00 美元
开发成本	
购买项目的费用	3600.00 美元
教员培训	
注册费	1400.00 美元
旅差费和食宿费	975.00 美元
工资	625.00 美元
福利（工资的 25%）	156.00 美元
合计开发成本	6756.00 美元
一般管理费用	直接、间接和开发成本
组织给予的一般性支持	总和的 10%
高层管理者花费的时间	
一般管理费用合计	1443.00 美元
培训期间受训者领取的工资和福利	
合计	16696.00 美元
培训成本合计	32564.00 美元
人均培训成本	581.50 美元

表 7－17　培训投资回报率计算示例

运营结果	测量方法	培训前的状况	培训后的状况	差异（－或＋）	以美元计
产品质量	退货率	退货率为2% 每天退回 1440 张面板	退货率为 1.5% 每天退回 1080 张面板	0.5% 360 张面板	720 美元/天 172800 美元/天
环境维护	根据包含20个条目的核查表进行巡视	平均发现 10 个问题	平均发现 2 个问题	8 个问题	无法用美元进行计算
事故预防	事故数量 每个事故直接成本	24 个事故/年 144000 美元/年	16 个事故/年 96000 美元/年	8 个事故/年 48000 美元/年	48000 美元/年

$$ROI = \frac{回报}{投资} = \frac{运营结果}{培训成本} = \frac{220800 \ 美元}{32564 \ 美元} = 6.8$$

资料来源：D. G. Robinson，J. Robinson. Training and Development Journal，43 (8)，40.

第四节　培训效果评估方案设计

培训效果评估方案的可信度取决于评估方案的设计，当然没有哪种评估方案是绝对正确的，也没有任何方案可以确保评估结果完全是由培训引起的，因此，这就需要寻找适合当下情景，尽可能严谨、合理的评估方案，以减少评估结论的歧义。

1. 影响评估效度的因素

培训效果评估效度指某一评估真正测量到所需要测量的培训成果或属性的程度。影响评估效度的因素，又称效度威胁，指引起评估者怀疑的因素。评估者可能对两方面内容产生怀疑，一是研究结果的可信度，二是评估结果被推广其他受训者和其他情景的程度。

一般情况下，研究结果的可信度指内在效度，内在效度威胁与公司特点以及参与评估的人员有关。同时，评估研究只有在具有内在效度时才能保证评估结果（尤其是正面结果）是由培训项目产生而不是其他因素产生的。此外，由于培训无法一次性囊括组织内所有目标成员，因此培训者很想证明某一培训项目对以后类似项目参与者同样有效，如此评估结果可以一般化到其他学员和人群中去的程度被称为外在效度。外在效度威胁与研究工作参与者的反应及多种培训类型的效果有关，见表7－18。

表 7-18　内在与外在效度威胁

内在效度威胁	描　　述
公司	
历史	特定事件的发生导致结果的变化
个人	
成熟度	由于受训者的自然成长或情感因素导致培训成果的变化
品德	研究参与者不再参与研究
组内差距	受训小组与对照组存在能够影响成果的个体差异（知识、技能、能力、行为）
成果测量尺度	
测试	受训者希望在事后测试中取得好的结果
工具	受训者对于评估后的成果变化的解释
均值回归	在事后测试中，得高分和低分的受训者会向平均或中间状态移动
外在效度威胁	描　　述
对事前测试的反应	培训前的测试导致受训者关注测试中的题目
对评估的反应	受训者由于要被评估而在培训项目中更加努力
人员甄选与培训之间的相互作用	受训者的个性特征会影响项目的有效性
不同方法的相互作用	接受不同方法的受训者所取得的结果只能推广到按同样顺序接受同样方法的受训者身上

194

2. 控制效度威胁的方法

要想获得准确的培训效果评估结果，并以此调整、修改某一培训项目，控制并降低效度威胁至关重要，目前有三种降低效度威胁的办法：在评估方案设计中采用前测与后测、对照组以及随机抽样。

（1）前测与后测。

改善研究结果内部效度的一种方法是首先建立培训成果的基准线或进行培训前测量，有关成果的另一次测量可在培训后进行，被称作培训后测量。比较培训前测量与培训后测量，能够说明受训者通过参与培训而改变的程度。

（2）对照组。

利用控制组或对照组也可以提高内部效度。对照组是指参与评估研究但不参加培训项目的一组雇员。对照组的雇员具有与受训者相似的个性特征（如性别、受教育程度、年龄、在职年限、技能水平）。培训评估中运用对照组有助于排除培训之外的因素对成果衡量尺度的影响。

（3）随机抽样。

随机抽样指将雇员随机归入受训组或对照组。随机抽样有助于保证个体差异（如年龄、性别、能力和动机）的相似性。由于一般无法确认并衡量所有能够影响培训成果的个性特征，因此只能通过随机抽样，确保这些特征均匀分布于控制组和对照组中。随机抽样还可减弱由于雇员退出研究（如死亡）而产生的影响及控制组和对照组在能力、知识、技能或其他个性特征上的差别。

3. 培训效果评估方案类型

有多种评估方案可用来进行培训项目评估，在这一部分我们将介绍后测、前测－后测、有对照组的后测、有对照组的前测－后测、时间序列、所罗门四小组六种类型。

（1）后测。

后测指只收集培训后成果的评估方案，这种方案在学员参加培训后对其进行测量，它适用于受训者在培训前具有类似水平的知识、行为方式或绩效成果的情况。

但因为不知道学员培训前的知识技能储备是什么情况，因此后测方案所了解到的培训效果很难说是准确的。

（2）前测－后测。

前测－后测指对培训前后的成果都进行收集的培训方案，这相较于后测方案来说，可靠性有明显提升。前测－后测方案在培训前后都对学员的知识、技能或态度进行测量，再通过前后的变化程度来解释培训的效果。

但前测－后测方案没有对照组，因此很难排除经营条件或其他因素导致变化发生的可能性，以此方案得出的培训效果评估结果可靠性也不高。

（3）有对照组的后测。

在这一方案中，增加了对照组来比较与培训组的差异，在培训后对两组在某方面的知识、态度或技能进行评估，这两组在各种指标上的差异被认为是由培训导致的。

这一方案的局限性在于，该设计的假设是培训组和对照组在培训前没有差异，对学员以往 的水平没有进行测量，很难评估到真正的学习效果。

（4）有对照组的前测－后测。

有对照组的前测－后测指既包括受训组又包括对照组，需要分别收集两个小组培训前与培训后的成果数据的的评估方案。在这种设计下，如果前测培训组和对照组之间没有明显的差异，而后测有显著的差异，则可认为这种差异是由培训所产生的，其中培训效果可以用如下方式简单计算得出。

培训效果＝（后测培训组－后测对照组）－（前测培训组－前测对照组）

有对照组的前测－后测方案适用于评估单一培训的效果，也适用于衡量不同培训方式的效果。这一方式的优势在于，通过对这两个小组在培训前后的测量，可以剔除那些可能由于组织其他方面的条件发生变化而导致的变化，这样的设计比前面的三个方法更能明确地看出培训效果，同时也使培训管理者或培训讲师更有把握确定培训的效果。

（5）时间序列。

时间序列是指为了排除其他非培训因素的干扰，更好地检查培训的效果，在培训前后每隔一段时间收集一次培训成果信息的评估方案。时间序列方案的假设是如果学员在培训后持续地表现出某种变化，则可以认为这种变化是由培训引起的。此外，为了提高这一方案的可信度，可以通过撤销培训干预和增加对照组实现这一目标。

时间序列方案适用于学员人数较少，比较难以进行统计分析的情况。通过时间序列设计，可以了解培训中水平和趋势的变化，掌握培训效果的持久性，明确培训效果显示的时间滞后以及确定培训的效果。时间序列设计的优势在于，一方面可以对培训结果进行长期稳定的分析，另一方面是同时运用撤销培训干预和增加对照组能够消除评估结果的歧义（撤销培训干预是指某一段时间内取消对参与者的培训干预）。

（6）所罗门四小组。

所罗门四小组指将前面所提到的几种设计结合起来，综合运用对对照组的前测－后测以及对控制组进行的后测的设计方案。具体来说，分别对一个受训组和一个对照组进行培训前和培训后的成果测量，然后对另一个受训组和控制组只进行培训后的成果测量。

所罗门四小组适用于评估单一培训项目或不同培训项目的效果。这种方案的优势在于能够控制大多数的内在和外在效度威胁，从而真正看到培训的效果。

以上我们介绍了六种培训方案类型的选择，但具体选用哪种方式，要基于评估的时间、评估的期望成本和力度等标准选择，表7-19对不同的培训效果评估方案进行了比较。

表7-19　不同评估设计方案的比较

评估设计方案	组别	测量数据				
		培训前	培训后	成本	时间	力度
后测	受训组	否	是	低	低	低
前测－后测	受训组	是	是	低	低	中等
有对照组的后测	受训组和对照组	否	是	中等	中等	中等

续表7-19

评估设计方案	组别	测量数据				
		培训前	培训后	成本	时间	力度
有对照组的前测-后测	受训组和对照组	是	是	中等	中等	大
时间序列	受训组	是	是，好几次	中等	中等	中等
有对照组和撤销培训干预的时间序列	受训组与对照组	是	是，好几次	高	中等	大
所罗门四小组	受训组 A 受训组 B 受训组 A 受训组 B	是 否 是 否	是 是 是 是	高	多	大

复习思考题

1. 培训效果与培训效果评估的概念。

2. 培训效果评估的基本过程。

3. 软性、硬性数据的特征及具体例子。

4. 柯式效果评估模型的四层次及评估重点。

5. 投资回报率评估的具体测量方式？

6. 举例说明几种常见的培训效果评估方案。

197

案例分析

培训效果评估的误区和难点

培训评估的误区

1. 培训后的效果评估等同于培训评估

随着企业人力资源核心竞争力的作用越来越明显，绝大部分企业已经充分认识到了员工培训的重要性，制定了培训管理制度，明确了培训流程，建立了内部培训机构，加大了培训资金投入，但对培训评估工作却没有引起足够重视。大部分企业的培训评估工作还停留在传统的评估层面上，只对培训后的效果进行"检验式"评估，没有真正建立"分析式""改进式"的评估系统。尽管培训效果评估是培训评估工作的重点，但培训评估工作是一个动态的过程，它不仅仅在于检验培训成果，而且还要为完善培训管理和下一步的培训活动提供宝贵的经验及教训。

2. 重视对受训员工的评估，忽视对培训者和培训项目进行综合评估

许多企业在培训评估时十分看重受训员工的即时培训效果，在单项培

训结束时以考试或其他方式对受训员工的培训效果进行检验。片面认为受训员工的培训即时效果完全取决于员工本人，并据此对整体培训效果进行主观评价，完全忽略了对培训管理者、培训师和培训项目进行全面分析和评估，从而"诱导"受训员工"挖空心思"应对培训考试，使培训评估结果没有利用价值，彻底违背了培训的初衷。

3. 关注培训现场评估效果，不重视评估结果的中长期应用

大部分企业认为培训评估的核心评判标准是培训后的短期培训效果，并以"立竿见影"来评价培训的"成功"与"失败"，十分关注现场培训或培训后的短期效果，使培训评估与实际工作完全脱节，没有建立培训后的中长期应用机制和培训后的"跟踪机制"，忽略了培训成果在实际工作中的转化和应用。

培训评估的难点

1. 培训评估如何平衡各方要求

培训评估工作是企业高层管理者、培训管理者、培训师和员工"四方"共同关注的"焦点"：企业高层管理者把员工培训工作当成一项重要的人力资源投资行为，希望通过培训评估获得"投资回报"的正面信息；培训管理者作为员工培训的管理人员和培训执行者，希望每项培训活动都能达到预期设计的培训效果，满足企业和员工的期望；培训师则希望通过评估获得受训员工的认可，使自己的价值得到体现；员工则希望通过培训获取自己需要的知识和技能，满足自身发展。由于"四方"对培训评估的目的和过程在认识方面存在差异，使培训评估很难把握在一个平衡点上。从而给培训评估工作带来了一定的难度。

2. 培训评估如何保持客观

企业的培训评估工作一般由内部培训部门组织实施，由于培训部门既是培训的管理部门又是培训评估部门。在评估自己组织的培训项目的效果时，对自己不利的因素往往会隐而不说，加之企业高层管理者对员工培训效果的期望较高从而使培训评估工作缺乏真实客观性和公正性，容易走形式，导致培训效果不真实。

由于具体从事培训评估的工作人员与被评估方之间是"同事"关系，受评估人员的自身职业素质和传统文化的影响，以及社会背景、个人情感等其他错综复杂的因素，也会导致评估失去客观性和真实性。因此，引入第三方参与培训非常有必要。

3. 评估时间的把握

因培训项目和培训内容的不同，可能会需要在不同的时间段进行评

估。即时评估在培训结束时进行，评估工作容易掌握，但需要在实践工作中检验的中期评估和长期评估工作难度大、困难多，对培训评估工作提出了更高的要求，培训管理部门不易操作。因此建立评估机制很重要。

资料来源：潘平. 老 HRD 手把手教你做培训［M］. 北京：中国法制出版社，2015.

分析与讨论：

1. 根据案例，管理者的不重视、培训效果评估的不完全和忽视培训效果的中长期应用都会导致培训效果评估误区的产生，除此之外，你认为还有哪些因素会导致误区的产生？

2. 相较于在培训后才关注到培训的误区和难点，在培训前就预防相应问题的产生或许更有利于企业的发展，你认为如何才能做到对培训误区和难点的"早发现，早解决"呢？

3. 根据本章知识点及案例内容，请总结出有助于高效进行培训效果评估的方法。

第八章　员工分类培训与开发

 学习目标

明确企业对员工进行分类培训与开发的意义

理解新员工培训与开发的意义，掌握新员工培训与开发的基本内容

掌握并比较企业内不同类型员工培训与开发的异同，理解差异化、有重点的培训与开发对企业发展的意义。

 关键概念

员工类型

新员工导向培训

管理人员培训与开发

技术人员培训与开发

销售人员培训与开发

引导案例

　　航空公司作为航空服务业的主要提供主体，员工的职业素质和服务水平将直接影响航空公司的业务发展。S航空公司成立于1980年，是该国20世纪80年代第一家按企业化运行的地方航空公司，自成立起S航空公司就自主经营，现已发展成为一家拥有40余架波音系列飞机的中等规模的航空公司。

　　与众多企业一样，为了实现企业的可持续发展，S航空公司在成立之初就将员工培训与开发纳入企业人力资源管理系统中，并且为了实现企业战略目标，培育和保持必不可少的核心竞争力，S航空公司在培训广度上实行全员培训制度，着重培养人员的岗位技能和业务素质。对于公司新员工，S航空公司每年延续传统的培训体系，统一对全体新员工进行培训，

培训内容也年年一致，主要包括企业介绍、企业文化、基本技能培训等常规内容。对于在岗老员工的培训，近年来S航空公司似乎缺乏战略性与规划性，尽管在培训前将员工分为几个大类，计划有针对性、有重点地进行培训，但实际上员工总是被组织在一起培训，培训内容也是"别人培训什么就培训什么"或"流行什么就培训什么"，公司的培训与开发活动与企业发展战略存在一定的脱节。由于员工众多，公司人力资源部门的员工整天忙于企业培训活动等事务性工作，培训活动组织了一场又一场，但实际效果始终得不到体现，员工对此也怨言颇多，新员工在实际工作中反映"融入团队的时间比较长""上岗之后也不知道做什么""有些工作得两、三年才能独立开展"等问题，老员工也总是抱怨道"能力并未得到提升""没有实质性内容""培训就是在浪费时间"，等等，这样的局面令管理者十分头疼。

为什么S航空公司投入了大量的资源对员工进行培训与开发，而实际效果不尽人意甚至频频引起员工的抱怨呢？"粗放式"的培训管理弊端究竟在哪里？我们从本章的学习中或许能探知一二。

第一节　培训与开发的对象分类

201

一、员工类型概述

企业的培训与开发活动需要有的放矢，针对不同类型的员工进行培训需求分析，设计并实施差异化的培训方案，以实现员工专业核心能力的持续提升，促进组织整体实力的增加。同时，将员工进行分类培训与开发，有助于组织各种有形与无形资源的合理配置，保证组织资源的最大化利用和实现最优化的效益转化，最终促进组织可持续发展。

根据不同的分类标准，如员工职位、岗位、工龄、在岗情况和合同签订类型，可将组织成员归于多种类别中。根据管理层级，可将企业员工分为高层管理人员、中层管理人员、基层管理人员和操作人员；根据岗位，可将其分为管理人员、专业技术人员和销售人员等；根据工龄可分为新员工和老员工；根据员工在岗情况可分为本土员工和外派员工；根据员工与企业签订的合同类型，可将其分为临时聘用和长期聘用员工。值得注意的是，各个标准下划分出的人员并非是互斥的，不同种类中的员工会有重复，换言之，将一个员工所属的各个类别整合，就能形成对其的整体性描述，如"王副经理是位居企业高层的管理人员，也是企业中工龄超过20年的老员工"。

在对员工进行差异化培训与开发前，要正确掌握员工分类标准和具体内容，这是基于主体分类下培训与开发的重要前提与基础。

在这一节，我们主要介绍以岗位和层级为分类标准的员工类型。

二、岗位与层级相结合的员工分类

1. 管理人员

管理人员是现代企业中，能够凭借其职位和知识，作出能够影响企业整体绩效和成果的各种决策，通过行使管理职能，指挥或协调员工完成各项任务，并对该企业的经营能力及达成的成果产生实质性影响的知识工作者、经理人员和专业人员群体。管理人员是一个独特的领导群体，是企业中规模较小但举足轻重的人群。

现代管理学之父彼得·德鲁克指出，位居企业管理层的成员主要有三大职能，首要职能是获取经济绩效，企业中管理人员的每一个行动、每一项决策和每一个考虑，都必须以经济作为首要尺度；其次是有效利用人力和物质资源造就一家能创造经济价值的企业；最后一项职能是管理员工和工作，这意味着管理人员要对工作进行组织，使之成为最适合员工的工作，同时也要对员工进行组织，使得员工最有效地进行工作。

随着学者们对企业管理人员的研究愈加深入，对管理者角色的分类也更加丰富，目前主要的有三种方法。一是明茨伯格按类型将企业管理人员划分为3种类型10个角色，即包含代表人、联络者、领导者的人际角色，包含监听者、传播者、发言人的信息角色和包含企业家、驾驭者、资源分配者、谈判者的决策角色；二是以管理人员技能进行分类，主要包括技术能力、人事能力、规划决策能力和认识、分析并解决问题的能力；但最为基本的分类方式是按管理人员的层级划分为高层、中层与基层管理者，在此我们以这一标准展开进一步的叙述。

（1）高层管理人员。

高层管理者位居企业管理层级的顶端，需要对企业战略性的目标负责，这些战略性的目标包括企业未来发展方向、市场的变化情况和竞争对手的动态等，甚至可以说，一个企业是否能平稳运行，是否能根据内外部环境的变化进行变革，是否能实现可持续发展，都主要取决于位居高层的管理人员。企业高层管理人员的主要作用是参与重大决策或全盘负责某个部门，兼有参谋和主管的双重身份。

（2）中层管理人员。

中层管理人员位居高层与基层之间，在企业中主要有承上启下的作用，是企业中的中坚力量。中层管理人员要对企业的功能性目标负责，包括中期的发展、生产力水平以及人力资源的发展。因此，中层管理人员需要对执行效率和项目进展负责，也就是说企业是否高效，是否拥有足够战斗力的人才队伍取决于中层管理者的水平。

（3）基层管理人员。

基层管理人员也称一线管理人员，通常是指在生产、教学、科研一线，承担管理任务并对具体任务细节负责的人员，是企业中处于最低层次的管理者。基层管理人员所管辖的仅仅是操作人员而不涉及其他管理者，其主要职责是：给下属操作人员分派具体工作任务，直接指挥和监督现场作业活动，保证各项任务的有效完成。

2. 技术人员

技术人员，或称专业技术人员，一般指依照国家人才法律法规，经过国家人事部门全国统考合格，并经国家主管部委注册备案，颁发注册执业证书，在企业或事业单位从事专业技术工作的技术人员，以及具有前述执业证书并从事专业技术管理工作的相关人员。从广义上理解，专业技术人员指拥有特定的专业技术（不论是否得到有关部门的认定），并以其专业技术从事专业工作，并因此获得相应利益的人；而从狭义上理解，专业技术人员指在企业和事业单位（含非公有制经济实体）中从事专业技术工作的人员。对于企业而言，技术人员是企业发展壮大的立足之本，因此企业对其也是十分重视。

3. 销售人员

销售是创造、沟通与传送价值给顾客，及经营顾客关系以便让企业与其利益关系人受益的一种组织功能与程序，就是介绍商品提供的利益，以满足客户特定需求的过程。销售人员就是企业中以销售商品、提供服务为主题的人员，他们与客户直接产生联系，是企业与客户之间的"中介"，也是企业对外的形象代言人，在企业中具有重要的意义。

同样，根据不同的标准，我们也能将销售人员进行进一步的细分。首先销售职责包括从最简单的到最复杂的所有销售活动，简单的销售活动只需要销售人员保持现有客户并接受客户的订单，创造性的销售活动则要求销售人员寻找潜在客户并使之成为企业的客户。而根据这一标准可将销售人员分为简单送货型、简单接单型、客户关系型、技术型和创造型销售人员。其次根据销售人员在商品流通链中所处的位置分，可以将销售人员分为厂家销售人员和商家销售人员，二者在工作对象与工作内容上都存在差异。最后根据销售人员所处的不同层级也能将其分为新销售员工、有经验的销售员工、大客户经理以及区域销售经理，层级的差别也会具体体现在培训内容、方式上。

第二节　新员工导向培训

一、新员工与新员工导向培训概述

1. 新员工与新员工导向培训的概念

企业内的新员工，一方面，可指通过企业外部招聘而新进入组织，对组织规章制度、岗位的职责与流程规范等一切事物尚不熟悉的员工；另一方面，也可指在组织内部的岗位调动下，新到某一岗位，还未掌握该岗位的职责、工作内容和工作流程规范等的员工。

新员工导向培训，亦称岗前培训、职前培训、入职培训等，指为新员工提供有关企业和工作的基本背景情况的活动。这种背景信息对员工适应新环境、做好本职工作起着导向性的作用。因此，对于企业而言，新员工导向培训是企业通过预先规划的各种活动，将新员工介绍并融入企业组织中，使新员工快速适应企业环境并成为企业合格一员的培训。

2. 新员工与新员工导向培训的重要性

新员工进入一个新环境，内心总是充满未知、迷茫与期待的。对于刚毕业的高校学生，从校园学子转身成为社会人、企业人，在完全新鲜和陌生的工作环境中，他们从行为举止到内心体验与感受都会发生一些或大或小的改变；而对于有工作经验的新员工，就职企业的转换意味着从一种企业文化进入另一种企业文化，环境的变化也需要时间去适应，需要正确的指引去调整。

一般而言，新员工进入企业主要面临以下三方面的问题。

（1）融入群体。

（2）职业理想与现实的矛盾。

（3）工作与工作环境的适应。

为了解决上述问题，新员工必须了解以下三个领域的专门信息。

（1）企业的要求、期望、规范、传统和政策。

（2）工作交往和沟通方面的行为。

（3）工作的技术或技能方面的要求。

在新员工导向培训中，最重要的一项是新员工职业化培训，而职业化培训首先要在新员工工作之初对其态度、行为、方法等进行引导和培训，其目的是通过培养新员工的职业素养，提高新员工的实际工作技能、理性应对工作的能力，提升整个企业团队的职业形象、协作技能和经营绩效，使得新员工便于管理，形成企业良好的发展动力。

通过有效的职业化培训，能够对企业和员工自身产生以下积极作用。

（1）对企业：在企业中组成一支训练有素的新队伍，为企业注入新鲜血液。

（2）对员工：

①转变角色，树立正确的职业心态。

②建立自己的职业生涯管理规划。

③了解企业文化，尽快融入团队。

④掌握建立良好合作关系的技巧。

⑤提升职业形象，奠定成长基础。

二、新员工导向培训主要内容

刚加入组织的新员工，都带有三个特别鲜明的特征：一是缺乏对组织的了解，例如组织的管理制度、企业文化和工作环境等基本情况；二是会设立较强的心理防范，担心自己是否能与其他企业成员融合，担忧工作期望与现实之间的的偏差等；三是对职业未来发展预期的迷茫与担忧，担心是否能在工作中体现能力，以及企业又是否能为其提供良好的平台，等等。因此，新员工的培训内容将比其他员工的培训有更多注意的地方，在内容设计上需要有更周全的考虑。

基于新员工自身的特征，我们需要关注对他们融入企业的培训、职业化的培训、岗位技能的培训和职业发展培训，大致来说，新员工导向培训的内容主要包括三个方面：企业基本情况及相关制度和政策、基本礼仪与工作基础知识、部门职能与岗位职责及知识技能。前两个方面的内容既是新员工导向培训的主要内容，也是需要员工反复学习的内容。

1. 企业基本情况及相关制度政策

通过了解企业基本情况并熟知相关制度政策，新员工能够对即将加入的组织、即将融入的氛围和即将工作的岗位有整体性的把握。在消除了陌生感之后，新员工便能快速转换角色，并主动融入组织，产生对组织的认同感。

新员工需了解的企业基本情况大致有以下五方面内容，见表8-1。

<p align="center">表 8-1　新员工需了解的企业基本情况①</p>

	主要内容	具体解释
基本情况	发展历程与发展策略	企业创业、成长和发展过程，企业的经营战略与目标、经营范围，企业的性质等
	企业文化	企业的经营理念、企业文化和价值观、行为规范和标准等
	企业结构与部门职责	企业的部门设置情况、纵横关系以及各部门的职责与权利
	产品及市场	企业主要产品或服务的种类及性能，产品包装及价格，市场销售情况，市场同类产品及厂家，主要客户情况等
	主要设施	包括规定的用餐地点、急救站、员工出入口、停车场、禁区、部门工作休息室、个人物品储藏柜等

　　企业的相关制度与政策主要指企业的人事制度与政策，这些与员工密切相关，应详细、反复介绍并确认员工都已全部理解，主要包括：工资构成与计算方法、奖金与津贴、福利、绩效考核办法与系统、晋升制度、员工培训和职业发展的政策，也包括更详细的劳动纪律、上下班时间、请假规定、报销制度、安全制度、保密制度等。

　　2. 基本礼仪与工作基础知识

　　了解企业基本礼仪与工作基础知识，也对企业特有氛围养成与维护有着重要意义，这主要包括以下七个内容，见表 8-2。

<p align="center">表 8-2　新员工需了解的基本礼仪与工作基础知识</p>

	主要内容	具体解释
基本礼仪与基础知识	问候与措辞	与同事或上级间的日常问候能促进企业成员间的和谐关系，也能体现企业文化与精神；措词应要求以文明、礼貌为基础，摒弃不文明用语
	着装与化妆	企业基于企业文化和风貌对员工着装、化妆方面的具体要求
	电话礼仪	包括接听电话的应答方式、电话交谈基本礼仪等
	指示、命令的接受方式	接受、理解、确认并执行指令的要求与规范
	报告、联络与协商	包括如何向上级汇报，通过何种方式与其他部门联络，如何与同事协商工作等
	与上级和同事的交往方式	让员工知道与领导、下属及同级同事保持关系的重要性，以及团队精神的重要性
	个人与企业的关系	要让新员工认识到，企业的成长与个人的成长是联系在一起的，每个人要在不断提升个人素质的同时为企业创造利益

<hr />

<p>①　石金涛. 培训与开发［M］. 4 版. 北京：中国人民大学出版社，2019.</p>

3. 部门职能、岗位职责及知识技能

（1）部门职责。

主要包括部门目标及最新优先事项或项目、与其他职能部门的关系、部门结构及部门内各项工作之间的关系等。

（2）岗位职责及知识技能。

主要包括工作职责说明书，工作绩效考核的具体标准和方法，常见的问题及解决办法，工作时间和合作伙伴或服务对象，请求援助的条件和方法，加班要求，设备的领取与维护等。具体包括以下内容。

①新员工的岗位在整个企业及部门中的位置，工作岗位的职责与权利。

②岗位基本工作的工作流程。

③岗位日常工作需要联络的部门，联络的途径、工具及形式等。

④机器设备、工具的使用方法与保养办法及相关制度。

⑤与岗位、工艺相关的指标及控制方法。

值得注意的是，新员工导向培训除以上三个方面的内容外，还应注意让新员工了解企业目前正在开展的活动，让其融入其中。也应在新员工导向培训中，通过各种活动让员工真正感受到企业文化，理解、融合、支持并创造企业文化，以此维持员工持久的热情和积极性。

207

三、新员工导向培训的过程与计划

1. 新员工培训与开发体系

新员工培训与开发体系的框架结构与所有培训一致，都按时间顺序基本遵循培训需求分析、培训计划设计、培训组织实施和培训效果评估等流程，并根据新员工的培训反馈，进行流程的终止或再循环，如图8-1所示。

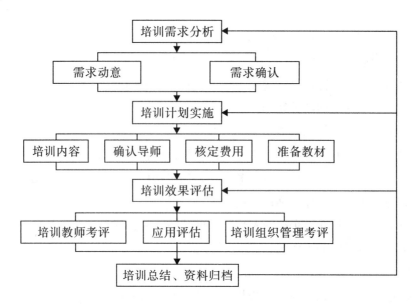

图 8-1　新员工培训体系设计。[①]

2. 新员工导向培训过程

（1）计划阶段。

凡事预则立，周密完善的计划是新员工导向培训良好的开端，在制订导向培训计划时，需要考虑以下七个方面内容。

①新员工导向培训的目的。

②培训的主题以及培训的预期效果。

③培训的内容与具体形式，以及将会涉及的问题与解决方案。

④培训的总体性时间安排和具体课程时间。

⑤企业人力资源管理部门和新员工用人部门在培训中的分工与合作。

⑥人力资源管理部门跟踪工作所用的审查清单

⑦员工手册及新员工文件袋。

其中，确立新员工导向培训的目的是计划过程的第一步，也是重要的一步。培训目的是基于企业的经营目标、文化和人力资源战略而确立，在新员工培训中具有重要的指引和导向作用。

（2）组织实施阶段。

新员工导向培训的实施阶段需要组织内多个部门协同进行，一般由人力资源管理部门和新员工用人部门主要负责，后勤部门等其他部门起辅助支撑作用，具体部门及负责内容见表 8-3。

---

① 袁声莉，刘莹. 培训与开发 [M]. 北京：科学出版社，2012.

表 8-3 新员工导向培训实施阶段的各部门职责

阶段	部门	负责内容
实施阶段	人力资源管理部门	总体负责新员工导向培训的组织、策划协调与跟踪评估，以及包括企业基本情况（概况、规章制度、政策和企业文化等）的企业层面的导向培训活动
	新员工用人部门	主要负责新员工有关部门与岗位的导向培训，包括部门情况与工作职责、内容等
	其他部门	主要负责培训场地的管理，培训器材的准备，培训新员工的生活安排等内容

（3）跟踪评估阶段。

新员工导向培训作为企业员工培训中相对固定的项目，在实际操作中往往不受重视，流于形式，或者内容与形式缺乏创新，这与新员工导向培训缺乏跟踪评估有较大关系。企业在每一次新员工培训后，需要从其反应层次、学习层次、行为层次和绩效层次进行系统的跟踪评估，以检验培训成效，见表 8-4。

表 8-4 不同层次的跟踪评估①

层次	评估内容
反应层次	导向培训内容是否全面，是否容易理解，是否能够激发学员兴趣与热情，培训活动的安排是否高效和经济
学习层次	新员工对培训主要内容的理解与掌握情况
行为与绩效层次	培训后新员工在不同时间的工作行为以及工作表现

209

新员工培训效果评估的具体方法，按性质可划分为定性和定量两种方法。

① 定性评估。

定性评估主要针对新员工对培训项目在反应层次上，以及培训后在思想上、知识上的转变情况。定性评估的数据来源除了新员工自身外，身边的同事、领导，甚至顾客也是评估的重要主体，见表 8-5、表 8-6。

表 8-5 新员工培训的跟踪考核表

填表日期： 年 月 日 编号：

姓名		专长		学历	
培训时间		培训项目		培训部门	
一、新进人员对实施的培训工作项目了解程度如何					

---

① 石金涛. 培训与开发［M］. 5 版. 北京：中国人民大学出版社，2021.

姓名		专长		学历	
二、对新进人员专门知识的评核					
三、新进人员对各种规章制度了解情况					
四、新进人员提出改善意见评核，以实例说明					
五、分析新进人员工作专长，判断其适合哪种工作并举例说明理由					
六、辅导人员评语					
总经理		经理		评核者	

表8-6　新员工培训成果检测表

◎企业的经营理念	第一次评价	第二次评价
□1. 了解企业的经营理念		
□2. 随口能背出经营理念		
□3. 会逐渐喜欢经营理念		
□4. 以经营理念为荣		
□5. 以经营理念为主题，写出理想		
◎企业的存在意义		
□1. 了解企业的社会存在意义		
□2. 了解本企业的社会使命		
□3. 了解何为利益		
□4. 了解创造利益的重要性		
□5. 了解什么是工资和福利		
◎企业的组织、特征		
□1. 以简单的图解表示出企业的组织		
□2. 了解各部门的主要业务		
□3. 了解企业的产品		
□4. 能说出企业产品的特征		
□5. 能说出企业的资本额、市场比例等数字		
◎热爱企业的精神		
□1. 了解企业的历史概况		
□2. 了解企业创业者的信念		
□3. 了解企业的传统		

续表8－6

□4. 喜欢企业的代表颜色或标志		
□5. 由内心产生热爱企业的热忱		
◎业界的理解		
□1. 能说出企业所属的业界		
□2. 了解业界的现状		
□3. 了解企业在业界的地位		
□4. 能提出如何提高企业在业界的地位		
□5. 强烈地关心业界的整体动向		

②定量评估。

定量评估是指对事物进行全面深入的定量分析后，在量化的基础上制定出量标，按一定的量标进行评估，或采用数学模型方法进行评估。新员工培训效果的定量评估可从两个层面进行：组织层面与个人层面。

从组织层面进行定量评估，衡量企业新员工培训的有效性，可以从菲利普斯的培训投资回报率的角度进行，也可根据一定时间内新员工流失率、新员工在企业做出贡献的时间长短进行评估，其结果都能很直观地反应新员工培训的有效性。

211

从员工个人层面进行定量评估，需要对培训的每一项进行打分，并设定每一项的分值与权重，一般采用矩阵的方式来估测每一个参与培训的新员工的最终得分，这也为新员工排名提供了量化支撑。

评估结束后，需要根据结果撰写培训评估报告，主要包括三大内容：一是培训项目基本情况，主要包括培训的时间、主题与内容、参与人员和资源投入等；二是受训新员工的培训结果，包括合格与不合格人数及原因，并对不合格的新员工进行再培训，当再培训后新员工仍不合格，则可考虑转岗或解聘该员工；三是培训项目的评估及结果，适时删减、改进和更新培训项目，使其更加符合不断变换的新员工特征，提升新员工培训成效。

形成培训评估报告后，需要将其及时在企业内进行传递与沟通，下发到受训员工、受训员工的直属领导、培训主管和企业管理层处，使企业全体成员从开始到结束都"在场"，参与培训与开发的全过程。

【延伸阅读】

迪斯尼的新员工培训方案

1. 培训目的：通过让新加入迪斯尼的员工了解迪斯尼的文化，以便其全方位的融入迪斯尼；掌握迪斯尼文化的精髓，在日常生活中传递迪斯尼的快乐；建立新员工对公司的归属感并使其能够尽快适应工作岗位。

2. 培训需求分析：通过调查问卷法、面谈法了解员工有哪些方面的培训需求，通过公司历来培训计划的实施与市场形势的新发展，确定培训项目。

3. 培训主题：快乐培训，微笑服务。

4. 脱产培训与在岗培训相结合

5. 主办部门和培训对象：人力资源部主办，相关部门协办

　　　　　　　新老员工

6. 培训前准备：

迪斯尼大学：准备好培训的设备、教室、时间安排表，以及培训教师的安排，与其他员工之间的沟通。

新老员工：及时了解培训的时间、地点、课程安排，做好预习、资料收集等准备工作。

7. 培训的内容与目标：

（1）Smile培训。使员工学会微笑，随时传递快乐。

（2）Tradition培训。培训内容包括迪斯尼文化、历史、现状、迪斯尼服务水准、待客之道、各项制度、员工须知等。旨在让员工了解迪斯尼的文化，掌握迪斯尼的精髓，为员工融入迪斯尼服务。

（3）Discovery培训。重点让员工实际考察迪斯尼的文化。

（4）On-worker培训。在岗培训包括技能培训、紧急事变应付、游客满意服务等。

（5）通过实际操作，将理论与实践相结合。

（6）社会责任。通过迪斯尼公司日常的行为让员工了解自身肩负社会责任，使其明白迪斯尼的责任与义务，兼并将其应用到自身的日常行动中。

（7）Shadowing培训。旨将员工培养成一名真正的职业经理人。

8. 培训步骤、时间、地点、内容、方式、培训人

步骤	时间	地点	内容	方式	培训人
1	年/月/日		Smile培训		
2	年/月/日	迪斯尼大学	Tradition培训	面授、视频、内部刊物、情景模拟	老师及老员工

步骤	时间	地点	内容	方式	培训人
3	年/月/日	迪斯尼乐园	On worker培训	实地考察、参加各项娱乐活动	老师
4	年/月/日	具体工作岗位	Discovery培训	实际操作、讨论交流	老师、老员工、上级
5	年/月/日	迪斯尼乐园	Shadowing培训	观察、实操、沟通	上司

9. 培训经费预算

培训经费预算表								单位：万元
项目	员工工资	额外津贴	交通通信费	讲课费	场地和设备使用	教材资料费	其他	合计金额

10. 培训效果评估——员工个人层面

迪斯尼员工培训调查表

员工姓名：_____

上岗时间：

培训时间：

您是否对培训内容了解清楚？

您培训期间的感悟？

通过培训你对迪斯尼了解多少？

本培训随你有什么帮助？

除本次培训内容外，您还希望得到那些方面的培训呢？

对本次培训的意见建议？

11. 培训效果评估——组织层面

评估内容：（1）培训是否达到了预期目的。

（2）员工的知识技能是否得到了提高。

（3）培训的内容、方法和安排是否合理。

（4）培训中的哪些问题需要改进。

（5）培训中有哪些是可以继续发扬的。

人力资源部
年　月　日

第三节　管理人员的培训与开发

一、管理人员培训与开发的必要性与重要性

企业中管理人员培训与开发的必要性源自他们在组织中承担的重要职责与发挥的关键作用，在本书第一节，我们简单分析了位居不同层级管理人员的职责和作用，尽管存在差异，但各级管理人员都起着重要的支撑和导向作用，是企业重要的战略性资源，其素质与能力很大程度上决定着企业的前途和命运，因此需要且必须对管理人员进行培训与开发，以提高管理人员的管理综合能力，保持组织机体的灵活性，促进组织的可持续发展。

管理人员培训的重要性主要体现在以下四个方面：一是管理人员作为企业的"领头羊"，他们的行为方式能对企业的其他人员产生巨大的影响，管理人员对企业培训与开发的认同、支持和参与有积极的号召和示范作用；二是对于从技术岗晋升至管理岗，或由基层管理岗位晋升至高层管理岗位上的人员而言，通过培训与开发能有效补充管理知识，加速角色转换；三是在知识更新，管理方式不断变换的背景下，通过系统的培训与开发，能够让管理者很好地与时代"同频共振"，回应新时代对管理者的新要求；四是为管理人员提供与其自身相匹配的职业生涯规划和相应的培训，能够有效留住组织内优秀人才，减少组织人才流失。

二、管理人员培训与开发需求层次分析

在企业中，基层、中层和高层管理人员在工作职责、工作范围以及管理幅度上存在差异，因此在分析高、中、基层管理人员的培训与开发需求时也应各有侧重。

1. 高层管理人员培训与开发需求层次分析

高层管理人员的培训与开发主要针对企业中在任高级管理人员以及可能进入企业高层的有潜质的优秀管理人员。对高层管理人员的培训与开发需求分析，可以从企业、职务和个人三个层面进行，主要方法有访谈法、讨论法、考察法、问卷调查法等，表8-7展示了高层管理人员的访问提纲示例。

表 8−7 高层管理人员培训与开发需求访问提纲①

访问对象	访问问题大纲	访谈记录
高层管理人员的领导	您对高层管理人员的总体评价是什么？	
	从企业需求角度出发，您理想中的高层管理团队是什么样的？	
	您认为这些高层管理人员在哪些方面需要提高？	
高层管理人员的同事	您与哪些同事经常有工作上的联系？	
	您觉得××经理在工作中有哪些地方需要改进？	
高层管理人员本人	您在工作中是否觉得压力过大，有哪些现象可以表明这点？	
	您在工作中遇到的最大的难题是什么，到目前为止是否解决？	
	对于下属员工的发展，您采取了哪些措施？	
	您在工作中如何管理绩效不好的人员？	
	您认为企业现有管理制度有哪些不健全的地方？	
高层管理人员的下属	举例说明您的上司给您工作中的指导情况	
	若生活中或工作上遇到困难，您会向谁寻求帮助？	

215

2. 中层管理人员培训与开发需求分析

中层管理人员培训与开发的需求分析主要包括组织分析、工作分析和个人分析三个部分，表 8−8 直观地展示了中层管理人员需求分析的主要部分和具体内容。

表 8−8 中层管理人员开发需求分析

分析层次	具体目标	主要内容	需求信息来源
组织分析	从宏观角度出发，考虑企业经营战略目标，保证中层管理人员的培训与开发符合企业的整体目标与发展战略	人力资源培训与开发战略和企业发展战略的匹配度、协调度	企业的战略文本和相关政策文件
工作分析	相关岗位的个人胜任力	了解有关职务的详细内容及岗位任职资格条件	问卷或访谈收集的信息工作总结述职报告……

---

① 赵曙明. 人员培训与开发——理论、方法、工具、实务［M］. 北京：人民邮电出版社，2014.

分析层次	具体目标	主要内容	需求信息来源
个人分析	个人特征分析	性别结构、年龄结构、知识结构、专业结构、性格特征等	员工个人档案资料 人力资源的测评信息
	个人能力分析	计划组织能力、协调控制能力、决策能力等	问卷调查收集的信息 工作表现（如员工绩效考核记录）
	职业生涯规划分析	对自身岗位的认知和对未来个人发展的要求	员工个人资料 访谈收集到的信息

3. 基层管理人员培训与开发需求分析

基层管理人员培训与开发的需求分析主要在于其个人能力分析，从基层管理人员必备能力的角度评估其现有能力的水平，二者之间的差距就是培训与开发的重点所在。基层管理人员培训与开发的需求分析可以针对其现有表现进行问卷调查，由基层管理人员本人、同级及上下级评分，最终得出的结果可作为开展培训的参考。表8-9展示了对基层人员进行培训与开发需求分析的调查问卷与需求调查表。

表8-9　基层管理人员培训与开发需求调查表

基层管理人员培训需求调查问卷

为了更好地开展公司基层管理人员培训工作，使基层管理人员培训更加具有针对性，同时加快基层管理人员能力与素质的提升，请您根据实际情况配合我们完成此项调查问卷及培训需求调查表

问卷对象：华东管理区所有操作主管、操作班长、操作组长

一、基本信息

姓名：　　　　　　　　所在部门：

所在岗位：　　　　　　入司时间：

二、问卷题目（请在您要选的选项上打"√"）

1. 您认为基层管理人员是否需要培训？

□非常需要　　□需要　　　□一般　　□不需要

2. 如果您认为基层管理人员需要培训，那么最需要哪些方面的培训？

□基层管理技能　□沟通技能　□现场作业能力　□其他

3. 您认为目前大部分基层管理人员的工作能力处于怎样的水平？

□非常强　　　□比较强　　□一般　　□较差

4. 您对自己的工作水平满意程度如何？

□非常满意　　□满意　　　□一般　　□不满意

5. 你是否期望通过培训得到能力提升？

□非常期望　　□比较期望　□一般　　□不期望

6. 请将该调查问卷没有列出，但您认为有必要写明的内容写在下面（包括对培训工作的建议，对培训内容的选择等）

三、注意事项

1. 填写人应保证填写内容真实、客观，该问卷将作为培训与发展部制定基层管理人员培训方案的依据

2. 我们在附件1列举了一些培训课程内容，请您根据自己的情况选择自己需要培训的内容并填写在《培训需求调查表》（附件2）上

附件1

以下为各类培训课程，请您根据实际情况将相应课程选填在《培训需求调查表》上

1. 技能沟通类

□与低学历劳务工的沟通　　□与具备一定文化员工的沟通　　□与实习生的沟通

□与储备干部的沟通　　　　□与上级沟通

2. 管理基础知识

□什么是管理　□基层管理者应具备的能力和责任　□基层管理者的角色和意识

3. 管理技能类

□如何成为受员工尊敬的主管　□针对不同员工的管理方法

□员工激励　　　　　　　　　□员工管理

4. 高效执行类

□赢在执行　　□如何高效指导下属工作

5. 现场管理类

□安全操作管理　□现场管理实务　□6s现场管理方法　□应急事故管理

6. 专业知识类

□转运中心标准化操作流程　□如何进行规范化操作　□转运中心操作管理实务

7. 行业知识类

□快递市场发展形势介绍　□《快递服务标准》　　□《新邮政法》

8. 根据自己实际情况，您认为还应有的培训内容

附件2：

培训需求调查表

姓名：　　　　　　　　所在部门：

所在岗位：　　　　　　填表日期：

序号	需求课程名称	培训需求原因	期望达到的目标	期望培训月份
1				
2				
3				
4				
5				

填写要求：

1. 您可根据自身实际情况填写相应的需求课程

2. 请在"需求课程名称"处写下您期望的课程名称（可参考附页中罗列的课程，也可自行新增需求课程）

3. 请在"培训需求原因"处写明具体原因

4. 以上内容请尽量填写详细

三、管理人员培训与开发的内容

基于对各层管理人员在组织、职务和个人特点三个层面上的综合分析，我们可以得出高层，见表8-10，中层，见表8-11和基层管理人员，见表8-12的培训与开发内容。

在此之前，我们先简单分析各层管理人员的培训与开发目标：

（1）高层管理人员：提高其全局观、知识结构、理念、管理能力及领导技能等。

（2）中层管理人员：提高其管理能力及业务能力。

（3）基层管理人员：提高其管理与领导能力以及实际的工作技能。

表8-10　高层管理人员培训内容

培训对象	培训项目	培训内容
高层管理人员	企业环境	1. 国内及全球经济和政治 2. 企业所处的经营环境分析 3. 企业所属行业发展研究 4. 相关法律、法规、各项政策学习
	企业战略发展研究	1. 企业面临的机遇与挑战 2. 企业核心竞争力研究 3. 如何制定企业的发展战略
	企业现代管理技术	1. 人力资源管理 2. 生产管理 3. 财务管理 4. 质量管理 5. 信息管理
	领导艺术	1. 团队管理 2. 目标管理 3. 员工激励 4. 如何有效沟通 5. 冲突管理 6. 员工潜能的开发
	创新意识培养	1. 创新思维训练 2. 思维技巧
	个人修养与魅力提升	1. 成功的管理者 2. 自信力 3. 商务礼仪

表 8-11 中层管理人员培训内容

培训对象	培训项目	培训内容
中层管理人员	企业环境	1. 企业战略 2. 企业目标 3. 企业组织结构与决策流程
	业务管理能力	1. 专业技术知识 2. 如何纠正工作偏差 3. 目标管理 4. 项目管理 5. 时间管理 6. 会议管理 7. 组织管理 8. 冲突管理 9. 职业生涯规划
	领导艺术	1. 沟通技巧 2. 如何有效授权 3. 如何激励 4. 如何指导和培养下属 5. 高校领导力
	团队管理	1. 学习型企业的建立 2. 定编定员管理 3. 团队合作与工作管理

表 8-12 基层管理人员培训内容

培训对象	培训项目	培训内容
基层管理人员	基层管理者的角色认知	1. 管理者的角色、地位与责任 2. 基层管理人员的素质要求
	管理技能培训	1. 团队建设与管理 2. 计划与控制、沟通与协调 3. 员工培训与激励 4. 员工绩效管理 5. 员工安全管理 6. 人员工作调配 7. 如何改进员工的工作表现
	管理实务培训	1. 生产计划的编制与控制 2. 如何进行成本控制 3. 质量管理

四、管理人员培训与开发的方法

在第六章介绍了一般化的培训实施程序，管理人员的培训实施流程与其基本一致，不过值得注意的是，管理人员的培训在方法的选择上，除了已经介绍过的角色扮演法、案例分析法和工作轮换等，以下几种方法也同样适用于管理人员培训。

1. 大学管理学习班

许多大学现在都举办各种实习班、报告会讲座和正式的学习班，如工商管理硕士教育、高级管理人员工商管理教育，用以培养管理人员，这些学习班向管理人员讲授管理理论与实务、发展趋势和案例研究经验。此外，在学习班中，管理人员之间能进行有益的交流，构建多方面的联系，从而拓展他们的社会资本。

2. 替补训练

替补训练指每一位中层管理人员都被指定为上级的替补训练者的训练方式。受训的中层管理人员在已有的职责外，还需熟悉本部门的上级职责，当上级离任，便可无缝衔接，以预先储备的理论知识与实践经验接替其工作。

3. 敏感性训练

敏感性训练又称"T 小组训练""恳谈小组"，其目的在于使个人能更好地洞悉自己的行为，明白自己在他人心目中的"形象"；更好地理解群体活动的过程；通过群体活动培养判断和解决问题的能力。

在敏感性训练过程中，人们坦诚地相互交流，并从培训者和小组其他成员那里获得对自己行为的真实反馈。小组成员的反馈可能是坦诚的、直接的，受到负面评语的人可能接受这个评语，且决心改正其行为，但也可能因此受到伤害，并退出小组。因此，相较于其他培训与开发方法，在选择敏感性训练时需要更加谨慎，若管理得当，会促进合作和支持，反之，可能会引起人们的忧虑和灰心。

【案例分析】

华为企业大学（Huawei University）

为了把企业打造成一个学习型组织，华为进行了各方面的努力，2005年正式注册了华为企业大学，为华为员工及客户提供众多培训课程，包括新员工文化培训、上岗培训和针对客户的培训等。

·办学宗旨

华为大学旨在以融贯东西的管理智慧和华为的企业实践经验，培养职业化经理人，发展国际化领导力，成为企业发展的助推器。大学依据企业总体发展战略和人力资源战略，推动和组织企业培训体系的建设，并通过对各类员工和管理人员的培训和发展，支持企业的战略实施、业务发展和人力资本增值；对外配合企业业务发展和客户服务策略为客户和合作伙伴提供全面的技术和管理培训解决方案，提升客户满意度；同时通过华为的管理实践经验的分享，与同业共同提升竞争力。

·愿景、定位与目标

企业大学愿景作为其灵魂，直接影响整个人才培养体系的成果，华为大学被设立为成为"将军的摇篮，融汇东西方智慧与华为实践，推动企业全球化发展"。仔细来看，培养"将军"，则是培养领袖，培养具备领导力的优秀人才，融合东西方智慧，则说明华为注重国际化前沿的知识，也注重本土化的培养，而"华为实践"则说明其培训的重要部分是将华为已有的经验进行传授，体现出华为大学务实的精神，而其目标则是推动企业全球化发展，体现出华为企业全球化的目标愿景。

· 重视人才，培养人才

为什么要建设华为大学？知名度极高的《华为基本法》中第十三条写道："机会、人才、技术和产品是企业成长的主要牵引力。"由此可见华为对于人才的重视程度。

实际华为在 1996 年就开始建设人才培养体系，直到 2005 年正式注册华为企业大学，培养对象不仅针对高层管理人员，同时也为普通员工和客户提供众多培训课程。

在校区地址上，华为大学毋庸置疑坐落在华为总部所在的深圳，占地面积 166.8 万平米，培训中心由主培楼、高培楼与教职楼组成，教学区占地面积 15.5 万平方米。拥有近九千多平方米的机房、一百多间教室、五百多个办公座位，能同时容纳两千多名客户和员工进行培训。

221

· 严密的组织架构

华为大学由校董事会管理，下设校长与副校长，共设立 11 个部门，除去行政性的部门，涉及培训的部门共有 6 大部门，其中包括对内、对外、技能、技术、文化等培训部门，从而实现全方位对人才的培养。

宰相必起于州郡，猛将必发于卒伍。华为在实战中选拔人才，通过训战结合培养人才。华为的英雄都是在泥坑中摸爬滚打打出来的，他们不论资排辈，所以华为的英雄"倍"出不是一辈子的辈，而是加倍的倍！

资料来源：EduSoho 企培系统网

第四节 技术人员的培训与开发

一、技术人员培训与开发的必要性与重要性

技术人员，特别是技术人才，是推动企业稳定且持续发展的内在动力。在当前

企业内外部环境变化愈发剧烈，各行各业竞争愈发激烈的背景下，加强技术人员培训，提高技术人员的专业素养，大力推动技术人员向技术人才的转变，是增强企业竞争力的重要途径。因此，企业应充分认识对技术人员培训与开发的必要性，增强对技术人员的培训与开发意识，增加对其培训与开发的资源投入，确立以企业发展为导向的技术人员培训活动，不断提升企业竞争力。

此外，开展技术人员培训与开发活动也是十分重要的。首先，企业通过定期展开面向技能人员的培训与开发活动，讲解最新的工作知识，更新基本工作思路、工作方法和工作技巧，拓展技术人员专业知识面，企业整体高水平的技术能力也能树立良好的企业形象；其次，开展技术人员培训与开发是加强其思想认识，提升队伍向心力和凝聚力的重要途径；最后，通过有效的培训与开发，能够显著提高技术人员的工作效率，从而提高组织资源配置效率，降低各项成本，促进企业良好运行与可持续发展。

二、技术人员培训与开发需求层次分析

技术人员的培训与开发需求分析也主要从组织、岗位和个人层面入手，在对技术人员进行培训需求分析时，技术人员、技术主管、技术经理、技术总监、人力资源经理及外聘的咨询顾问等都应参与进来。

1. 组织需求分析

组织需求分析主要从企业战略和企业资源两方面进行。

首先，基于企业短期发展目标和长远的发展战略，确定组织对技术人员能力与素质的要求，并将其与当下技术人员的实际情况相比较，所得出的差值便是企业对技术人员的理想要求与现实表现之间的差距，我们能以此提取出技术人员培训与开发需求的相关信息。

其次，企业资源分析包括对企业人、财、物等各要素的分析，企业所能提供的培训资源也一定程度上影响培训的效果。

2. 岗位需求分析

对技术岗位进行分析，可以从岗位说明书和绩效考核资料收集培训信息。

首先，通过岗位说明书，可以了解技术人员主要工作职责和需要了解与掌握的基本知识、技术和技能等，从而确定技术人员岗位总体的培训与开发的项目与内容，并与已掌握的现有技术人员能力与素质水平相比较，通过理想水平与现有水平之间的差距来确定人员的培训与开发需求，而关于现有技术人员水平的信息，具体可通过问卷调查等方法进行收集。

其次，通过对技术人员绩效考核结果的分析，可以较为直观地发现其行为与绩效之间存在的差距，并进一步分析差距产生的原因，找出能够缩小二者差距的培训关键点，即技术人员需要但还未掌握的知识与技能，从而确定培训与开发需求。

3. 个人需求分析

个人分析可以从对当下个人能力和知识水平，与未来个人发展需求两大方面进行。首先，根据岗位说明书或岗位胜任力模型，能够明确技术人员应具备的专业技术与能力、创新能力和分析思维能力等，并通过对员工能力和知识的评估来获取培训与开发需求的相关信息。其次，通过查阅人力资源部相关资料或访谈的方法，可以获得技术人员个人发展需求信息用以确定其培训与开发需求。

图 8-2 总结了技术人员培训与开发需求分析的简单流程，可以作为需求分析工作的基本思路。

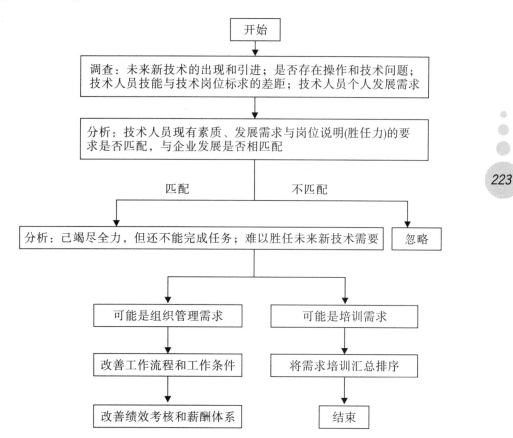

图 8-2　技术人员培训需求分析流程。[①]

———————————

① 袁声莉，刘莹. 培训与开发 [M]. 北京：科学出版社，2012。

三、技术人员培训与开发的内容

在确定技术人员培训与开发内容之前，需要明确技术人员的培训总目标，一般来说，技术人员的培训目标有以下三点。

（1）技术水平和职业素质的提高。

（2）创新能力的提高，培养创新技术人才。

（3）通过技术人员整体水平与素质的提高，带动企业走向行业前端。

在确立了培训基本目标后，需要对技术人员培训与开发内容进行设计。技术人员的培训与开发重点主要有专业技术培训、现代管理培训、工作态度培训、团队合作精神与自我学习能力的培训，但针对不同级别的技术人员，培训内容也会相应增加或减少。技术人员培训内容见表8-13。

表8-13　技术人员培训重点内容

培训重点	解释	作用
专业技术培训	相关领域的专业知识与技能	扎实工作基础，提高工作效率
现代管理培训	现代管理思想、组织、方法	推动管理现代化的需要
工作态度培训	企业文化、职业操守等	端正态度，保持工作积极性与创造力
团队合作精神	分工与协作 信任与尊重	增强组织凝聚力，提升软实力
自我学习能力	对新知识强烈的好奇心 不断追求新知识的热情 高度自我管理与激励能力	拓展技术人员专业知识面 增强企业核心竞争力

四、技术人员培训与开发的评估方法

培训评估方法数量较多，大部分也能适用于技术人员的培训效果评估上，但针对技术人员培训中一些特有的培训场景，可以选择更适合的评估方法以获得更准确的评估结果。例如对于生产流程和操作规范一类的培训效果评估，就可选用观察法具体实施，通过观察能及时、直接地观察员工培训时的自然状态，获得评估所需资料。表8-14是运用观察法时要准备的观察记录表。

表8-14 培训效果观察记录表

培训课程	生产流程与操作规范培训		培训日期	年 月 日
观察对象	受训技术人员回到岗位后的全部工作过程			
项目	具体内容			
观察到的对象	培训前	1. 2. 3.		
	培训后	1. 2. 3.		
结论	1. 2.			
其他特殊情况				

在效果评估的最后，需要基于评估数据撰写评估报告，培训评估报告对于技术人员培训的重要性要远高于其他人员的培训，因为在一些情况下，技术的开发、应用、更新再到获得收益具有很长的时效性和周期性，所取得的效果不能立刻呈现，就需要记录下不同阶段培训的效果以展现培训的必要性与重要性。

第五节 销售人员的培训与开发

一、销售人员培训与开发的必要性与重要性

销售人员是一家企业中与顾客有直接联系的人员，他们处于市场的最前端，是企业的"形象代言人"，销售人员对外输出的言语以及对外做出的行为都会对企业的信用和形象产生极大的影响，因此对销售人员进行有针对性、有重点地培训与开发是十分必要的。

对销售人员进行培训与开发的重要性主要体现在两点上：通过培训，一是能引导销售人员如何去工作；二是能推动销售人员更好地完成工作。具体来说，首先，通过培训能提升销售人员的业务能力和综合素质，并进一步在企业中形成销售人才队伍；其次，销售人员的业绩是企业生存和发展的关键影响因素，甚至能起决定作用，因此对销售人员进行培训能有效提升其销售能力，增加销售业绩，从而为企业的生存和发展做出更大贡献；最后，销售人员能直接接触市场和顾客，通过培训能

提升其对顾客需求和市场变化的敏感度，从而形成企业改革与创新信息基础，推动企业在创新中实现可持续发展。

二、销售人员培训需求层次分析①

与管理人员和技术人员一样，销售人员的培训与开发需求分析也从组织、岗位和个人三个层次展开讨论，但在具体的细节上会有差异。

1. 组织需求分析

组织需求分析主要从企业内外部环境、客户以及竞争对手出发。

首先，在企业内外部环境中，内部环境包括企业的组织结构、企业文化、产品与服务、销售渠道、业务策略等基本情况，企业的外部环境包括宏观经济环境、市场发育程度、相关政策环境等，从内外部环境分析对销售人员培训需求的影响。

其次，客户分析主要是分析客户的资料、定位和需求，以及客户服务方面的知识等对销售人员培训需求的影响。

最后，企业竞争对手分析主要是从竞争对手的行业地位、产品及市场销售情况等对销售人员培训需求的分析。

2. 岗位需求分析

销售人员的岗位职责主要包括市场开发、完成企业销售目标及回款、维护良好的客户关系、收集市场信息等，这也就决定了销售人员从工作岗位进行需求分析的主要内容，包括岗位任职资格、工作关系、工作任务分析和职责以及销售方法和技巧，具体内容见表 8-15。

表 8-15　销售人员基于工作岗位的培训需求分析

分析层次	主要方面	内容
工作岗位	岗位任职资格	对销售人员的任职资格与胜任力的分析，找出与理想水平间的差距
	工作关系	与其他岗位在横向与纵向上的分工、合作关系，找出销售人员轮岗与晋升 的可能路径
	工作任务和职责	对销售人员的实际工作表现或状态进行分析，找出与理想状态的差距
	销售方法与技巧	分析适用于企业的销售方法与技巧，并对比销售人员的工作绩效，找出绩效不佳在销售方法与技巧上的原因

① 袁声莉，刘莹. 培训与开发［M］. 北京：科学出版社，2012.

3. 个人需求分析

从个人角度出发，主要从员工知识掌握程度、能力和工作绩效进行分析，具体见表8-16。

表8-16 销售人员基于个人的培训需求分析

分析层次	主要方面	要点	内容
个人	知识掌握程度	产品知识	关于本企业产品性质、价位、特点，以及市场同类产品状况等
		专业知识	市场营销知识、消费心理学等
		其他相关知识	法律法规知识、国家行业相关政策等
	能力	市场分析能力	市场灵敏度及预测能力
		人际沟通能力	与客户的沟通能力、谈判能力、谈话技巧等
		灵活应变能力	根据环境和状况的变化作出适时调整的能力
		团队合作能力	与客户和组织其他成员的分工与合作能力
	个人工作绩效	承压能力	应对销售业绩以及来自顾客的压力的能力
		工作绩效	考核工作绩效，分析与理想目标之间的差距

227

三、销售人员培训与开发的内容

1. 确立培训目标

在设计销售人员培训与开发的内容前，需要确定企业对销售人员培训的总目标与分目标。一般来说，企业对销售人员开展培训活动的总目标在于，通过一系列培训活动，激发受训人员的潜在能力，提升其业务技能与专业素养，从而应用在实际工作中，促进工作绩效提高，并促进企业销售额的增加和市场占有率的提高，实现企业经营目标。

基于销售人员培训总目标，我们可以进一步细分出以下八个培训的分目标。

（1）挖掘销售潜能。

（2）掌握系统的销售理论与技巧。

（3）增加与产品和市场相关的专业知识。

（4）提高社交能力与沟通技巧。

（5）增强目标管理与团队合作意识。

（6）提高人员与顾客建立长久业务关系的意识与能力。

（7）形成良好的心理状态。

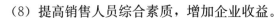

（8）提高销售人员综合素质，增加企业收益。

2. 确定培训项目

相较管理人员与技术人员，销售人员会与顾客和市场发生直接联系，因此会承受来自顾客和市场的多一份压力，工作压力较大。鉴于此，对销售人员培训项目的设计，除了基础的营销理念、销售理论、销售技巧与策略和市场开发策略以外，还需增加有利于提高心理素质，保持心理健康等方面的培训。

一般来说，销售人员的培训主要涉及三方面的内容：一是包括行业基础知识、商品知识和销售实务知识的知识培训；二是包括销售技巧、沟通技巧等内容的销售技巧培训；最后是心态和心理素质的培训。

进一步，我们基于这三方面内容，可以确定销售人员培训的主要项目与内容，见表8-17。

表 8-17　销售人员培训主要项目与内容

培训主题	培训项目	培训内容
知识培训	基础知识	·企业内部情况：历史、经营目标与方针、组织结构、主要产品与市场、财务状况、主要管理者等 ·企业外部环境：相关法律法规、所处领域的技术发展现状、销售市场发展情况等
	商品知识	·产品生产过程、技术情况和功能用途等 ·商品的基本特性、与同类产品的相似与不同之处等
销售技巧培训	实务知识	·各种书面材料的填写方法：如订货、交货单、客户访问表、每日报告与每月报告等 ·实地推销的工作程序与责任
	销售沟通	·目标顾客的不同类型及其购买动机、购买习惯和购买行为 ·竞争对手的策略 ·企业专门为每种产品概括的推销要点及提供的推销说明、开拓的方法 ·销售谈话技巧与规范用语等
心态与心理素质培训	态度	·对企业经营理念与方针的态度 ·对企业主要管理者的态度 ·对顾客的态度 ·对工作的态度等
	自我管理	·目标管理、健康管理、时间管理、任务管理等

3. 设置培训课程

在本章第一节，我们根据不同的标准将销售人员划分到不同的类别中，在这部分，我们将基于层级标准，讨论不同层级的销售人员的培训课程设置，这里将应用到销售培训中最典型的模型——ASK模型。

A：Attitude 保持积极端正的态度是成功的第一步。

S：Skill 熟练掌握销售及与之相关的技能是提高业绩的重要基础。

K：Knowledge 知识的广度与深度决定了销售人员是否能实现个人的持续发展。

关于态度、技能与知识培训的内容具体见表 8-17 的内容。但值得注意的是，尽管岗位本质都是销售岗，但在培训课程上还是应有所差异，新员工、有经验员工、大客户经理以及区域经理的培训项目与课程设置上将都各有侧重，见表 8-14。

表 8-14　不同层级销售人员培训核心要求与课程设置

层级	核心要求	课程设置
新销售员工	·销售技巧 ·产品服务 ·解决问题的能力	企业基本情况介绍和企业文化；企业销售方式和流程；企业产品和服务介绍；信息收集与分析；沟通与谈判；如何开拓新客户；电话营销技巧；客户拜访技巧；销售中的心理暗示；销售礼仪；职业生涯规划
有经验的销售员工	·产品和服务的营销 ·开发大客户 ·市场分析 ·运用各种技巧	产品与服务介绍；市场分析；营销技巧；如何开发大客户；大客户营销方式；谈判技巧；如何减压；时间安排；经验分享；营销答疑
大客户经理	·客户管理 ·大客户营销 ·业务发展 ·人际关系	企业战略发展；客户关系管理；大客户营销；顾问式销售；专业谈判技巧；新技术知识；业务拓展战略；市场预测与分析；人际关系处理；抗压训练法
区域经理	·营销策划能力 ·渠道拓宽能力 ·团队领导能力 ·公共关系能力	高绩效营销团队建设；激励艺术；沟通与谈判；领导艺术；培养下属的方法；营销人才评估与甄别；公共关系管理；非人力资源经理的人力资源管理

四、销售人员培训与开发的实施

销售人员培训与开发的组织与实施过程也在一般培训与开发框架下进行。其中需要特别注意的是培训时机的确定，销售人员的培训时间的选择相比管理人员和技术人员并没有那么强的固定性，对于销售人员合适的培训时间，往往有以下几个重要节点。

1. 有大批新销售人员加入时

每年招聘季结束后，会有大量的新员工进入企业并被分配到各个部门，当员工岗位确定后，就需要对新员工进行培训与开发。销售部门是一个企业的核心部门，部门的新员工更是企业潜在的人力资源，如何将其开发成企业需要的优质资源，就需要在大批销售新员工加入时，对其进行统一、规范并完善的培训与开发，赋予销售新员工必备的能力与素质，为之后的销售工作打下坚实的基础。

2. 销售人员业绩整体下滑时

销售人员的业绩不仅与个人薪酬挂钩，更与整个企业的绩效息息相关，因此，当销售人员业务出现整体下滑时，就需要及时找出问题，并针对问题进行相应的培训与开发活动，以及时提升员工所需的销售能力与技巧，提升整体业绩。此外，业绩下滑会给销售人员及其团队带来巨大的心理压力，当销售团队整体都比较消极、士气低落的时候，人力资源管理部门就需要举行培训活动，鼓舞团队士气。

3. 新产品上市时

熟悉本企业产品是销售人员工作的基础。企业研发部门开发出一个新产品后，销售人员就需要对产品的特性、功能用途、与同类产品的异同等基本信息有一个充分的了解和掌握，这就需要通过统一规范的培训与开发来达到这一目标，并以销售人员为媒介将企业新产品推向市场。

4. 市场竞争激烈时

企业所占的市场份额是决定企业绩效的另一重要因素。在同一领域中，当产品不是垄断型的时候，每家企业都想分得市场的一份蛋糕，都会用尽全力争夺市场份额，想要快速拿下市场并占领较大的市场份额，企业就需要在竞争激烈的环境下对销售人员进行有计划的、科学的培训与开发，培养优秀的销售人才队伍，提高企业竞争力。

复习思考题

1. 新员工导向培训主要从哪些方面进行？具体包括哪些内容？
2. 如何进行新员工导向培训的跟踪评估？有哪些方法？
3. 高层、中层与基层管理人员培训主要从哪些方面进行？具体包括哪些内容？
4. 技术人员培训的目标有哪些？
5. 销售人员培训的主要项目与内容有哪些？
6. 针对不同层级的销售人员，培训课程该如何设计？

案例分析
D公司的人力资源开发与职业教育培训

国企改制后的D公司依托锰矿资源储量的优势，加强对锰资源深加工的力度和投资，2006年至2008年持续建设新的生产线，员工规模几乎翻番。企业规模的快速增大给人力资源管理带来了严峻的挑战。如何充分发挥好现有的人力资源，如何提高现在的管理水平、技术水平和技能水平，公司员工培训中心根据公司的发展需要，结合人力资源实际，以需求为导向，以服务为宗旨，以持续改善为目标，以创造价值为目的，开发了各类各层次的培训项目，推动员工的综合素质快速提升。

（1）建立健全员工安全培训学校，对全员进行安全生产知识和技能的培训，做到人人要安全，人人懂安全，人人会安全。

D公司是集锰矿资源采选及深加工于一体的现代化冶金企业，安全生产是公司常抓不懈的头等大事。按矿山企业安全生产有关规定，做好各生产单位员工的安全生产教育培训，让一线员工在工作中从"要我安全"到"我要安全"的转变。

具体做法是选拔各生产单位的安全员作为兼职培训教师，针对各单位不同的生产工艺流程和岗位安全操作规程，组织本单位的员工进行岗位培训和现场操作相结合的培训。通过精心策划，周密安排，利用工作之余进行培训，做到培训与生产工作两不误，共培训员工3062人，大大增强了员工的安全生产意识，减少了安全生产事故的发生。

（2）开展员工轮训，提升员工的整体素质，开发员工的职业品质。

为了提升公司员工整体素质，采用职工夜校学习培训形式，对全体员工进行轮训。通过安全生产教育、企业先进文化理念教育、企业规章制度、6S现场管理、职业道德行为规范、ISO质量贯标知识、矿山安全法、优秀员工准则、员工的阳光心态等内容的学习，一方面提升了员工的综合素质，另一方面也提供了一个让员工了解企业文化、规章制度和工作交流的平台。在全公司营造一种爱企如家、敬业奉献、奋发向上的良好氛围，培养员工工作的事业心和高度的责任心，凝聚创业的力量，全力打造一支"忠诚企业、纪律严明、恪尽职守、团队精神、创造价值"的职工队伍。

（3）着力增强中层管理干部的综合能力，整体提升企业的管理水平。

中层管理干部是企业发展的重要支柱，为了提升中层管理干部的综合能力，提高决策的正确性和管理的科学化，采用"请进来"和"送出去"相结合形式进行培训。一方面是把国内名牌大学教授或管理专家请进企业，把最新的管理思想、企业经营理念和信息带到企业内部，结合企业发展情况，开展领导艺术和管理技能的有效培训。另一方面是创新企校合作模式，选拔优秀管理人员和技术骨干，送出去参加高级管理知识研修班。2009年组织公司53名中层副职以上干部分批分期参加了厦门大学－D公司企业管理知识高级研修班，同时也参加公司在南宁举办的企业管理知识培训班，培训内容有国学智慧与企业管理、人力资源管理、财务管理等，从而扩大了中层管理干部的管理视野，丰富了知识面，为企业管理的提高奠定了良好的基础。

（4）重视班组长的素质提升，开展班组长提升训练班，提高班组长的管理水平和行为品质。

班组长是最基层的管理者，班组长的素质如何，是决定一个班组有无凝聚力、战斗力、向心力的关键。为进一步提升公司的基础管理工作水平，2008—2009 年公司组织策划了五期班组长提升训练班，共培训 300 多人，培训内容有班组建设、台账管理、沟通能力、生产管理能力、执行能力、6S 现场管理等。经过培训和考核，合格率为 93.5%，进一步规范了班组管理建设，增强了以人为本共建和谐企业的管理意识，增强了班组创新意识，提高了生产现场管理的技能水平，提高了班组日常管理技巧。

（5）做好新员工基础培训，增强新员工的归属感，提升新员工的综合素质。

成功的新员工培训能够起到传递企业价值观和核心理念，并塑造员工行为的作用，为新员工迅速适应企业环境并与其他团队成员展开良性互动打下坚实的基础。由于企业的快速发展，近几年招聘了一批又一批大中专生和普通生产工人。为了增进新员工对企业发展情况、企业文化的了解，增强其归属感，公司举办了 10 期新员工培训班。培训内容有企业文化、规章制度、安全生产、职业规划和职业素养等。通过培训，一方面可以帮助新员工了解公司情况，了解工作的流程与制度规范；另一方面也可以帮助他们排除心理上与经验上的不适感，稳定其情绪，进而提高其工作技能。

（6）实施"蓝领技能素质提升工程"，加强各类技术和技能培训，切实提高岗位人员的操作技能。

在企业化合工、钳工、维修电工、化验分析工、行吊车工、电氧焊工等主力工种中，实施"蓝领技能素质提升工程"，充分调动内部员工的积极性和主动性。从各单位选拔一批技术熟练的骨干担当技能教练，使培训工作与选拔优秀人才相结合，与提高岗位操作能力相结合，切实提高岗位操作人员的技能水平，使技术工人素质有整体提高，形成完善的技能人才体系，形成"以点带线，以线带面"的培训格局（以培训中心为基点，对技术尖子和技术骨干进行技能培训；以技术尖子和技术骨干为线，再对岗位员工进行技能培训）。经认真策划组织，共培训了 2578 人，使生产一线员工大大地提升了自身的综合技能，也增强了企业市场竞争力。

（7）拓展员工学历教育，携手国内名牌大学开设成人高等教育专科班和本科班。

为适应企业的长远发展，实施人才战略培养工程，公司与国内名牌大学联合办学，采用远程网络教育模式，开办高中起点专科班、专科起点本科班，开设符合企业岗位实际需要的专业，如行政管理、工程管理、电气自动化、机械设计、化工工艺、会计学、人力资源管理等专业

D公司致力于发展成为世界重要锰材料基地，在企业迅速发展的同时，也在进一步加强员工教育培训的力度，将会投入更多的资源打造一支追求卓越、敢为人先的"大锰人"团队。

资料来源：许中权，李红华，刘存志. 中信大锰大新分公司人力资源开发与职业教育培训实践 ［J］. 科技创新导报. 2010（12）：194.

分析与讨论：

1. 请总结D公司是如何进行员工分类培训与开发的，并取得了哪些成效？

2. D公司对不同员工的培训与开发经验是否值得被其他企业效仿？为什么？

3. 请谈谈你在D公司对员工的培训与开发中获得了哪些启示？

第九章　培训开发成果的转化

☆ 学习目标 ☆

了解培训开发成果转化的内涵和模型
熟悉培训开发成果转化的相关理论
明确培训开发成果转化的影响因素
掌握培训开发成果转化的方法

☆ 关键概念 ☆

培训开发成果转化
培训成果层次
培训成果转化模型
同因素理论
激励推广理论
认知转换理论
自我管理理论

☆ 引导案例 ☆

华为是如何成功转化培训效果的

20 世纪 90 年代末，随着软件开发需求的增加，华为出现了代码编写效率低、软件开发缺乏科学流程管理的问题，有些部门负责人甚至采用"数行数"来考核绩效，编多少行代码就发多少奖金。这种做法在华为创始人任正非看来，99％的代码都是垃圾，而不把垃圾去掉，企业的核心竞争力就不会提升。他表示，软件的高水平和低水平之间没有严格差距，只是工作方法和工作习惯的差别。在这种情况下，华为开始在世界范围内寻求合适的老师对员工进行培训，经过拜师前的数次考察，华为发现环境是促成印度软件产业崛起的重要因素之一。首先，软件开发语言以英语为基础，而印度人说英语；其次，印度能拿到大量西方外包订单，练手机会很多；最后，"软件致富"是当时印度的国家战略，很多年轻人选择了计算机专业，这给当地软件公司的发展提供了源源不断的人才。倘若离开了有订单、有高校、有产业、有竞争的环境，恐怕谁也无法复制印度在软件研发上的优势。1999年，华为以获取软件研发能力为契机，在印度班加罗尔建成了第一所海外研究中心，将国内员工送去印度学习。平日里研究中心会承接正常的软件项目，中方员工有了边操作项目边学习的机会。可他们并非永久驻扎，项目周期通常为3至6个月，当项目结束后，这批员工便可回国再换下一批。对于这种海外学习模式，华为将其形象地称作"洗血战略"，就是像血液透析一样，让一批又一批本土员工出海，丢掉旧思想，学到新知识。3年时间，华为印度研究中心共培训了300多名中方员工，他们学成归国后被派到各个产品线担任主管，把先进经验推广开来，使得普通员工也获得了培训。凭借这种以点带面的策略，不仅华为印度团队很快通过了CMM5级认证，国内的7个团队也分别通过了四五级认证。自此，华为的软件开发彻底摆脱了手工作坊的工作模式，变成了正规军。与此同时，一股鼓励学习、崇尚学习、竞相学习的风气也在华为弥漫开来，截至2020年，华为已在全球建立了17所研究中心用以吸收经验、培养人才、创新产品，企业竞争优势也随之而来。

235

进入新经济时代，组织面临着更多的风险挑战和冲击，企业在追求自我生存和持续发展的过程中，既要考虑当前经营目标的稳步实现，又要考虑企业在未来风云诡谲的经营环境中能否站稳脚跟并且保持持续的赢利增长。在此种情境下，培训之后的成果转化任务变得非常重要，因为培训成果只有真正转化为员工自身的技能或能力，才能保证其绩效的提高和工作能力的发展。因此，企业应当关注培训后员工在工作实践中是否使用了培训中所学的知识和技能，重视他们习得的行为是否创造性地应用于实际，以及能否维持下来。培训只有发生了实在的转化，才是有效的。

（资料来源：法制日报社《法人》杂志）

第一节 培训开发成果转化概述

一、培训开发成果转化概念

培训开发成果指组织和受训者从与培训有关的活动中获得的积极效果。但一些培训利用研究结果表明，一般情况下，培训带来的积极效果在未来一段时间内仅产生 10%～20% 的作用，也就是说，可能由于不合理的开发、利用、维持和转化，80%～90% 的培训资源最终被浪费，这阻碍了一个以盈利为目标的企业对高效率和高效果的追求。因此，培训结束以后如何进行培训成果转化，促使受训者自觉将其运用于具体的工作任务当中，以此来增强培训的实际效果，就成了企业在做出与员工培训相关的决策时，需要充分关注、考虑的问题。同时，为了防止受训者回到旧有的、习惯的行为方式上，企业必须创造有利的组织氛围来确保培训开发成果的维持及在工作中的不断应用。因此，培训开发成果的转化不仅包括将培训内容推广到工作当中，也包括对所学内容的维持。

培训开发成果转化，也称为培训开发迁移，指受训者有效且持续地将在培训开发中所学的知识、专业技能、能力、行为和态度应用到工作中，并能够在一段时间内持续产生作用、从而使培训开发发挥出最大价值的过程。培训开发成果转化是学习的意义和结果。从接受抽象的学习内容到产出具体的学习成果，受训者需要不断地复习、不断地重复，直到运用新知识成为自身的一种行为习惯。培训开发成果的转化从理论上属于学习的迁移范畴（transfer of learning）。培训开发成果转化包括：内容保存、推广到工作当中并能维持所学内容。

学者们对培训开发成果转化的定义说法各不相同，但始终强调的是以下两方面。

第一，培训者在培训过程中要确定三点：即企业和管理者期望受训者在培训之后必须改变的行为是什么、培训开发成果转化在什么情境中最容易发生、受训者在面对变化的工作情境时能够应用所学内容的程度。也就是说，在什么样的情形和什么样的行为中，我们期望受训者运用他们在培训开发活动中所获得的知识、技能等。

第二，培训者通过培训习得的行为维持的持久度、成效及新行为在变化的不同的转化环境当中如何保持的问题。也就是说，我们期望受训者学习到的知识、技能和态度能保持多久的时间以及工作中哪些因素能够加强知识和技巧的发展。

二、培训开发成果转化层次

培训开发成果转化过程的主体是受训者，从受训者角度可将培训开发成果转化层次分为以下四个层面。

第一，依样画瓢式的运用，即受训者的工作内容、所处的工作环境、工作所需技能的操作条件等与培训的相关情况都完全相同时才能将培训学习成果进行迁移，此时，受训者的实际工作环境与培训时环境越相似其培训成果转化的效果就越好。例如，情景模拟培训在这个层面的转移程度就比较大，效果也比较好。依样画瓢式的运用较多地体现在基础技能培训方面，如驾照考试、飞行员培训等。

第二，举一反三，即受训者理解了培训成果转化的基本方法，掌握了培训目标中要求的最重要的特征和一般原则，同时也明确这些原则的适用范围。在工作环境（如操作设备、工作任务、实际问题）与培训时的环境特征有所差异时，受训者也能正确应用所学知识技能。这个层面的转移效果可通过培训师在培训时示范关键行为、强调基本原则的多种适用场合来提高。举一反三的转化运用较多地体现在服务技能培训方面，如人工客服、基础咨询等。

第三，融会贯通，即受训者在实际工作中遇到的问题或所处的工作环境与培训过程中的特征完全不同时，也能回忆起培训中的学习成果，建立起所学知识与现实应用之间的联系，并恰当地加以应用。受训者需要具备随机应变的灵活性、以及对培训要点记忆深刻、理解透彻才能有效地进行知识迁移，受训者的这种能力是可以在不断的培训、学习重复与长时间的工作实践中获得的。例如，医生在病人的诊断、治疗过程中可能面临与课堂、书本传授知识大不相同的情况，这时就需要医生运用在培训中掌握的专业技能，以及医生在培训与工作实践中形成的敏锐的职业判断来解决工作难题。

237

第四，自我管理，即受训者能积极主动地应用所学的知识技能解决实际工作中的问题，而且能思考培训内容在实际工作中的应用。例如，能较为恰当地判断在工作中应用掌握的新技能可能会产生的积极或消极效果；自主设置所学技能的应用目标；对所学内容的应用进行自我提醒和自我监督；自觉应用培训内容并进行自我强化，继而进入创新地应用成果这样的良性循环。自我管理的转化应用对受训者的个人能力特征提出了最高要求，培训成果转化效果也是最好的。

三、培训成果转化过程模型

1. 鲍德温和福特的培训成果转化过程模型

1988 年，美国学者鲍德温与福特在研究哪些因素会最终影响到学习的维持和推广能力的基础上，构建了极具影响力的培训成果转化模型，[①] 如图 9—1 所示。为了更好地理解培训成果转化机制的原理，需要对其中涉及的概念加以明确。模型中所涉及的概念有：第一，受训者特征。受训者特征指影响受训者学习的各种能力和动机，包括兴趣爱好、学习动机、发展愿望及所拥有的包括认知能力和阅读技能的基本技能等。第二，培训项目设计。培训项目设计指培训项目与学习环境的协调。学习环境与真实的工作环境之间的相似性将很大程度上影响受训者对于培训的适应性，以及培训结束后受训者将学习成果在工作中进行迁移、产出的速度和质量。第三，工作环境。工作环境指能够影响培训成果转化的所有工作上的因素，包括管理人员支持、团队成员支持、技术支持和在工作中应用新技能的机会以及企业文化等。第四，推广和维持能力。推广能力指受训者在遇到与学习环境类似，但又不完全一致的问题和情况时，将所学习的技能包括语言知识、行为技能等应用到工作当中的能力；维持指长时间持续应用新获得的能力的过程。

238

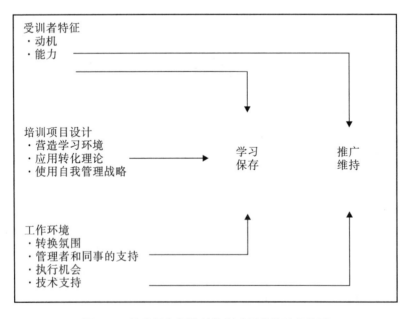

图 9—1　鲍德温和福特的培训成果转化过程模型

[①]　timothy t. baldwin，j. kevin ford. transfer of training：a review and directions for future research［J］. *Personnel Psychology*，1988，41（1）：63—105。

该过程模型包含三个部分：一是培训投入，包括受训者特征、培训项目设计、工作环境。二是培训受到培训投入影响的培训产出，即学习和保存的结果。三是如何推广与维持培训结果，它受到培训投入的直接影响，同时以维持学习为中间变量受到培训投入的间接影响。该模型认为，培训者通过培训投入获得新知识和新技能，在练习与应用的过程当中对认知与行为模式加以保存，然后在工作情景当中加以维持和推广，这就是培训成果的转化过程。培训投入直接影响到受训者对培训内容的学习与保存情况，又进一步对培训成果转化，即推广和维持的内容与质量有直接或间接的影响。因此，为了实现培训成果的顺利转化，受训者必须具备充分的学习动机和各种学习能力。

首先，受训者应当对参与培训的目的非常明确，即培训的根本目的在于增长能力、改善绩效、提升竞争优势。其次，受训者应以积极、认真、严谨的态度参与培训，置身事外或消极敷衍的态度会使培训效果大打折扣。要做到这一点，受训者需要明白的一点是：培训不仅是福利和奖励，更是一项重要的工作任务、一个宝贵的学习机会。再次，受训者应当以平和、谦虚的心态去积极聆听和汲取旧有的学习内容，在培训中受训者总会遇到以前看过、听过或学过的东西，这个时候受训者既可以把培训视作复习巩固、熟能生巧的过程，也可以从一个全新的角度出发，得到别样的深刻认识，这同样是一种收获。最后，受训者在成果转化过程中应当保持足够的耐心、坚定信心。在培训结束后，受训者要对培训内容及时地进行回顾和整理，并且在工作实践中不断练习直到熟练地使用新方法和新技能，在运用的过程中遇到困难时必须有意识地要求自己这样做并努力坚持下去。一旦受训者又恢复到旧有的、习惯的行为和技能模式时，不应当放弃，而应当再去尝试。因为对于还没有能够适应和习惯新方法和技能的受训者来讲，用起来当然不比旧方法熟练和快捷，甚至还可能出现绩效下降的情况，这时受训者可以寻求外界和培训导师、上级领导的帮助，发现成果转化过程中的问题和难点，慢慢适应。当受训者能够在工作中习惯运用掌握的新技能和新方法提升绩效，甚至总结自己的使用心得以后，所谓的新技能即被受训者完全掌握，成为受训者个人的独特工作经验了，这时培训效果最优。

同时，培训管理者作为培训的具体组织者、推动者、监督者、效果审核者、培训项目设计的主体和组织资源的分配者，比受训者更清楚某一项培训的具体目标和意义，也更不希望看到培训失败。为了达成培训成果顺利转化的目标，培训管理者首先应当建立一个由培训成果向工作实践转化的机制，然后通过各种手段发挥作用，如在组织内部营造良好地学习环境和转化氛围、及时地解答受训者提出的问题等。

2. 福克森培训成果转化模型

1993 年，福克森基于勒温的场论发表了《培训成果转化的过程方法》，并提出了 Foxon 转化模型①，如图 9—2 所示。场论认为，个体在任何系统中的行为源于总力量，驱动力改变现状，约束力阻碍改变并保持现状。福克森将这两种力量运用于培训成果转化过程当中，指出个体学习、运用和维持新知识与新技能的整个系统受到的不仅仅是孤立的几个因素的影响，而是许多因素的影响。其中，促进培训成果转化发生的因素是驱动力，即支持因素，如有利的组织氛围、培训内容实用、应用新技能的动机、转化策略内部化、领导支持、应用新技能的可能性等，阻碍培训成果转化发生的因素是约束力，即阻碍因素，如不利的组织氛围、培训内容不实用、受训者缺乏应用新技能的动机、缺乏领导支持、受训者不知道如何应用新技能等。

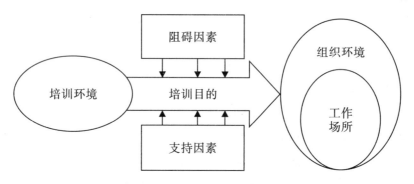

图 9—2　福克森的培训成果转化过程模型

四、培训开发成果转化的重要意义

培训开发成果转化一般发生在培训工作结束后，有时也发生在培训过程中。培训效果的有效性不能保证一定能产生优秀的培训开发成果，即培训学习不能保证员工个人产生实际的工作绩效，事实上，只有不足一半的培训内容能在培训结束后立刻被运用到工作情景中，6 个月以后只剩下 25% 的内容还能被继续运用，一年后，只剩下 15% 的内容能被维持，这意味着大约只有 10% 的培训投入能产生所得，由此可知，培训开发成果是员工培训与提升员工绩效的中间桥梁。成果转化作为培训工作的检验和应用环节，既能根据转换成果的质量来判断培训的必要性、检验培训的有效性，也能根据成果转化过程中的难点反馈对培训内容进行及时调整和修改，对受训者和培训者、员工和企业都有重要意义。

1. 是培训价值的有效体现

培训的目的是：一方面，影响员工的行为和产出，提升员工的工作素质、培养

---

① Foxon M. Process approach to the transfer of training：part 1：the impact of motivation and supervisor support on transfer maintenance [J]. *Ajet Publications*，1993，9（2）：130—143.

团队精神、树立正确的工作态度、提高工作满意度和提升工作业绩；另一方面，影响企业的正常运转和长短期收益，通过员工技能和知识素质的提高来提升企业竞争力，帮助企业适应变化的市场环境带来的业务调整，从而最终为企业带来价值的提升。而培训目的的实现与否在于培训的内容是否能够真正转化为员工自身的技能，即员工是否真正将所学的东西运用到实际工作中并保持下去，也就是培训成果是否真正转化。然而不同企业普遍出现培训成果转化率低的问题，导致培训资源投入与产出不成比例增长，甚至呈现负增长，故企业的人力资源管理在重视员工培训的同时，也应当同时关注培训成果转化工作的顺利进行。只有培训成果转化的工作真正落实到位，即转化为相应的个人绩效和组织绩效，培训的目标才得以实现，企业的资源才得到充分、合理地运用，培训的价值才能真正体现出来。

2. 是企业竞争力提升的关键环节

人力资本是企业竞争力的源泉，通过不断地提升企业内部人员的能力和素质可以不断地扩大企业的竞争优势。培训若要有效果，最终必须要落实到培训成果的转化方面，高效的培训成果转化是培训的战略价值得以实现的标志，即培训成果转化是培训战略性价值追求的目标。培训转化应被视作为培训的重要过程，培训的实施不应仅仅服务于当下、满足于眼前，更应将培训的效果放到提高培训后的收益和服务企业未来的发展。

培训成果的转化一方面通过提升员工绩效直接提升了组织绩效，另一方面也满足了企业的培训需求，从根本上增强了企业的竞争力。首先，培训成果的转化是员工个人绩效的提升，员工通过接受培训，在工作中进行成果转化来运用所学、改进工作行为、提高工作效率。其次，培训成果转化的过程进一步强化了学习功能，有助于企业建成学习型组织。在当前急剧变化的市场经济和科技变革环境之下，行业之间甚至不同行业之间的竞争异常激烈，新技术、新知识不断涌现，企业只有根据企业战略、长期发展需求，开展员工培训、投入培训资源、让员工不断地充电，学习新的技术和知识，促进培训成果的转化，才能为企业储备人才资本，以便在激烈的竞争之林站稳脚跟。

241

案例启发

京东大学：员工培训成果转化引领业务的高速增长

京东商城于 2004 年成立，十多年来其发展势头迅猛，与此同时高速的业务增长与员工数量的不断增加，给京东的培训工作带来巨大的压力和挑战。2012 年公司创始人刘强东强调"把培训上升为公司战略之一"，并着手建立"京东大学"，以期在互联网思维的有效运用下，实现企业的持续发展。对此，京东大学执行校长马成功详细讲道："京东大学的成立是企业发展的需要，旨在有效帮助新加入京东的员工快速了解京东的理念和做法，加速成为合格的京东电商人，而这也是京东大学的使命和定位。同时为了更好地践行京东大学的使命，加速京东人才培养工作和培养成果转化工作的开展，公司梳理出与战略发展需求高度契合的人才培养理念，即'4S理念'：style（形成京东的行事风格，工作状态）、speed（员工成长速度要符合京东速度）、stage（公司力争为员工提供发挥能力的舞台）、success（让员工与公司共同成长、实现职业梦想、共享成功），京东的培养体系不仅注重员工培养内容与公司战略的契合，同时注重公司对员工在适应学习内容、转化培训成果中的支出和环境搭建。"

京东作为电商企业，处在互联网发展迅猛的时代，凭借互联网思维和技术，对培训工作进行了全新的改造和武装，实现了低成本、高效率的培训诉求。在独具京东特色的人才培养理念的指导下，京东的培训模式也有着一些创新的做法，京东的培训模式可以概括为"舍不得"与"离不开"的培训模式。"舍不得"是指：个人学习与成长产生强连接。通过为员工营造良好的学习氛围、设计吸引人的学习内容，提供促其成长的机会让员工产生'舍不得'离开的心理感受。满足员工的成长需求。"离不开"是指：通过设计紧贴业务的培训内容，使培训与绩效建立强关联，有效支持和推动员工的业绩增长，最终实现培训内容、成果与公司实际相符合，更贴合员工需求，在更大程度上促进培训工作的有效进行。

层层递进的人才培养路径让京东的管理人才培养工作得以有效落地，培训成果转化带来的成效给京东的未来工作开展注入了强劲的动力。首先，是有效助推企业文化落地，帮助员工快速解决问题、缓解情绪。其次，是打造学习型组织，通过建立一套动态的知识管理体系，员工可以随时将培训成果分享在公司内部，萃取群体智慧、整合内部资源。最后，是提升企业业绩、实现组织目标。

第二节　培训开发成果转化的相关理论

很多学者认为，培训成果转化失败的原因之一在于培训项目设计忽略了学习成果转化这一环节。也就是说，认知学习很可能会并且容易发生，但是培训者可能没有教会受训者该如何将培训内容用于实际工作，或者受训者没有应用所学培训内容的意识和机会，从而造成成果转化失败。因此，有必要了解影响培训项目设计的培训成果转化理论，包括同因素理论、激励推广理论、认知转换理论和自我管理理论。

一、同因素理论

同因素理论认为，只有当受训员工工作和培训时所学到的内容完全相同时，培训转化才能发生，也就是说，培训能否达到最大限度的转换，取决于任务、材料、设备和学习环境特点与工作环境的相似性。用心理学的术语来表达就是，培训环境与工作环境的逼真度非常高，近乎完全吻合。逼真度指至少两种环境之间相似的程度，开发测量工作相似度的工具可以利用同因素理论。工作相似性是一种衡量指标，用来衡量员工能够接受的一种工作所需的知识、技能培训适用于另一工作的程度。

同因素理论重视"转化力"的发生。转化力指受训者将所学技能准确运用于工作上的能力。如果培训项目强调转化力的话，培训设计至少应当包含以下要素：第一，培训项目一定要传授具体的概念和程序；第二，详细说明培训任务和实际工作任务之间的所有区别；第三，强调受训者关注培训任务和工作任务之间的重要差别，而不是不重要的差别；第四，受训者在培训中学习的行为和技能必须有利于高绩效的产生，按照同因素理论设计项目应考虑的一个重要问题就是，培训项目中强调的行为方式或技能是有益于还是会干扰实际工作绩效。

243

与设备操作相关或含有特殊程序的培训项目设计大多利用该理论。例如，培训飞行员使用的模拟器。飞行员的培训在飞机的驾驶舱的模拟器中进行，它与真正的飞机在各个方面（如计量器、仪表、照明）几乎无差别，即我们说的学习环境与工作环境完全吻合。如果飞行员是在这样的模拟器中学习飞行、起飞、降落和处理紧急情况的技能，那么他们就会将这些技能转换到工作环境中，即实际的飞机驾驶中。但是，同因素理论没有指出当学习环境与培训环境不相同时，培训成果该如何进行转换，尤其是对于人际关系技能的培训。因为一个人在冲突情况下的行为是很难预测的，所以，受训者必须学习解决冲突的一般原则，以便在不同环境要求下能够变通使用（如，对待一位怒气冲冲的顾客与一位缺乏产品知识的顾客）。

二、激励推广理论

激励推广理论认为，培训成果转化的方法是建立一种强调最重要的特征和一般原则的培训，同时明确这些一般原则的适用情境。激励推广理论强调"远程转换"，远程转换指当工作环境（设备、问题、任务、目标侧重点）与培训环境有差异时，受训者在工作环境当中应用所学技能的能力。

激励推广理论在管理技能培训项目的设计中得到了很好地运用，这是因为管理技能培训项目是一种行为模拟培训，它是建立在社会学习理论基础上的。在早期关于社会学习理论的讨论中，模拟、实践、反馈和强化在学习中扮演着重要角色。开发行为模拟项目的步骤之一是要明确成功处理一种情况所需的关键行为，示范者在录像中演示一遍这些关键行为并为受训者提供实践这些行为的机会。在行为模拟培训中，关键行为可适用多种情况的处理。实际上，行为模拟培训的学习是要求受训者能在各种与培训情形不完全一致的情况下应用这些行为。

三、认知转换理论

认知转换理论以信息加工模型作为理论基础，信息的储存和恢复是这一学习模型的关键因素。认知转换理论认为，受训者恢复培训所学技能的能力决定了培训的转化与否。这一理论认为可通过向受训者提供一些有意义的资料和材料来增加他们将工作中遇到的情况与所学能力相结合的机会，进而提高培训成果的转化。同时向受训者提供对所学技能进行编码记忆的技能，这样他们就更容易恢复这些能力。

认知转换理论的影响可从培训设计的另一方面来探讨，即该理论鼓励受训者思考培训开发内容在实际工作中应用的可能性。许多培训开发项目包括让受训者找出工作中遇到的问题或状况，然后讨论运用培训开发内容的可能性。应用练习能够让受训者在发现一定的线索时，如问题和状况，增加他们回忆并巩固培训内容进而将其运用到工作中的可能性。培训的应用练习能够让受训员工理解所学到培训内容和实际应用间的联系，如此便可以在需要的时候更快地回忆培训所学到的技能。

企业要想保证培训的有效性，提高员工和组织的整体绩效，促进培训开发成果的顺利转化，就有必要了解培训转化的相关理论和适用条件，表9-1对以上三种理论的主要内容及适用条件做出一个对比总结。

表9-1 培训转化理论的强调重点及适用条件

理论	强调重点	适用条件
同因素理论	培训环境与工作环境完全相同	工作环境的特点可预测且稳定 例子：设备使用培训
激励推广理论	一般原则运用于多种不同的工作环境	工作环境不可预测且变化剧烈 例子：人际关系技能的培训
认知转换理论	有意义的材料和编码策略可增强培训内容的存储和回忆	各种类型的培训内容和环境

四、自我管理理论

自我管理指个人控制决策制定和行为方式的某些方面的尝试。培训开发项目应让员工做好在工作中自觉执行运用管理新技能和采取新行为的准备。自我管理包括：（1）在工作中应用所学技能。（2）设置应用所学技能的目标。（3）列举运用新技能、采取新行为的积极与消极后果。（4）自我监督整个新技能和新行为的应用过程。（5）自我强化。

研究表明，应用了自我管理战略的受训者，其转换行为和技能水平比没有应用自我管理战略的受训者更高。自我管理如此重要，是因为受训者可能会在工作环境中遇到许多阻止其进行培训转换的障碍。表9-2列示了培训转化过程中的遇到的观念和执行上的障碍。

表9-2　培训转化的障碍分析

障碍类型	障碍因素	影响描述
观念层面	培训仅是一种福利	忽视员工参加培训的义务性 造成员工对培训和成果产出的漠视
	培训是中基层管理者的事	只关注中基层员工培训，忽视公司高层培训 造成管理者和员工在思想理念上的冲突，使员工发展受到管理者的严重制约
	培训是人力资源部门的工作职责	高层不重视，中层不支持，基层不理解 造成人力资源部门单独开展培训工作，得不到其他部门的支持
	培训万能论	过分倚重和依赖培训工作 造成企业出现经营危机时陷入培训解决一切的盲区
执行层面	缺乏科学的需求分析基础	企业对员工的培训需求缺乏科学、细致的分析，使得培训工作具有盲目性、随意性、无针对性 没有将本企业发展目标、岗位技能和员工的生涯设计有机结合进行设计培训
	重视投入，忽视产出	前期投入过后缺少关注，培训结束简单考试，对培训绩效缺乏系统管理，难以保证培训转化效果
	重视前期准备，忽视培训的监督和沟通	实施阶段忽视对培训过程和受训者参与度的监督，以及培训者与受训者之间的沟通，无法及时对培训内容进行纠偏

这些妨碍因素往往会导致偏差过失的出现，从而阻止了转化的进行。偏差过失指受训者继续使用以前学过的有效性差的技能，而没有尝试使用培训项目中所强调的技能的情况。继续使用陈旧的行为方式和技能形式的现象是十分普遍的。对于受

245

训者而言，关键问题在于避免走老路或使用过时、无效的各种能力，如知识、技能、行为方式、策略等。此外，受训者也应该明白过失是很常见的，要做好准备去应对它们，往往那些没有做好准备的受训者可能会放弃尝试应用新的技能——特别是那些自我效能程度低和自信心不足的受训者。

使受训者应付这些阻碍因素的一个方法是教给受训者自我管理的技术指导。图9-3给出了一个自我管理指导的模式样本。

```
1.讨论偏差过失
·注意培训转化不佳的证据
·提出改进方向
2.明确需要转化的目标技能
3.确认导致过失的个人或环境因素
·自我效能水平低
·时间压力
·缺乏管理者或同事支持
4.讨论应对技能和策略
·时间管理
·设定先决条件
·自我监督
·自我嘉奖
·建立个人支持网站
5.明确何时可能发生过失现象
·情形
·对付过失的行动方案
6.与确保培训转换的相关资源进行讨论
·管理者
·培训者
·其他受训者
```

图9-3 自我管理模式的内容样本

第三节　培训开发成果转化的影响因素

培训成果转化模型表明，受训者特征、培训项目设计和工作环境会作为支持因素或阻碍因素影响到培训开发成果的转化，受训者特征包括学习动机、旧行为的惯性、技能水平。培训项目设计包括学习环境、应用转化理论、自我管理战略的使用。工作环境包括转换氛围、管理者支持、同事和培训团队的支持、执行机会、技术支持、学习型组织等。

一、受训者特征对于培训成果转化的影响

受训者特征指影响学习行为和学习态度的受训者的各种能力和动机。通过影响受训者对于培训项目的参与度、对于新技能和新行为的习得掌握和熟练使用的程度而直接影响到最终的成果转化效能。

1. 学习动机

学习动机指受训者学习培训内容愿望的强烈程度，学习动机包含学习需要和学习期待两个方面。学习动机与受训者在培训中的知识技能获得、行为改变密切相关，学习动机越强烈，受训者对于接受培训、进行成果转化的积极性就越高，对于改变行为、使用新技能的专注度就会越强。

学习动机可以分为近期的直接性动机和远期的间接性动机。培训时课程内容的精彩程度、培训师授课的生动与否将会直接影响到员工近期的直接性动机，影响员工在培训成果转化过程中对于培训内容的迁移、理解和运用，这类动机稳定性差、容易受到外界因素的干扰但是效果明显。远期的间接性动机与个人的职业前景相关，员工的自尊心、责任感、职业使命感和职业生涯发展规划会在很大程度影响员工对于转化培训成果的决心和付出的努力。

247

此外，学习动机还可以分为高尚、正确的动机和低级、错误的动机，只有正确的动机才能引导员工积极、长久地进行成果转化，并将转化的成果自觉应用于工作任务中来提升组织绩效，为实现公司目标发展服务。一般而言，激发和培养学习动机的策略主要有采用启发式教学、控制动机水平、给予恰当评定、维护学习动机、正确处理竞争与合作等。

2. 旧行为的惯性

旧行为是有惯性的，对记忆和经验的抽取是我们行为决策中重要的一环，它发生在对我们行为影响更大的边缘系统中，而习惯本身是一种动作记忆和体验，它是我们储存记忆最为深刻和牢固的方式之一。社会学家道格拉斯·诺斯认为我们在行为过程中受益后，会不自觉地进行强化，并让自己不能轻易走出去，也就是会对曾经受益的行为路径产生依赖，想要改变变得十分困难。受训者对旧行为的依赖性、熟练度越强就越会降低其对新技能和新行为在工作中的运用程度。

3. 技能水平

技能水平指雇员完成工作和学习培训项目内容所需的技能，包括认知能力，如语言理解能力、定量分析能力和逻辑推理能力；以及行为能力，如技能应用能力、迁移能力等。技能水平越高的受训者，学习培训内容的效率更高，将培训所学应用于工作环境当中的可能性越强、完成度越高。

二、培训项目设计对于培训成果转化的影响。[①]

1. 学习环境

良好的学习环境是提升培训效果的前提，培训效果的提升是受训者进行成果转化的有利条件。实践表明，企业为参加培训的员工提供各项一流的硬件和软件环境能够大幅度提升员工的学习效果。

在营造学习环境的过程中，学习原理的运用能够有效地帮助受训人员获得希望习得的行为。如学习者如何组织、整合岗位所需信息以及如何储存这些信息；什么类型的培训策略可以帮助不同工作岗位、不同管理层级的受训者提高工作绩效。

2. 应用转化理论

应用培训成果转化的相关理论来设计培训项目，可以提高培训内容与工作的关联程度，从而帮助受训者更快地适应成果转化环境，提升成果转化的速度和质量。不同的转化理论使用不同的培训内容和培训对象，例如，同因素理论适用于对基层员工的技能培训，即要按照工作环境来设计培训环境。激励推广理论和认知转换理论则适用于中层或管理层的管理技能开发培训。

3. 自我管理战略

自我管理理论认为，培训应当让雇员作好在工作中运用新技能和采取新行为时进行自主管理的准备。自我管理战略影响着受训者在面对培训成果转化过程中遇到各种类型的阻碍时，所呈现出来的个人行为和态度。由于同事或上级管理人员可能无法对受训者运用培训内容的行为给予帮助、奖励或自动提供反馈，因此受训者需要创建自己的自我奖励、自我监督和评价系统，并且要求同事和上级提供反馈，以坚持培训内容的运用。

①　徐芳. 培训与开发理论及技术［M］. 上海. 复旦大学出版社，2005.

三、工作环境对于培训成果转化的影响

1. 转化氛围

探索工作环境对培训成果转化影响的一个方法是考察转化的整体氛围。转化氛围指受训者对各种工作环境特征的感觉，这种工作环境特征能够促进或阻碍培训技能或行为方式的应用。这些特征包括管理者和同事的支持、应用技能的机会以及应用所学技能的结果。表9-3给出了有利于培训转化氛围的特征。研究表明，培训转化氛围与管理者在培训之后的管理行为和人际关系行为的积极变化密切相关。

表9-3　有利于成果转化的氛围特征

特征	举例
直接主管和同事鼓励受训者使用培训中获得的新技能和行为方式并为其设定目标	刚接受过培训的管理者与主管人员和其他管理者共同讨论如何将培训成果应用到工作当中
任务线索：受训者的工作特点会督促或提醒他应用在培训中获得的新技能和行为方式	刚接受过培训的管理者的工作就是依照让他（她）使用新技能的方式来设计的
反馈结果：直接主管支持应用培训中获得的新技能和行为方式	直接主管应关注那些应用培训内容的刚刚受过培训的管理者
不轻易惩罚：对使用从培训获得的新技能和行为方式的受训者不会公开责难	当刚受过培训的管理者在应用培训内容出现失误时，他们没有受过惩戒
外部强化：受训者会因应用从培训中获得的技能和行为方式而受到外在奖励	刚受过培训的管理者若成功应用了培训内容，他们的薪水会增加
内部强化：受训者会因应用从培训中获得新技能和行为方式而受到内在奖励	直接主管和其他管理者应表扬那些刚受过培训就将培训所教的内容用于工作当中的管理者

2. 管理者支持

管理者支持指受训者的上级管理人员对培训和培训成果转化的重视以及资源支持，这对于培训成果的转化尤为重要，上级管理人员的支持程度越高，培训成果越有可能得到转化，如图9-4所示。相反，如果管理人员没有对培训给予足够的重视，不清楚培训的主要内容，不清楚或者不愿意为员工创造有利于培训成果转化的条件、甚至很少为受训员工提供应用新技能的工作机会，那么管理者就会成为培训成果转化的阻碍因素。

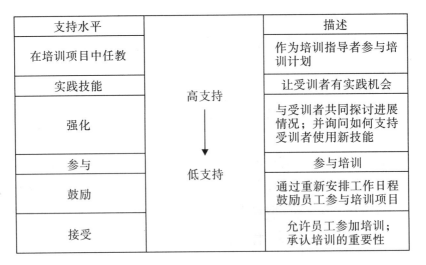

支持水平		描述
在培训项目中任教		作为培训指导者参与培训计划
实践技能	高支持	让受训者有实践机会
强化	↓	与受训者共同探讨进展情况；并询问如何支持受训者使用新技能
参与	低支持	参与培训
鼓励		通过重新安排工作日程鼓励员工参与培训项目
接受		允许员工参加培训；承认培训的重要性

图9-4 管理者对培训的支持水平

管理人员所能够提供的最低层次的支持是允许受训者参加培训，最高层次的支持则是作为一名培训师亲自参加培训任教工作。一般来说，为实现最大限度的培训成果转化，受训者需要获得最高水平的支持。管理人员还可通过强化手段，如使用行动计划来促进转化的进行。行动计划指描述了受训者和管理人员所采取的，能够保证培训成果转换到工作当中去的具体步骤的书面文件。行动计划应明确两点：一是受训者将要从事的特定项目或难题，二是需要管理人员提供的有助于受训者进行培训成果转化的各种设备和其他资源。另外，行动计划还应有具体的时间表，来表明管理人员和受训者共同商定的，将所学技能在工作中应用的进展安排。

对培训转化过程中管理人员支持水平高低的判断应从以下几个因素来考虑。

（1）是否知道本门培训课程是关于哪方面的内容。

（2）是否知道培训与员工要做的工作是匹配的，是否有可靠的方法证明培训会对员工有所帮助。

（3）是否有可靠的方法证明培训有助于部门工作绩效的改进。

（4）是否明确组织提供培训的原因。

（5）在绩效评价中，是否能对员工在培训中所学内容进行评价。

（6）是否对培训有足够的了解，并在员工返回工作岗位时对其提供支持。

（7）是否对员工参加培训的行为感到高兴。

（8）是否已和将要参加培训的员工讨论了课程的内容。

（9）是否让员工知道你关心课程的内容。

一般来说，企业至少要安排一个专门的时间来向受训者的上级管理人员解释培训的目的，并且告诉他们，企业期望他们能鼓励员工参加培训、为受训者提供实际练习的机会、强化培训内容的应用、对受训者进行追踪以评价受训者在将培训内容运用实际工作之中所取得的进展。当然，我们也可以通过一些措施来提高管理人员的支持度，如召开专门会议向管理人员说明培训目标，鼓励管理者和受训者共同制订行动计划，鼓励管理人员作为培训师参与培训活动等。

3. 同事和培训团队的支持

心理学家认为，人总是在规避风险，倾向于安定的环境。基于这种心理，员工们接受企业培训的同时，会担心技术更新会冲击他们目前掌握的工作方法和已有的业务知识，担心变革会威胁他们的岗位安全。这样对员工及时将培训中学到的新的技术和方法运用到工作实践中十分不利，从而降低培训成果转化发生的可能性。此时，如果能够在受训者之间建立起一种支持网络，则将有助于强化培训成果的转化。支持网络指由两个或两个以上的受训者自愿组成的一个小群体，他们会定期会面讨论各自将培训中学到的技能转化到实际工作方面所取得的进展。这种会面既可以是面对面讨论的会议方式，也可以是采取通过电子邮件来进行沟通的方式。通过这种交流，受训者可以彼此分享在将培训内容运用到工作方面所取得的成功经验。他们还可以讨论如何争取在运用培训中所传授的技能时所需要的资源，如何应对培训内容运用于实践这一过程产生干扰的不良环境等。

此外，培训师作为培训内容的传授者，既可以在培训开展时通过丰富培训形式、完善培训内容、因材施教、设置课堂问答等手段，及时了解受训者的学习情况、指导受训者更好地接受培训学习，也可以在培训结束后检查受训者的学习成果，帮助受训者解决成果转化过程中可能出现的疑难点，及时更新培训内容以帮助受训者掌握最先进的技能与方法。由此可知，培训师的支持同样重要。培训师可以利用内部简讯的形式指导受训者进行培训成果的转化，还可以向受训者推荐一名以前参加过同样培训项目的有经验员工作为咨询人员，为培训转化提供建议和支持。

4. 执行机会

执行机会指受训者应用所学能力的机会，即受训者主动争取或被动得到的、能够在工作实践当中运用新技能、新知识以及新行为的机会。执行机会受到工作环境和受训者动机两个方面的影响。

一方面，安排受训者去从事需要运用所学内容的工作是帮助他们应用培训所学的途径之一，通常在决定这种工作安排时起着关键作用的是受训者的上级管理者，有时由于管理者对培训的漠视，安排给受训者的工作并不需要受训者使用新的技能，因此会直接影响到所学技能的应用机会，因此管理者的支持与态度也对培训成果转化起着很大影响。应用的机会还会受到受训者是否愿意承担起个人责任的影响，即他们是否愿意积极地去寻找允许他们发挥新获得的那些技能的工作任务。

另一方面，受训者能否主动寻求机会来应用新技能，也关系到成果转化的可能性。应用机会涉及适用范围、活动程度和任务类型。适用范围指所培训内容中可用

251

于工作的数量。活动程度指在工作中运用被培训内容的次数和频率。任务类型指在工作中执行培训内容的难度和重要性。有实践机会的受训者要比没有实践机会的受训者更有可能保持所获得的能力。

对执行机会的衡量可通过让受训者反馈三个问题来进行，即他们是否执行过任务、执行了多少次、难度大且富有挑战性的任务的执行情况。报告显示执行机会少的人将成为"复修班"（旨在让受训者实践和复习培训内容的进修班）的主要对象。复修班是培训中较为重要的一部分，因为部分受训者由于所学的各种能力会由于没有机会实践而正在逐渐退化。执行机会少也可说明工作环境对应用新技能的影响。例如，管理者没有支持培训活动或不给员工提供能够应用培训所强调的技能的工作机会。执行机会少还可能反映的是，培训内容对员工的工作并不重要，也可由此检验培训的必要性，考虑是否结束培训或者更改培训内容。

5. 技术支持

培训成果转化的技术支持系统主要包括电子执行支持系统（EPSS）与计算机辅助教学系统。电子执行支持系统（EPSS）能够按要求提供技能培训、信息资料和专家建议。一方面，对受训者来说，使用该系统有助于在仿真的工作环境中充分应用所学知识与技能，以此促进培训转换；另一方面，对于培训者而言，EPSS系统还可作为观察和监督受训者对培训内容的掌握情况和学习态度的工具，也可使培训者了解受训者在培训转化过程中遇到的难题，这些难题可能与培训项目设计有关，如缺乏对过程和程序的理解，也可能与受训者找不到执行任务所需的资源和设备有关。

计算机辅助教学是我国企业流行的教学方式，案例分析和模拟作为计算机辅助教学系统的一部分可以促进受训者积极参与培训，员工可以通过该系统实现自我学习、自我检验，巩固学习结果，提高学习有效性。计算机辅助教学的特点在于能够组合不同的多媒体使不同的人所喜爱的学习方式在学习中得到照顾和体现，甚至可以照顾到不同的人更多的使用"左脑"或者"右脑"的偏好，该特点使学习效果事半功倍。

6. 学习型组织

学习型组织指充分发挥员工的创造力，通过在群体或组织内部形成一种浓厚的、弥漫于整个组织的学习氛围，有意识地激励组织学习，从而使个体价值得到体现，绩效得到大幅提高的企业，是企业在应对变化、不确定性、全球经济一体化、知识重新定位等挑战时自觉运用终身学习理念而创新出来的组织管理方式。[①] 学习

---

① 陈丽，谢浩，郑勤华. 我国教育现代化视域下终身学习的内涵与价值体系［J］. 现代远程教育研究，2022，34（04）：3—11.

型组织是一种有机的、高度柔性的、扁平的、符合人性的、能持续发展的组织。在学习型组织当中，由于培训过程要经过详细的审查并和公司目标保持一致，培训被看成是所设计的智力资本构建系统的一部分。学习型企业的主要特点见表9-4。

表9-4　学习型企业的特征

特征	描述
持续学习	员工们共享学习成果并把工作作为知识和创造的基础
知识创造与共享	开发创造、获取和分享知识的系统
严格的系统化思维	鼓励员工用新的方式思考，找出联系和反馈渠道，并验证假设
学习文化	公司的管理人员和公司目标明确对学习的奖励、促进和支持
鼓励灵活性与实践性	员工可自由承担风险，不断革新，开创新思路，尝试新过程，并开发新产品和服务
重视员工价值	系统和环境注重对每一位员工的培训开发和福利

学习型企业对培训开发成果转化的影响体现在以下几点：首先，从物质和精神层面鼓励员工持续学习、共享学习成果，为员工提供了一个良好地学习和保存培训知识的环境和平台。其次，学习型企业重视培养员工的系统化思维，严格地对学习内容用新方式进行完整地思考，对学习内容进行比较、联系和迁移，提高员工的思维能力来促成成果转化。最后，重视员工价值，鼓励大胆创新能够调动员工的学习积极性、强化成果转化的动力，具有其他管理手段无法替代的作用。在学习型企业中，员工就能够自觉、自主地把在培训中学到的知识和技能，应用到实际的工作当中去，从而大大提高了培训转化的效率。

253

学习型企业具有促进企业成员学习、提升其应用能力和变革能力的独特且重要的作用，有效地建立学习型企业需要做到以下几点：第一，应该有明确、具体的企业文化来引导。用企业文化引导学习型企业的建立。第二，将参与培训开发，提升个人知识技能与员工个人职业生涯发展挂钩。第三，建立科学的学习型组织主管体系。该体系包括设立主要负责机构、分步实施战略、整合与融合培训资源。第四，设立共同愿景，以远、近期愿景引导员工培养学习习惯，凝聚人心，指引学习方向。

第四节　培训开发成果转化方法

根据培训开发成果转化的相关理论以及企业实践的结果，最终形成了七种培训成果转化方法。

一、过度学习

过度学习由德国著名心理学家 H·艾宾浩斯提出，指一个人要掌握所学的知识，就必须经常提醒自己反复练习以不断巩固。无论是从学习的规律还是从转移的过程来看，重复学习都有助于受训者掌握培训中所学的知识和技能。也就是说，对于培训中必须牢记的基础知识，受训者在培训结束后可以进行适当的过度学习，通过不断地对学习内容进行回顾和练习以掌握必要的知识与技能。

尽管过度学习指学习或复习特定内容的次数超过那种恰能背诵的熟练程度的次数，但过度学习绝不等同于毫无限度的"超度学习"，受训者在"过度学习"时要把握一定分寸。

二、建立学习小组

小组学习是一种合作学习方法，具有速度快、质量高、印象深、趣味性强等优点。在学习小组中，组内成员相互讨论，集思广益，在培训成果转化阶段能够分享彼此培训转化成果和经验，与个人学习相比，能够加快学习速度，提高学习质量，加深对培训知识的理解和印象，又具有较强的趣味性。实行小组学习法，旨在加强受训者主动参与培训的意识，增强受训者合作研究精神，为员工主动发展，自主学习打下坚实的基础，使之不断适应新时代的需要。

建立学习小组有助于学员之间的相互帮助、相互激励、相互监督。培训师在培训课程开始前期、过程、后期皆可以要求受训者成立学习小组，相互联系，定期复习，通过优秀受训者的学习习惯影响和带动整个部门或小组的行为模式，培训人员还可为小组准备一些相关的复习资料，并且在成果转化过程中进行答疑解惑。

三、行动计划

行动计划指培训课程结束后，学员制定出能将培训结果转化为实际产出的完善的行动步骤，包括行动目标、所需资源等。培训师在培训课程结束时可要求受训者制订行动计划，明确行动目标，确保回到工作岗位上能够不断地应用新学习的技能。为了确保行动计划的有效执行，受训者的上级应提供支持和监督，一种有效的方法是将行动计划写成合同，双方定期回顾计划的执行情况，培训人员也可参与行动计划的执行，并给予一定的辅导，见表9—5。

表9-5 行动计划示意图

培训专题：
目标：
为实现目标所进行的各项活动：
额外的进修班、研讨会、专题培训课程：
自我指导（书、文章、网络指导）：
在职活动（项目、问题、工作任务、委员会工作）：
其他：

四、多阶段培训方案

多阶段培训方案是将一次培训活动所讲授内容分成若干内容，经过系统设计分段实施，每个阶段结束后，给受训者布置作业，要求他们应用课程中所学技能，并在下一阶段将运用中的成功经验和其他参训者分享，在完全掌握此阶段的内容后，进入下一阶段的学习。此种培训方法较适合管理培训，由于此种方法历时较长，易受干扰，所以需要受训者和上级共同设计，并且获得上级支持。

五、应用表单

应用表单是将培训中的程序、步骤和方法等内容用表单的形式提炼出来，便于受训人员在工作中的应用，如核查单、程序单等。受训者可以利用它们进行自我指导，在养成利用表单的习惯后，受训者就能正确地应用所学的内容。为防止受训者遗忘或敷衍对待，可由其上级或培训人员定期检查或抽查。此类方法比较适合技能类的培训项目

六、使用绩效辅助物

使用绩效辅助物，指将学员对培训内容的应用状况、成果产出数量和质量列入绩效考核当中，作为绩效考核的指标之一，以此激励员工将知识转化为技能，提高工作效率。此外，还可以考察受训者在培训前后工作绩效的差异，进行绩效改进情况评估，可以结合企业定期进行的绩效评估工作进行，评估内容包括行为上的改变、业务技能的提高、工作绩效的不同等，员工绩效改进情况评估可以帮助企业规划员工的职业发展生涯，激励员工实现自我。

七、营造一个支持性的工作环境

许多企业的培训没有产生效果，往往是缺乏可应用的工作环境，这使学习的内容无法进行转移。缺乏上级和同事的支持，受训者改变工作行为的意图是不会成功的。有效的途径是由高层在企业内长期倡导学习，将培训的责任归于一线的管理者，而不仅仅是培训部门。短期内可建立制度，将培训纳入考核中去，使所有的管理者有培训下属的责任，并在自己部门中建立一对一的辅导关系，保证受训者将所学的知识应用到工作环境中。

复习思考题

1. 培训开发成果转化的含义与重要意义是什么？
2. 培训开发成果转化的层次有哪些？
3. 在具体的培训项目设计中如何运用培训成果转化机制？
4. 培训开发成果的相关理论有哪些，如何运用于具体的成果转化过程当中？
5. 影响培训成果转化的因素有哪些，如何影响的？
6. 培训开发成果转化方法有哪些？

案例分析

宝洁是如何成功进行培训成果转化的

招最好的人，给予最大的培训发展空间，是宝洁成功的基石。全员、全程，全方位和针对性是其培训特色。从入职起，培训贯穿每个员工整个职业历程，培训内容不仅包括管理技能、专业技能还涉及语言技能，计算机技能各个方面。

作为一家大型跨国企业，宝洁的员工和经销商遍布世界各地，高效易用，稳定可靠，成本易控的远程沟通协作系统对其企业管理和成本控制十分重要。鉴于此，2017年起，宝洁选择了云会议作为其线上培训工具。在疫情期间，宝洁通过线上直播产品，把原有线下的内部培训、经销商培训转为线上举行，不仅提高了培训的效率，而且大大降低了会议成本。最近的一次季度销售策略大会就以直播的方式进行，观看人数达2500人。直播方式进行销售策略宣讲，不仅能把会议信息及时传递给每一个人，而且极大节约了差旅成本。

虽然宝洁员工数量庞大，但90％以上的管理层都是内部培养提拔，宝洁的企业大学更是闻名遐迩，体系堪比一所大学，源源不断地为宝洁培养优秀的人才，吸引众多企业争相学习。宝洁大学为何有如此强大的生命力，外界认为文化纯净、是宝洁企业大学的生命力源泉之一。

宝洁是这样一家喜欢内部培养和提拔员工的企业，并且认为这样做保证了宝洁文化的纯正性，培训的效率也会比一般企业高很多。

为了确保文化的纯正性，宝洁有三条用人策略：

1. 喜欢招聘应届毕业生：应届毕业生就像一张白纸，会更容易接受一家公司的企业文化，塑造的成本和难度也会更低。

2. 喜欢内部提拔员工：内部培养的员工原本就认可本企业的企业文化，培养成本和沟通成本也更低，成功率更高。

3. 喜欢用内部培训师：内部培训师有益于文化的传承，拥有大量实践经验的内训师对学员的影响会更容易实现。

文化的纯正性可以让员工拥有共同的语言和行为模式，管理成本更低，相应的培训效率就会更高。如果把培训看作是一条生产线，那么宝洁的培训无疑是一条实现全面质量管理、成品率高的生产线。

分析与讨论：

257

1. 让应届毕业生迅速成长为公司所需人才，正是宝洁一系列培训的成果，你觉得宝洁是如何确保培训成果转化的？

2. 宝洁的培训成果转化方式是否值得绝大部分企业所效仿？对此，你还了解哪些其他的培训效果转化方法？

3. 谈谈你在宝洁公司的培训成果转化中获得哪些启示？

第十章　职业生涯管理

☆ **学习目标** ☆

了解职业生涯管理的相关概念和阶段划分

熟悉职业生涯管理的相关理论

掌握个人职业生涯规划的方法

明确组织职业生涯管理的目标

☆ **关键概念** ☆

职业

职业生涯

职业生涯管理

职业生涯周期理论

人职匹配理论

霍兰德六种人格类型

职业锚理论

组织职业生涯管理通道

☆ **引导案例** ☆

腾讯公司：多渠道的晋升体系

腾讯公司是目前中国最大的互联网综合服务提供商之一，中国首家市值超 1000 亿美元的互联网公司，也是中国服务用户最多的互联网企业之一。腾讯公司的伟大成就与腾讯公司为员工准备的多渠道的晋升体系分不开。

腾讯公司建立职业发展体系旨在帮助员工根据自身特点，有效规划管理职业生涯、提高专业能力和长期工作绩效，以及帮助公司有效规划人力资源、提升组织能力和满足公司发展需要，最终实现员工职业发展与公司发展双赢。

双通道的职业发展体系：腾讯职业发展系统分为员工职业发展体系与干部领导力体系。公司员工依据所从事职位，必须且只能选择对应的某一职位类作为职业发展通道；为保证管理人员从事管理工作的同时，不断提升专业水平，除总办领导以及 EVP 以外的所有管理人员必须同时选择市场族、技术族、专业族的某一职位类作为其专业的发展通道，走双通道发展。这意味着，在职业发展体系的支持下，员工可以同时在领导力通道以及员工职业发展通道上发展。

职业规划及通道划分：各职业发展通道的设置建立在职位类基础上，目前腾讯职位通道划分为管理族、市场族、专业族、技术族及操作族 5 个职位族，21 个职位类；各职位类下设若干职位。市场族分为产品类、销售类、客服类、销售支持类、内容类；技术族分为软件研发类、质量管理类、设计类、技术支持类；专业族分为战略类、企管类、财务类、人力资源类、法务类、公共关系类、行政类、采购类；管理族分为领导者、高级管理者、管理者、监督者。

259

职业发展通道等级划分：技术族、专业族、市场族的各个职业发展通道均由低到高划分为 6 个等级：初做者、有经验者、骨干、专家、资深专家和权威 6 级。根据管理需要，每个级别由低到高可分为基础等、普通等和职业等三个子等。基础等是指刚到达基本能力要求，尚需巩固；普通等是指完全达本级别各项能力要求；职业等是指本级别各能力表现成为公司或部门内标杆。

领导力职业发展通道分为监督者、管理者、高级管理者、领导者4 级。

随着员工流动率的增加，企业日益认识到职业生涯规划的重要性和必要性。名企更加注重员工职业生涯的培育，通过员工职业生涯的规划倡导职业化意识，寻求职业化发展，实现企业和员工的共同发展。

（资料来源：压力容器人才网）

企业的培训与开发是有针对性的，并不是简单地课程培训，而是在企业战略的指引下，通过整合内外部资源提升员工技能和素质，从而推动企业发展的一种手段。因此，为保证培训开发工作的有效性，提高培训成果转化的概率，就需要关注员工个人与企业发展的和谐统一，满足企业和员工的共同需求，设计出一套以职业生涯管理为基础的员工培训体系。对于员工而言，公司的培训体系结合了职业生涯管理，可以帮助员工较快地掌握本岗位所需要知识和技能，使自己最快地融入岗位角色。对于企业而言，兼顾了员工职业生涯管理的培训体系搭建，可以提高企业的员工满意度和培训成果转化率。因此，我们需要了解员工和组织的职业生涯管理的相关内容，明白处于不同岗位、不同职业发展阶段的员工个性特征和个性化需求，从而设计出切实可行的培训项目，推动培训成果转化。

第一节　职业生涯管理概述

一、职业

职业的概念由来已久，社会学认为职业是某种社会分工或社会角色的实现，职业包括工作、工作的场所和地位。美国社会学家泰勒（Taylor. L.）在其《职业社会学》一书中指出："职业的社会学概念，可以解释为一套成为模式的与特殊工作经验有关的人群关系。这套成为模式的工作关系的结合，促进了职业结构的发展和职业意识形态的显现。"经济学的职业概念与社会学存在着明显的不同。日本劳动问题专家保谷六郎认为，职业是有劳动能力的人为了生活所得而发挥个人能力，向社会作贡献而连续从事的活动。中国学者则认为，职业指人们从事的相对稳定的、有收入的、专门类别的工作，如职业是劳动者能够稳定从事某项有酬工作而获得的劳动角色。经济学意义上的职业，同劳动的精细社会分工是紧密相连的。劳动者相对稳定地承担某项具体的社会劳动分工，或者较稳定地从事某类专门的社会工作，并从中获取收入，那么这种社会工作便是劳动者的职业。

本书结合社会学和经济学的概念，给出职业的定义，职业是在不同时间和组织中，工作性质类似的职务的集合，是人们赖以获得物质报酬作为生活来源的具体工作。职业的宏观概念可以理解为职业分类，在社会制度或社会分工的意义上使用，微观概念职业兴趣和职业能力，在个人层面和心理的意义上使用。

目前，我国的职业是按照工作者的性质和受教育的程度进行分类。根据新版《中华人民共和国职业分类大典》，职业划分为 8 个大类、70 个中类、449 个小类和1636 个细类四层。8 个大类分别为：①专业技术人员：指专门从事各种专业和科学技术工作的人员。②国家机关、党的机关、群团和社会组织、企事业单位组织负责人。③办事员和有关人员：指在机关和企事业组织中，办理各种具体业务的工作人员。④生产制造及有关人员：指从事商品有关工作的人员。⑤社会生产服务和生活服务人员：指在饮食、旅馆、旅游、修理及其他服务行业从事服务性工作的人员。

⑥农、林、牧、渔生产及辅助人员：指直接从事农业、林业、畜牧业、渔业生产以及农业机械操作、狩猎的人员。⑦军人。⑧不便分类的其他人员。

职业是联系社会与个人、组织与个人的纽带。一方面，从事不同职业的人通过努力工作使得组织的发展和壮大成为可能，社会的进步正是由处在不同职业岗位上的每个人所取得的成果推动的。另一方面，个人的职业由组织和社会提供的，社会发展得越好，组织规模越大，个人可以选择、接触到的职业机会就越多。可以说，社会的进步和组织的发展极大程度地影响了个人职业发展的好坏。

每个人的一生都与职业紧密联系，早期我们选择接受教育就是为将要从事的职业做足准备；进入社会后，从参加工作到退休，都属于我们宝贵的职业生涯时期；更有不少人在退休以后也仍然从事着其他的职业，因此，职业选择的好坏影响到个人一生的生活。若选择的职业与个人发展不匹配，可能会导致员工在在企业中得不到归属感，无法体现价值和生命的意义。

对于组织来说，将员工与岗位合理匹配，使组织的每一位员工都能够从事适合自己或自己热爱的职业，能够最大限度地调动员工工作的积极性和主动性，使组织具有凝聚力和向心力，提升组织的生存和竞争能力。因此，研究组织内部职业科学配置的问题也是非常重要的。

二、职业生涯

261

1. 职业生涯的定义

职业生涯的概念最早由西方学者沙特列（shartle，1952）提出，他认为职业生涯是一个体在工作生活中所经历的职业或职位的总称，是职业、工作、职位的关联顺序。萨伯（Donald E. Super，1957，1976）则认为职业生涯是一个体经历的所有职位的整体历程，是生活中各种事件的演进方向和历程，综合人的各种职业和生活角色，由此表现出个体独特的自我发展组型。它也是人自进入职业至退休，一连串有酬或无酬职位的综合，甚至包括了副业、家庭和公民的角色。美国人事管理专家施恩（Edgard H. Sehein，1978）将职业生涯分为内职业生涯和外职业生涯，并依据个人生命周期提出了五阶段职业生涯周期理论。罗斯威尔、思莱德（Willian J. Rothwe & Hery J. Sredl，1992）指出职业生涯是人一生中与工作相关的活动、行为、态度、价值观、愿望的有机整体。1994 年格林豪斯、克拉那（Greenhaus & Callanan）认为职业生涯是贯穿人整个生命周期的、与工作相关的经历的组合。由此可见，西方学者对于职业生涯的传统观点是：职业生涯是一种职业或者一个组织的有结构的属性。

我国学者对职业生涯概念的界定相对较晚，但却有了更多有益的补充：廖泉文将职业生涯视为连续的或间断的职业历程。张再生将职业生涯深入划分为个体、职业、时间以及发展和动态的概念。龙立荣在《职业生涯管理的结构及其关系研究》中将职业生涯定义为一个人终身经历的所有职位的整体历程。

尽管不同时期，不同国别的学者因为考察职业生涯的角度不同，对职业生涯的定义不一，但是，职业生涯有其基本含义：第一，职业生涯是个体的概念，是指个体的行为经历，与群体或组织的行为经历相区别。第二，职业生涯是职业概念，是一个人一生之中的工作任职经历或历程。第三，职业生涯是个时间概念，意指职业生涯期。狭义的职业生涯起始于最初工作之前的专门的职业学习和训练，终止于完全结束或退出职业工作；就广义而言，职业生涯是由出生之始到完全结束职业工作，不同个人的实际职业生涯期长短不一。第四，职业生涯是个寓意具体职业内容的发展的、动态的概念。职业生涯不仅表示职业工作时间的长短，而且内含职业发展、变更的经历和过程，包括从事何种职业工作，职业发展的阶段，由一种职业向另一种职业的转换等具体内容。

2. 新型职业生涯的特点[①]

随着企业实践和职业的发展变化，新型职业生涯被提出，其与传统观念的显著区别在于职业生涯不再局限于某个工作、某个职业或企业，强调了职业生涯的变化性，具有如下特点。

（1）职业计划的目标不是获得外在的各种成功符号，而是获得心理上的成功。心理上的成功指从个人的生活目标达成中获得的一种自豪与成功体验，而这种生活目标的达成并不仅仅局限于工作中取得的成就，还包括建立家庭、保持良好的身体状况、建立良好的人际关系等方面，即获得工作与生活的平衡。另外，与传统的职业目标相比，心理上的成功更多地受到员工个人的控制，因为心理上的成功更多地是主观的，受职业阶梯、企业奖励等制度因素的约束比较少。心理上的成功用在21世纪的新一代知识型劳动力队伍身上最为贴切，因为这类劳动者通常不关心自己身份地位方面的符号，而是追求执行工作任务的灵活性，并且从工作中获得价值。

（2）员工要不断开发新的技能，不能一味依赖一成不变的旧知识。学习新知识、获得新技能的原因在于，一方面，大学毕业以后，原有的知识很快就会老化；另一方面，知识更新是员工为适应客户服务需要以及产品需要的变化而必须进行的。员工在工作中取得成功所需要具备的知识类型已经发生了变化。在传统职业中，"知道怎样做"是非常关键的，新型职业在"知道怎样做"的基础上更需要"知道为什么做"以及"知道为谁做"。"知道为什么做"指员工要了解公司的经营

---

① 石金涛，唐宁玉. 培训与开发［M］. 5版. 北京：中国人民大学出版社，2021.

和文化，从而通过开发和应用知识、技能为企业做出贡献。"知道为谁做"指员工为了实现公司的成功而可能建立的网络关系，这些关系包括客户、供应商、社区成员、顾客、行业专家等。要想通过学习知道为谁做以及为什么做，仅仅依靠正规的教育与培训计划是不够的。在富于变化的职业中需要完成的学习和开发越来越有可能采用辅导、实习、工作轮换等方式。

（3）职业是无边界的。它可能包括不同工作甚至不同职业之间的转换。另外，职业发展所包括的内容可能远远超出在当前企业内寻找工作岗位或者专业机会这种情况。职业规划或者目标往往要受到个人或者家庭需要以及价值观等的影响，所以，一种职业也可以看作是没有边界的。职业的无边界性还可以指这样一种事实，即职业的成功可能与晋升无关，相反，职业的成功可能是与某种目标的达成联系在一起的，这种目标对于员工个人有意义，而不是对父母、同事或者公司有意义。

了解新型职业生涯的特点，有助于企业制定职业发展管理的政策，帮助员工以更明确的目的，有方向地进行个人职业生涯管理实践。

3. 职业生涯的分类

根据定义内涵的边界不同，职业生涯有不同的划分标准。施恩将职业生涯具体分为外职业生涯和内职业生涯两个方面。外职业生涯是依从于外部环境而言，具体指职场人在从事相关职业岗位的环境、从业时间、工作地点、工作内容、工作职务、薪酬待遇、晋升与激励体制等因素的组合体，它是一个不断变化的过程。内职业生涯是外职业生涯的基础，它的独立性在于体现了职场人在从业中的软环境，具体包含内心情感变化、心理素质变化、专业知识提升、相关经验的积累、能力跨越等因素的不断优化组合。

263

我国学者吴国存将职业生涯分为狭义职业生涯和广义职业生涯。从个体生命空间意义上考察，前者是指一个人从职业学习伊始，至职业劳动结束，包括整个人生职业工作历程，即将职业生涯限定于直接从事职业工作的这段生命时光，起始于任职前的职业学习和培训。广义的职业生涯指从职业能力的获得、职业兴趣的培养、选择职业、就职，直至最后完全退出职业劳动这样一个完整的职业发展过程，起始于人的出生。

三、职业生涯管理

职业生涯管理主要指对职业生涯的设计与开发。职业生涯管理是近十几年来在人力资源管理和管理心理理论与实践中发展起来的新领域，包含组织和个人的职业生涯管理两个方面。

组织职业生涯管理是企业帮助员工制订职业生涯规划并帮助其职业生涯发展的

一系列活动，旨在开发员工的潜力并留住员工，使员工实现自我价值的一系列管理方法，实施主体是企业。组织对员工职业生涯的管理不仅体现在分析每一位员工的特质和能力，将不同特质的员工安排在适合的具体岗位上，为员工分配合适的部门、合适的职业，而且还参与到员工的职业生涯管理中，包括充分帮助员工激发兴趣，调动积极性，发挥全部的潜能，促进员工成长。

个人的职业生涯管理指以最大化实现个人发展为目的，通过对个人知识、技能、能力、兴趣、价值观和发展目标进行深入了解，有效地对自己所要从事的职业进行规划和设计，并为实现自己的职业目标而积累知识、开发技能，最终实现个人的发展愿望的过程，实施主体是员工。

个人与组织的职业生涯管理是相互联系、相互作用的。个人的职业生涯管理只有借助组织这个载体才能得到最好的实现，通过组织对自己职业生涯管理提供的帮助，员工能够找到更适合自己的职业，寻求更大的发展。同时，组织的存在和发展又依赖个人具体职业的实现，个人职业生涯的规划与发展是组织命运的基本保障。

四、职业生涯管理的重要意义

职业生涯管理既能够最大限度地规划好个人职业，挖掘发展员工的潜能，争取事业上的成功，又能够为组织提供充足的人力资源保证，有效地遏制组织内部人才的流失，进一步加强员工对组织的忠诚度和黏性。总的说来，职业生涯管理能够实现个人职业生涯目标与组织发展目标的高度统一，又能极大地促进社会的繁荣和进步。职业生涯管理的重要意义可以从对企业、员工个人、社会三大主体的作用来探讨。

1. 对企业的作用

首先，有效的职业生涯管理可以满足企业对未来人才的需求。企业可以根据发展的需要，预测未来的人力资源需求，并通过对员工职业生涯的设计，为员工提供发展空间、绩效鼓励政策以及与职业发展机会相关的信息，从而使员工发展与企业发展结合起来。经过职业生涯管理，当组织中出现岗位空缺的情况时，可以迅速地在组织内部寻找到合适的替代者，以减少填补职位空缺的时间、降低向外部寻找合适员工的成本，包括人力成本、物力成本和新员工的培训成本，从而有效地保证企业未来发展对人才的需求。

其次，有效的职业生涯管理可以帮助企业留住人才。人的才能和潜力具有自我累积、自我增值性，任何成功的企业，都离不开优秀的企业家和高质量的员工，人力资源不枯竭，企业生存成长就会拥有取之不尽、用之不竭的源泉。反之，如果企业欠缺对员工职业发展应有的考虑，缺少对员工职业生涯的管理，就会造成企业优秀人才的流失，给企业带来严重的损失。通过职业生涯管理努力提供员工施展才能的舞台，充分体现员工的自我价值，可以满足员工的发展需要，增加员工对组织的承诺感和满意度。

最后，有效的职业生涯管理可以使企业合理有效地利用人力资源。职业生涯管理使企业更加重视员工的个人兴趣和特长，并采取措施将员工安置在合适的工作岗位上，发挥员工的长处，调动其工作积极性，挖掘其潜能，有效地开发和利用企业的人力资源，为实现其战略目标提供保障。

2. 对员工个人的作用

首先，有效的职业生涯管理可以帮助员工准确地进行自我评估。员工可以通过职业生涯管理更好地认识自我，从而发挥自己的潜力。组织通过协助员工开展职业生涯管理，为员工提供自我测评的工具、专业的测试人员以及对测评结果的科学阐释，使员工准确地了解自我的特点，形成精准的自我定位，然后合理设置职业发展目标，合理安排时间，参加学习和培训，不断提高职业技能，增强其职业发展中的可雇用性。

其次，有效的职业生涯管理能帮助员工合理地确定职业发展目标。职业生涯管理通过准确评价个人特点、现有与潜在的资源优势，引导员工对自己的综合优势与劣势进行对比分析，正确设定自己的职业发展目标和制订行动计划，运用科学的方法化解人生发展中的危机，充分发挥个人才能。职业生涯规划可以增强发展的目的性与计划性，增加成功的可能性。

再次，有效的职业生涯管理可以使员工更好地实现自我价值。员工通过职业生涯管理活动，可在组织中学到各种有用的知识，获得更多锻炼的机会。此外，个人的职业生涯贯穿人一生的发展，其目的不仅仅是追求财富、地位和名望，更针对员工深层次的需要，满足个人的归属需要、尊重需要和自我实现的需要，进而提高生活质量，增加个人的满意度。

最后，有效的职业生涯管理可以调动员工积极性、提升组织绩效。根据马斯洛的需求层次理论，员工寻求职业的最初目的或许是寻找一份养家的工作，进而可能追求财富、地位和别人的尊重。职业生涯管理可以使员工超越对财富和地位的简单追求，而去追求处于更高层次的自我价值的实现。与单纯的、同一的、非排他性的奖惩措施相比，职业生涯管理具有更强的独特性和排他性，组织不仅基于员工的个人特征为其制订职业发展规划，还为其明确职业发展方向，并提供必要的指导，因而能起到更好的激励作用，并且在提高员工积极性的同时提升组织效率，促进组织发展。

3. 对社会的作用

首先，有效的职业生涯管理带来员工职业能力的提升，这是国民素质提高的一

265

个表现。员工在进行职业生涯管理的过程中会不断地学习新知识、新技能，同时摒弃不好的行为习惯，整体国民素质水平也相应提高。

其次，有效的职业生涯管理能够优化社会资源配置。员工在不同企业、不同行业之间的正常流动，是社会进行资源配置优化的一个过程。它使个人有机会寻找到更合适于自己的岗位，为社会财富的增长做出更多的贡献。

再次，有效的职业生涯管理为社会培养大批人才。企业通过实施职业生涯管理，对员工的技能与行为进行培训、对价值观进行引导，在提升组织效率的同时，也为社会培养了人才。

可以说，组织发展和个人发展是社会进步的前提，社会进步又为组织和个人提供了更好的发展平台，职业生涯管理的整体功能，就是促进员工、组织和社会的共同发展。

第二节　职业生涯管理基本理论

不少著名学者对职业生涯的选择及其发展过程进行过长期研究，形成了指导职业生涯管理的一些基本理论，理论的学习能够指导我们的实践，帮助我们理解职业生涯管理的原理和做出更好的职业生涯规划。

一、职业生涯周期理论

人的生命是有周期的，人生可以分为幼年、少年、青年、壮年和老年几个阶段，而职业生涯作为人生重要组成部分，同样也要经历几个阶段，通常将其称作职业周期。在职业周期的不同阶段，人的性格、兴趣、知识水平、技能水平及职业偏好都有所不同，个人需要根据职业发展周期调整个人的职业发展目标。

职业生涯周期理论的主要代表人物和理论有金兹伯格（Eli Ginzberg 1951）的三阶段理论和萨伯（Donald E. Super，又译作：舒伯）的五阶段理论，其中最著名的是萨伯的五阶段理论，为了描述个人职业生涯的复杂性和曲折性，职业管理学家萨伯提出了职业发展的阶段性理论，将人的职业生涯分为五个主要阶段：成长阶段、探索阶段、确立阶段、维持阶段和衰退阶段，每个阶段都有其专属的发展任务。

1. 成长阶段

成长阶段，一般指从出生到 14 岁，个人通过对家人、朋友和老师的认识，以及与他们之间的互动，逐渐形成自我的概念，了解自己的兴趣和能力。在这一阶段的开始时期，角色扮演是非常重要的，儿童将尝试各种不同的行为方式，并形成人们对于不同的行为的反应的印象，从而有助于形成他们独特的自我概念或自我身份认同。在这个阶段快结束时，青少年已经对自己的兴趣和能力有了初步的想法，开始比较现实地考虑自己可能从事的各种职业。

2. 探索阶段

探索阶段，一般指 15 到 24 岁，人们将会了解各种职业，并将自己的兴趣和能力结合起来，认真思考适合的职业。一开始，他们选择的并不是某一项具体的职业，而是圈定一个职业范围，可能包括好几种职业。随着对所选职业的深入认识以及对自己的进一步了解，他们会对最初圈定的职业范围进行细分，到这一阶段结束的时候变为选择某一项具体的职业，这表明他们已经准备开始工作了。这个阶段最重要的任务就是尽可能地了解各种职业信息，并对自己的能力和资质进行评价。

3. 确立阶段

确立阶段，一般指 25 到 44 岁，这个阶段属于职业生涯的核心阶段。在确立阶段的早期，大多数人能够寻找到适合自己的职业，然后投身于这项职业，并全力以赴地投入到有利于自己在此职业中取得永久性发展的各种活动中。

确立阶段又可细分为三个子阶段：第一，尝试子阶段（25—30 岁）。在这一阶段，个人会确认当前所选择的职业是否适合自己，如果不适合，就会重新做出选择。第二，稳定子阶段（30—40 岁）。在这一阶段，人们往往已经定下了较为坚定的职业目标，并制订更为明确的职业生涯发展规划，来确定自己晋升的潜力、工作调换的必要性以及为实现这些目标需要参加哪些教育活动等。第三，中期危机子阶段（40—45 岁）。在这一时期，人们常常会根据自己当初的职业发展目标和规划，对自己的职业进步情况进行一次重要的重新评价，并且有可能发现，自己的目标可能无法实现或者已经实现，或者他们的梦想并不是他们所要做的所有事情。同时，人们还必须确定工作和事业对于自己生活的重要性，在这一阶段，人们通常将面临艰难的抉择，判定自己真正想要的是什么，自己真正能够实现什么，要实现这些目标自己必须做出多少牺牲。

4. 维持阶段

维持阶段，一般指 45 到 65 岁，人们通常已经在自己的工作中取得了一定的成绩，此时，他们主要的努力方向是巩固自己的地位和实现的成就。

5. 衰退阶段

衰退阶段指临近退休的时候和退休以后的时期。在这一时期，人们必须适应责任减少，甚至是失去权力的状况，需要学会接受和扮演新的角色。尤其是退休以后，人们不再工作，如何打发精力和时间以减轻身心的衰退和维持生命力是需要考虑的主要问题。

总的来说，不同的职业生涯阶段特点不同，面临的职业任务和职业问题不同，职业规划的具体内容也是不一样的。

二、人职匹配理论

人职匹配理论由美国波士顿大学教授帕森斯（Frank Parsons）在其著作《选择一个职业》中提出。该理论认为，每个人都有自己独特的人格模式，每种人格模式都能找到与其适应的职业类型，即寻找与自己特性相一致的职业。帕森斯还认为正确的职业选择需要具备三个要素：第一，了解自己的能力倾向、兴趣爱好、气质性格、身体状况等个人特征。第二，分析各种职业对人的要求，以获得有关的职业信息。第三，对上述两个因素的平衡，即在了解个人特征和职业要求的基础上，选择一种适合个人特点又能够获得的职业。由此可见，注重个人差异的分析、职业信息的收集与利用是该理论的基本特点，实现员工与岗位的匹配是该理论的核心。

人职匹配理论对于职业生涯管理具有很强的现实意义。通过这个理论，我们可以在职业选择时对自己所选择的职业进行适宜性分析，通过分析、了解每个人的个性特征和不同工作的性质、特点，为每个人寻找到适合的职业。

职业适宜性分析主要包括两方面的工作，一方面是获取职业信息，职业信息指与职业相关的信息，主要包括职业分类，特定职业的性质、任务、操作程序、资格要求，工作环境等具体信息。另一方面是分析人的个性，然后将这两个方面进行比较，并作出人与职业是否适宜的判断。个性是决定每个人心理和行为的普遍性和差异性的那些特征和倾向的较稳定的有机组合，需要、动机、兴趣、价值观、爱好、能力、气质、性格等都属于个性的具体内容，一个人只有进行正确的个性分析，了解自己的个性特征，才可能选到自己适合的职业。但是，该理论忽视了社会因素对职业设计的影响和制约作用，其中静态的观点与现代社会的职业变动规律不相吻合。

三、职业倾向理论

职业倾向理论由美国约翰·霍普金斯大学心理学教授约翰·霍兰德（John Holland）于1971年提出，该理论一经提出即产生广泛的社会影响。约翰·霍兰德认为，职业选择是个人人格的反映和延伸，职业选择取决于人格与职业的相互作用。霍兰德利用职业偏好测试进行研究，发现了决定个人职业选择的六项基本人格类型或职业倾向，具体内容见表10-1。

表 10-1 约翰·霍兰德劳动者类型与职业类型对应表

类型	劳动者特点	典型职业
实际型 R	①愿意使用工具从事操作性工作 ②动手能力强，手脚灵活，动作协调 ③不善言辞，不善交际	各类工程技术工作、农业工作，常需要一定体力，运用工具或操作机器 主要职业有：工程师、技术人员，操作、维修、安装工人，矿工，木工，电工，测绘员，农牧民等
调研型 I	①抽象思维能力强，求知欲强，善于动脑，善于思考，不愿动手 ②喜欢独立的和富有创造性的工作 ③知识渊博有学识才能，善于领导他人	科学研究和科学实验工作 主要职业：自然科学和社会科学方面的研究人员、专家；化学、冶金、电子、无线电、飞机等方面的工程师、技术人员；飞机驾驶员、计算机操作员等
社会型 S	①喜欢从事为他人服务和教育工作 ②喜欢参与解决人们共同关心的社会问题，渴望发挥自己的社会作用 ③比较着重社会义务和社会道德	各种直接为他人服务的工作，如医疗、教育、生活服务等 主要职业：教师、保育员、行政人员、医护人员；衣食住行服务行业的经理、管理人员和服务人员、福利人员
企业型 E	①精力充沛、自信，善于交际，具有领导才能 ②喜欢竞争，敢冒险 ③喜欢权力、地位和物质财富	组织与影响他人共同完成组织目标的工作 主要职业：经理、政府官员、商人、部门和单位的领导者、管理者等
常规型 C	①喜欢按计划办事，习惯接受他人指挥和领导，自己不谋求领导职位 ②不喜欢冒险和竞争 ③工作踏实，忠诚可靠，遵守纪律	各类与文件档案、图书资料、统计报表之类相关的各科室工作 主要职业：会计、出纳、统计人员、打字员、办公室人员、秘书和文书、图书管理员、旅游、外贸职员、保管员、邮递员、审计人员、人事职务等
艺术型 A	①喜欢以各种艺术形式的创作来表现自己的才能，实现自身价值 ②具有特殊艺术才能和个性 ③乐于创造新颖的、与众不同的艺术成果，渴望表现自己	各类艺术创作工作 主要职业：音乐、舞蹈、戏剧等方面的演员、艺术家、编导、教师、文学、艺术方面的评论员、广播节目的主持人、编辑、作者、画家、书法家，摄影家、艺术、家具、珠宝、房屋装饰等行业的设计师等

霍兰德认为，劳动者与职业之间应实现相互适应。只有劳动者与职业相互结合时，其才能和积极性才能得到充分发挥，然而大多数人可能会有不止一种的职业倾向。在面临职业选择时，个人的这些倾向越类似就越相容，其内心的冲突和犹豫就会越少。为了充分说明六种职业倾向之间的内在关系，霍兰德建议把六种职业倾向放在六边形的 6 个角上，如图 10-1 所示，① 每个角代表一种职业倾向。

① 丁桂凤. 人力资源开发与管理［M］. 北京：中国经济出版社，2016.

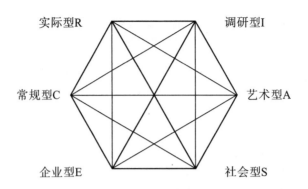

图 10-1　人业互择模型

霍兰德认为的职业倾向六边形并不是正六边形而是扁平的六边形，连线距离越短，两种类型的职业相关系数越大，相容性或适应性就越高。如果一个人的第一职业倾向和第二职业倾向紧挨着，那么就很容易选择一种职业。但是，如果一个人的很强烈的职业倾向被证明是相反的（比如常规型和艺术型），那么在职业选择时就会犹豫不决，因为不同的兴趣驱使个人朝着不同类型的职业方向去努力。

四、职业锚理论

美国著名的职业生涯管理研究者施恩教授在 1978 年出版的《职业的动力论》一书中首次提出职业锚理论。职业锚，指个人根据自己的才干、能力、动机、需要、态度和价值观等逐渐形成的、较为清晰的、占主导地位的、长期稳定的职业定位，指一个人不得不做出选择的时候，无论如何都不会放弃的与职业相关的重要东西或价值观。职业锚的形成是一个持续不断地探索过程，是驱动一个人进行职业选择的最重要的因素。

职业锚理论提出以下 8 种类型的职业锚。

1. 技术或职能型职业锚

具有较强技术或职能型职业锚的人，往往会避免选择从事一般性的管理工作，而是倾向于做出在技术或职能领域继续发展的选择。这类人在做出职业选择和决策时，会将主要精力放在自己正在做的实际技术内容或职能内容上，专注于技术或职能领域的工作以使自己得到别人的认可，并希望在这个技术或职能领域持续提升自己的专业技术或能力，对他们而言，职业成长只有在此领域内才意味着持续的进步。

2. 管理型职业锚

管理型职业锚的人具有成为管理者的强烈动机，并且职业经验使他们相信自己具有这种工作需要的技能和价值观，从事较高责任的管理类职位是终极目标。为了实现最终的目标，这类人会在许多职能区域锻炼自己，并展现自己的能力，但却不会停留于某一个职能区域，具体的技术或职能工作仅仅被看作是通向更高管理层次的必经阶段。

这类职业锚的人认为自己具有实现目标的三种能力，分别是：分析能力，即在信息不完整和不确定的条件下识别、分析以及解决问题的能力；人际关系能力，即对各种不同层次上的人施加影响、监督、领导、操纵和控制的能力；情感能力，即被情感和人际危机激励而非受到伤害的能力，承担较大的责任而不会瘫痪的能力。

3. 创造型职业锚

具有较强创造型职业锚的人，有建立和创设完全属于自己的某种东西的需要。并且具有强烈的冲动想向别人证明这一点。这种类型的人以通过自己的努力创建新的企业、产品或服务，以企业或者产品打上自己的名号而自豪。当在经济上获得成功后，财富的多少便成为他们衡量成功的标准。这种类型就是管理者角色理论中提出的企业家角色。与同样期待事业发展、期待表现和扩大自主性的自主、独立型职业锚的人不同的是，创造性职业锚的人在创业的初期阶段，会毫不犹豫地保证自己的自由和稳定以达到生意的成功。工作类型在于不断地接受新挑战，不断创新。同时，着迷于满足自己实现创造的需求，容易对过去的事情感到厌烦。在薪酬补贴方面，看重所有权，通常并不为自己支付很多工资，但是会控制自己公司的股票，如果开发出新产品，会希望拥有专利权；对于工作晋升，希望职业能够允许他们去做自己想做的事，有一定的权力和自由去扮演满足自己不断进行创新变化需求的任何角色。创造财富、创建企业、开发事业，就是被认可的方式。积累财富只是用来向他人展示和证明自己成功的手段。

271

4. 自主型和独立型职业锚

自主型和独立型职业锚人追求自主和独立，不愿意受别人的约束，也不愿意受程序、工作时间、着装方式以及在任何组织中都不可避免的标准规范的制约，他们认为组织生活是非理性的，过于限制甚至侵犯个人私生活，因此这类员工会不断追求能施展个人职业能力的工作环境。比如自由职业者。

在做出职业选择时，会为了保住自主权而权衡工作的利弊。同时注重培养自力更生、对自己高度负责的态度。这类人倾向于专业领域内职责描述清晰、时间明确的工作。可以接受组织强加的目标，但希望独立完成工作。多会选择不受公司约束的咨询服务和培训工作，即便在公司里，也会倾向于选择独立性较强的部门或者岗位。这类人最明显的特点是，不能忍受别人的指指点点，也不愿接受规范性约束。喜欢的薪酬补贴方式是便捷的自选式收益，不在乎与别人的比较，倾向于接受基于工作绩效并能即时付清的工资和奖金。期望的工作晋升是那种能够获得更多自主的方式，任命更高职务而减少自主权，反而会让他们感到窝火或者生气。被认可的方式是直接的表扬或勋章、证书、推荐信、奖品等奖励方式。

5. 安全型职业锚

安全和稳定是这类职业锚型的人选择职业最基本、最重要的需求。具有这种职业锚的人极为重视长期的职业稳定和工作的保障性，愿意在一个熟悉的环境中维持一种稳定的、有保障的职业，倾向于让雇主来决定他们去从事何种职业，如政府公务员。这类人的安全取向主要包括两个方面：一方面是追求职业安全，主要涉及组织中稳定的成员资格；另一方面，注重情感的安全稳定，主要涉及家庭稳定和使自己融入团队的感情需要。

6. 服务和奉献型职业锚

服务和奉献型职业锚类型的员工希望能够体现个人价值观，关注工作给自己带来的情感价值，而不在意是否能充分发挥自己的能力、展现自己的魅力。这类人希望能够以自己的价值观影响雇用自己的组织或社会，只要显示出世界因为自身的努力而更美好，就实现了价值。这类人普遍在志愿者组织和各种公共组织供职，同时也有顾客导向的企业组织。至于薪酬补贴，他们希望得到基于贡献的、公平的、方式简单的薪酬。工资并不是追求的根本。晋升和激励不在于钱，而在于认可他们的贡献，给予更多的权力和自由来体现价值。需要与同事以及上司共享自己的核心价值并得到认可和支持。

7. 挑战型职业锚

挑战型职业锚类型的员工认为自己可以征服任何事情或任何人，完成不可能完成的工作、解决不可能解决的问题、战胜更为强硬的竞争对手才是工作的乐趣，有挑战性的工作才是他们向往的职业。同时挑战领域不局限于某一方面，而是所有可以挑战的领域。前面各种类型的职业锚也存在挑战，但那种挑战是有领域、有边界的。而挑战型职业锚类型员工勇于并乐于不断挑战自我，要求自己去解决一个比一个困难的任务。对于他们来说，挑战自我、超越自我的机会比工作领域、受雇用的公司、薪酬体系、晋升体系、认可方式都重要。如果缺乏挑战机会，就失去了工作的动力。这类人会看不起与他价值观不同的人，并不断给阻碍他挑战的人制造麻烦。这类人为竞争而生，没有竞争的世界让人失望。

8. 生活型职业锚

生活型职业锚类型的员工没有固定职业，不追求事业的成功，而是需要寻求合适的方式整合职业的需要、家庭的需要和个人的需要。所以，他们最看重弹性和灵活性。这类人会为了工作的弹性和灵活性选择职业，这些选择包括在家庭条件允许的情况下出差，在生活需要的时候非全职工作，在家办公，等等。

施恩的职业锚概括出的 8 种职业锚可以涵盖绝大部分人的事业追求。虽然个人的内心渴望和追求可能是多种多样的，但总会有一个才能、动机和价值观的组合排序，职业锚就处于这种组合排序中最优先的位置，所以一个人只能拥有一种职业锚。如果员工的职业锚不清晰，是由于他不具备足够的社会工作、生活经验来判断他最需要什么。值得一提的是，根据施恩的调查资料，可以证实职业锚是稳定不变的。但在现实中，由于组织职位的设计，人的工作职业、岗位会经历多次的变化与转换，很大一部分的在职员工从事的职业很难与职业锚实现完全匹配，这时，个人的潜能就受到限制而难以充分发挥。不匹配的程度越高，个人能力发挥的余地就越小，工作中得到的愉悦就越少，但这并不等于个人不努力，恰恰相反，他有可能付出了更大的努力。

在现代社会，个人与组织的发展并不矛盾，作为个人，需要不断地进行自我探索，确认自己的职业锚，并将自己的认识与组织进行沟通。尽管实现职业锚与职业匹配的责任在组织，但组织并不能充分了解员工个人内心的实际需求，也就难以一次就实现二者的成功匹配。此时，组织就需要建立起灵活的职业发展路径，多样化的激励体系和薪酬体系，以满足同一工作领域中不同职业锚的需求。组织管理者也要清楚，即便是同一性质的岗位，也可能会有不同的职业锚停泊。例如，同样是产品研发岗位，可能会有技术型、管理型、创造型、挑战型等职业锚的完全匹配。单个企业，由于业务、规模、技术等限制，不可能实现职业锚的完全匹配。职业锚的本质，是实现个人与组织岗位高效匹配，清晰地了解个人的职业锚类型能够化解个人与组织的冲突，把达成组织目标与自我目标、价值实现融为一体。

273

第三节　员工个人职业生涯管理

一、员工个人职业生涯管理中的目标

员工个人职业生涯管理的目标能够促成员工在培训开发学习与成果转化中的高水平努力，并且以具体的目标来衡量行为结果的有效性，向个体提供积极的反馈。职业生涯目标可以从时间因素划分为长期和短期发展目标，也可以从内容结构上划分为岗位目标、技术等级目标、收入目标、社会影响目标和重大成果目标等内容。[1] 由于员工个人特征（动机、能力、占有资源等）的差异，其职业生涯管理目标有所不同，但是一般而言，员工的职业生涯目标主要有以下 4 个方面。[2]

---

[1]　金延平. 人员培训与开发［M］. 辽宁：东北财经大学出版社，2006.

[2]　赵署明. 人员培训与开发［M］. 北京：人民邮电出版社，2019.

1. 认识自己，最大限度发挥潜能

初入职场的员工由于不熟悉职场环境，对工作没有全面的认识，往往高估自己的能力，盲目规划自己的职业生涯，而在现实中失去了许多机会。个人的职业规划应该建立在对自己客观的评价和认识之上，为自己制定切合实际的发展目标和职业设想，并在职业活动中不断发挥自己的潜能，逐步提升自己的成就感和追求欲望。

2. 提高专业技能和综合能力，增强职业竞争力

员工通过合理地规划自己的职业生涯，接受组织提供的职业发展指导，能够提高自我管理的能力，在一定程度上追求新的知识和提高工作技能，从而增强自己的职业竞争能力。

3. 增加个人满意度，自我实现

随着时代的发展，职业对于个人的重要性日益增加。人们日益渴望更高质量的职业生存和生活条件。良好的职业生涯规划，能够满足个人对于社会和组织的归属需要、尊重需要和自我实现的需要，提高生活和工作的质量，进而增强个人的工作满意度。

4. 整理职业生活

良好的职业生涯规划有利于员工平衡职业和生活的关系。员工的职业生涯规划是服务于职业生涯目标的。职业生涯规划能够促进员工个人的职业期待、家庭关系和其他生活目标与职业生涯目标形成一个平衡的载体。

二、员工个人职业生涯管理中的角色

员工个人职业生涯发展过程中，员工个人、家人、下属、同事、管理人员、人力资源管理部门、高层管理者和相关的外部专家都会参与其中，并扮演一定的角色，发挥各自的作用。[①]

1. 员工个人

职业生涯管理涉及多主体，首先，对员工职业生涯规划负主要责任的是员工本人，因为只有员工清楚自己的情况和对于职业的需求与期待。一般而言，员工在进行职业生涯规划和管理时，需要做到如下几点：第一，主动与上级和同事沟通，获得自身优势和劣势的信息反馈。第二，明确自身的职业生涯发展阶段和职业开发的需求。第三，了解组织中存在的学习机会。第四，与组织内外的工作群体进行接触和交流。第四，确定自己的职业生涯发展方向和职业目标。

但是个人可能会受对自身非理性的认知以及不成熟的择业观念等因素影响，制

274

---

① 李燕萍. 培训与发展 [M]. 北京：北京大学出版社，2007.

订错误的职业生涯规划，也难以有效地对职业生涯进行管理，所以管理者和组织需要通过各种措施来帮助员工制订职业生涯规划。

2. 管理人员

管理人员在推进员工的职业生涯规划方面发挥着重要作用，通常来说，管理人员与员工接触频率高，能够给予员工最丰富的信息，为员工的职业生涯规划与发展提供必要的在职辅导、沟通系统、咨询、职业建议，对员工的职业生涯规划进行评价和意见反馈，同时，提供职位空缺、培训课程和其他职业开发机会等方面的信息。员工的主管或上级应当帮助员工处理好职业发展中的问题，在员工职业生涯的各个阶段，上级要承担起教练、评估者、顾问和推荐人的角色。在早期的职业生涯管理中，员工需要了解自己的工作是否满足顾客的需求，处于职业生涯管理中期和晚期的员工则需要从上级那里听取有关工作调换和职业发展路径选择的建议和意见。

在实践中，很多管理者没有意识到帮助员工制订职业生涯规划是自己责任的一部分，为了避免类似的问题，组织应制订相应的培训计划，引起管理人员在这方面的充分重视。

3. 人力资源部门

人力资源部门是员工职业生涯管理的主要组织者、协调者，有义务为员工提供培训与开发信息。并在新的职位出现和老的职位被淘汰时，向员工提供岗位信息，同时人力资源部门还应该提供专业服务，如对员工的价值观、兴趣、技能、职业偏好等进行测评，帮助员工做好职业选择与职业确定的准备。

275

4. 组织

组织应当为员工提供职业生涯规划与发展所必需的资源，改善组织环境，培育鼓励职业生涯发展和学习成果转化的企业文化，促进员工职业生涯规划的制订和获得职业长期稳定的发展。企业可以通过举办职业生涯研讨会、编制职业生涯规划工作手册、对员工的职业生涯规划系统进行监管等服务项目来帮助员工做好职业生涯管理。

有效地进行职业生涯管理需要各方面的有效配合，个人和管理者的共同合作以适应组织目标是做好职业生涯管理的基础。在最优情况下，员工、管理者和组织都应该在规划、引导和开发员工的职业生涯方面有所作为，在职业生涯管理的过程中扮演不同的角色，发挥不同的作用，表10-2分别展示了员工个人、直接上司、人力资源部门管理者、组织的不同角色，并将管理人员分为直接上司和人力资源部门管理者两部分。

表 10-2　职业生涯管理中的不同角色

主体	角色任务
个人	承担管理自己职业生涯的责任 评定自己的职业兴趣、技能和价值观 寻找各种职业发展信息和资源 制定目标和职业发展规划 充分利用发展机会 与上司和管理者讨论自己的职业生涯 制订合适的职业生涯规划
直接上司	在职辅导 咨询与沟通 获取职业路径信息 提供定期的业绩反馈
人力资源部门管理者	提供职业信息与建议 提供专业服务（咨询、测试、研讨） 安排发展机会和提供支持 参与职业生涯开发讨论 支持员工发展计划
组织	组织沟通，制定政策和程序 提供培训和开发机会 提供职业生涯信息和职业生涯方案 提供不同的职业生涯选择 培育能支持职业生涯管理的组织文化

三、员工个人职业生涯管理的活动

1. 制订个人职业生涯规划

员工个人职业生涯规划是职业生涯管理活动中的核心部分，员工职业生涯规划的制订包括员工评估、现实审查、设定职业目标、制订行动规划和评估、反馈与修正 5 方面的内容。如图 10-2 所示。

图 10-2　员工职业生涯规划步骤

职业生涯规划的第一个阶段是员工评估，这一阶段的主要任务是员工主动，或者在外界的帮助下确定自己的兴趣、价值观、资质及行为取向。主要包括员工自我评价、组织对员工的评价和环境分析三项工作。常用的评估手段是人格测验，例如16 种人格因素测验、艾森克人格问卷以及爱德华个性偏好测验等。企业可以聘请专门的咨询人员帮助员工实施心理测验评估，并提供测验结果的解释，也可以指导员工个人自主进行一些简单的心理测试。企业的管理人员应为员工的评价提供绩效信息和指导，判断员工的优势、劣势、兴趣和价值观，把目前的情况和期望之间进行比较，确定开发需求。

职业生涯规划的第二个阶段是现实审查，这一阶段需要管理者与员工进行互动。在这一过程中，员工获得各方面对自身技能和知识所做出的评价，以及自身状况是否与公司规划相符合等方面的信息。上级管理者则需要对员工做绩效评价，和员工共同进行职业开发讨论来分析员工的潜能，确定员工开发的需求重点，并判断这种开发的现实性，力求员工的职业计划与组织的职业计划相匹配。

职业生涯规划的第三个阶段是设定职业目标，这一阶段员工需要根据评估的结果来确定他们的短期和长期职业目标，职业目标的设定是个人职业发展的关键。这些目标通常与期望的职位、完成工作任务需要应用的技能水平、新技能的获得联系在一起。为确保员工的职业发展目标既具有可行性又富有挑战性，员工的职业发展目标需由员工与其上级主管讨论后共同确定，并制订员工的职业开发计划。

职业生涯规划的第四个阶段是制订行动规划，这一阶段员工需要制订具体可行的计划并采取相应的行动，组织应为员工实现其职业生涯目标提供所需的资源，如参加培训课程、研讨会、信息交流、职位晋升等各种职业开发机会。需要注意的是，开发方法的选择取决于需求以及开发的目标。

277

职业生涯规划的第五个阶段是评估、反馈与修正。这个阶段主要包括两项评估内容：一是实施职业发展策略与行动计划后，个人职业发展状况的评估，定期对员工的工作能力、绩效、进步和不足进行评估，及时校正误差，促使员工职业生涯的有效发展。二是指对实施中的职业发展规划的评估，及时修正规划的目标、策略、行动、方法等中的不切实际的部分，进一步完善职业生涯规划。

职业生涯规划的评估和修正，架设了企业发展战略及员工职业目标之间的桥梁。企业在了解了员工的自我评价与职业目标之类的信息后，就可以全盘规划和调整人力资源。当企业未来的人力资源需求与某些员工的职业目标和个人条件大体一致时，企业就可以事先安排这些员工接触这些工作，也可以根据未来职位的要求安排有关员工进行相关的培训，以便做好承担此项工作的任职准备。

2. 实施个人职业生涯规划

制订出一个完善的职业生涯规划以后，还需要员工自己或者企业督促员工严格按照计划执行。实施职业生涯规划有以下 3 种策略。[①]

第一，自我展示策略。员工应当向管理者展示自己的发展愿望以及自己的能

① 颜世富. 培训与开发［M］. 北京：北京师范大学出版社，2007.

力。自我展示的内容包括员工的职业理想和实际工作表现两方面。员工个人需要注意的是，首先，应如实地向上司反映自己的情况；其次，根据上司的个性特征选择适当的方式；最后，在展示自我时，以展示自己的客观表现为主。

第二，注重关系策略。员工个人需要处理好与掌握发展资源者的关系，获得有利于职业目标实现的资源，尽快实现职业目标。如果个人既有能力也有成绩，同时还能适当注意关系的运用，更加有利于发挥个人潜力，实现自我价值。

第三，继续学习策略。员工应当参与与职业发展目标相关的学习活动，包括接受学历教育，自学有关的专业杂志和书籍，参加有关的职业培训与开发活动等。个人可根据自己的经济状况、精力，适当选择适合自己的培训方法。

3. 个人职业生涯管理的测量

我国学者龙立荣（2002）编制了"自我职业生涯管理"测量问卷，旨在帮助员工个人从不同阶段的各个维度对已经发生的员工个人职业生涯管理活动进行测量和评价。主要包括职业探索、制定目标、继续学习、自我展示和注重关系 5 个分量表。职业探索，即不是将现在的职业看成是最理想的职业，积极地寻找或探索其他有利于自我实现的职业，并参加与职业理想有关的活动。制定目标，即有近期和远期的职业发展目标，并根据此目标和自己的实际，确定实现目标的具体计划和实现职业目标的手段和途径。继续学习，即从事与职业发展目标相关的学习活动，包括接受学历教育、自学有关的专业杂志和书籍、参加有关的职业培训等。自我展示，即向上级领导展示自己的才能，汇报自己的工作成绩及职业发展愿望。注重关系，即重视与上级或同事之间的关系。

在实施个人职业生涯规划以后，员工需要对自己从事职业生涯管理活动的情况，从"非常不符合"到"非常符合"采用 4 点量表法进行评价。总分越高代表个人所从事的职业生涯管理活动越多、总分越低代表个人所从事的职业生涯管理活动越少，见表 10-3。

表 10-3　自我职业生涯管理问卷（部分）

说明：请您根据题目的描述在多大程度上符合您的实际情况进行评级并在对应的数字上打"√"，"1"代表非常不符合，"2"代表不太符合，"3"代表比较符合，"4"代表"非常符合"。

分量表	题目	评分			
职业探索	我试图尝试新工作	1	2	3	4
	我试图尝试不同职业	1	2	3	4
	我积极寻找理想的工作	1	2	3	4

续表10-3

分量表	题目	评分			
制定目标	我确定了长远的职业目标	1	2	3	4
	我制定了实现职业目标的策略	1	2	3	4
	我制订了职业发展规划	1	2	3	4
继续学习	我注重培养与工作有关的技能	1	2	3	4
	我培养与职业目标有关的能力	1	2	3	4
	我经常阅读专业书籍	1	2	3	4
自我展示	我让上级知道我的工作成绩	1	2	3	4
	我让上级知道我想要做的工作	1	2	3	4
	我让上级知道我的职业目标	1	2	3	4
注重关系	我提升时能得到很多人帮助	1	2	3	4
	我建立了信息渠道以了解本单位的用人信息	1	2	3	4
	我与本单位有重要影响的人交往	1	2	3	4

第四节　组织职业生涯管理

职业生涯管理始终是满足个人和组织需要，促成组织目标和个人目标实现的互动的过程，因此，组织需要做好在职业生涯管理任务并配合员工的个人职业生涯管理来满足彼此的需求。

一、组织职业生涯管理的目标

1. 员工的组织化

员工的组织化即员工融入组织并成为合格员工的过程。在这一过程中个人要实现对职业岗位的适应、组织文化的适应和职业心理的转换。组织则要把没有职业阅历或者有其他单位职业经历的新招聘人员塑造成为基本符合本企业需要的员工。

2. 协调组织与员工的关系

组织由从上到下的各层级的一个个员工组成。组织与员工之间的关系能否协调至关重要。协调组织和员工的关系一般说来即是使员工个人利益和组织目标相一致，使员工的个人能力和潜能得到较大的发挥，努力为组织工作，实现组织与个人的"双赢"。推行职业规划是协调组织与员工关系并使组织目标和员工目标达到统一的重要途径。

3. 为员工提供发展机会

人力资源是一种能动性的资源，具有巨大的开发潜力。通过职业生涯规划可以使组织更加了解和科学合理地开发员工的潜能，在组织正常发展的情况下实行职业生涯规划和管理措施应当尽量考虑员工的个人意愿，为员工提供发展机会，这也是组织发挥员工主动精神的重要手段。

4. 促进组织事业的发展

通过提高员工的综合素质，进而提高组织的效益和应对外部变化的能力是实现职业生涯规划的目的，根本目的是要促进组织的发展。要做到这一点，必须依靠组织中各方面人员的努力，包括领导者、各层次的管理者和员工们的团结协作。

二、组织职业生涯管理的内容

组织职业生涯管理是从组织角度出发，向员工提供组织的职业需求信息、职业提升路线及策略、培训与开发活动，使员工能够不断地满足组织需求的人力资源活动，这一活动帮助组织了解内部的资源储备。总的来说，组织职业生涯管理的内容一般可分为常规管理和延伸管理两个方面，具体内容见表10-3。

组织的职业生涯管理活动与员工所处的职业生涯阶段紧密相关，例如在员工新入职时帮助员工制订职业生涯规划、明确职业目标等；入职后，提供给员工有挑战性的初始工作帮助其尽快适应工作内容和工作环境；在员工入职一段时间以后，提供培训与开发课程，帮助员工获得技术上的进步和职业发展。

表 10-3　组织职业生涯管理

类别	内容	描述与示例
常规管理	设定职业生涯目标	在进行个人评估、组织评估和环境评估的基础上，由组织内的部门负责人或人力资源部负责人与员工个人共同商议设定
	帮助新人尽快度过职业适应期	为了帮助新人尽快度过适应期，组织可以在招聘时将有关工作内容和工作环境尽可能多地展现给应聘者，管理人员多给新员工提出希望和给予信任，提供具有挑战性的初始工作，同时进行一些心理疏导等
	及时评估绩效	组织通过评估发现员工个人工作绩效好或绩效差的原因是什么，并根据原因有针对性地进行反馈和调整
	轮岗与升迁	建立和完善员工的轮岗与升迁制度，研究开辟多种升迁渠道，如行政管理系列、技术职务系列、实职领导岗位、非领导岗位
	提供培训机会	制订一个与职业生涯计划相配套的培训计划
	修改职业生涯计划	当社会环境等各方面因素不断变化，员工出现不适应时，组织要为员工个人修改职业生涯计划提供机会和帮助
延伸管理	关注员工健康	给员工提供有利于健康的工作环境，关心员工因心理紧张或压力所造成的各种疾病，帮助员工进行健康教育和心理调适
	协助处理员工工作与生活的矛盾	组织要经常了解员工的家庭生活状况，分析员工工作与家庭生活的矛盾，并进行相应的协调管理。同时也要制定相关政策，帮助员工及时处理家庭生活中有关问题
	帮助下岗员工实现再就业	组织可以在员工离开单位之际，帮助其设计再就业方案，或者向其提供再就业培训，或和其他有关部门建立合作就业机制等。表明如果条件允许，随时欢迎员工回来
	员工退休管理	帮助员工进行退休前的准备，诸如心理适应、老年健康和联谊等；关注已经退休的员工，给他们提供发挥余热的机会或返聘

三、组织职业生涯发展通道管理

1. 组织职业生涯发展通道的内涵

组织职业生涯发展通道指组织为内部员工设计的自我认知、成长和晋升的管理方案，指明了组织内员工可能的发展方向和发展机会，组织内每一个员工都可沿着本组织制定的发展通道变换工作岗位。具体来说，组织职业生涯发展通道指个体在一个组织中所经历的一系列结构化的职位。① 企业设立相应的发展通道，有助于为员工的职业生涯发展提供具体的可行路径，从而满足企业的需要。

（1）组织职业生涯发展通道的宽度。

根据组织类型和工作需要的不同，职业生涯通道可分为宽职业生涯通道和窄职业生涯通道。前者要求员工在多个职能部门、多个工作环境轮换工作，适应对员工高度综合能力的要求；后者要求员工在有限的职能部门和工作环境工作，适应对员工有限专业经验和能力的要求。

（2）组织职业生涯发展通道的速度。

根据员工能力和业绩的不同，职业生涯通道的设计有快慢之分。正常晋升和破格晋升都要做到有公司政策依据。设置快速职业生涯通道的前提是公司不会长久地将具备较高素质和能力的员工安排在同其条件不相称的工作岗位上。因此，职业生涯通道的建立可能导致公司在招聘和晋升中对员工的差别对待。

（3）组织职业生涯发展通道的长度。

根据组织规模和工作复杂程度的需要不同，职业生涯通道有长短之分。职业生涯通道中的等级在 4 级及以下的是短通道，在 10 级以上的是长通道。在 5～10 级之间的是中等长度的职业生涯通道。组织职业生涯通道的长短对雇员的发展和潜力的发挥具有重要影响。

282

2. 组织职业生涯发展通道设计

按照职业生涯发展的形式可将职业生涯通道设计为单通道模式、双通道模式和多通道模式。建立职业发展的双通道（Dual Career Paths），对于成功实施员工职业生涯发展是非常重要和有效的。具体指企业组织同时建立包括管理类、专业技术类双重路径的职业发展通道。② 职业发展的双通道如图 10-3 所示。

① 金延平. 人员培训与开发 [M]. 辽宁：东北财经大学出版社，2006.

② 张伟强. 关于企业组织发展与员工职业生涯发展 [J]. 科学学与科学技术管理，2006（01）：103-106.

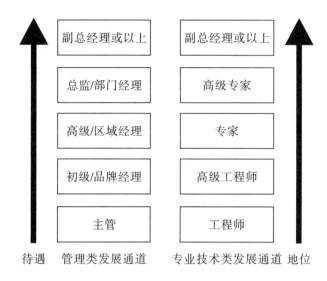

图 10—3 职业发展的双重通道

建立职业发展的双通道的必要性在于：第一，基于员工能力和个性的客观差异导致的不同职业定位。第二，组织内管理类、专业技术类岗位工作的特性存在根本差异。第三，基于组织的持续发展，需要保留并激励一大批的优秀员工包括专业技术人员，组织的持续发展不仅需要一批出色的经理人员，而且需要一大批优秀的专业技术人员专家乃至科学家。

建立职业发展的双通道需要组织建立起同等的地位重要性和同等的劳动报酬待遇机制，需要在不同职业通道的同等层级之间，建立报酬、地位、称谓等方面的一定的对应关系，使每一类别的出色员工，都能找到适合自己的职业发展路径。此外，不少企业基于业务和多元化的员工队伍正尝试建立职业发展的三通道或四通道模式。

目前，随着职业范围的扩大，单一技术通道可分为多个技术通道，双通道模式也就演变为多通道模式。

四、企业培训开发与组织职业生涯管理的整合实施方略

企业设计的培训与开发的主要内容需要针对个人不同职业生涯发展阶段存在的问题和任务来制定。组织职业生涯发展也需要以组织管理任务为指导来进行规划，培训与开发是管理任务的一项具体工作，员工通过参与培训与开发活动提升自身素质以后能够更有效地完成任务。不难看出，培训开发活动与组织职业生涯管理相辅相成、相互促进，因此，必须将培训与开发任务和职业生涯管理活动有机结合才能发挥最佳，两者得到最佳效果。整合实施方略见表 10—4。

表 10-4　不同职业生涯阶段组织职业生涯管理活动与培训内容的整合①

组织职业发展规划	组织管理任务	个人职业生涯问题	培训的主要内容
招聘引进规划： 组织战略规划 组织结构设计 工作分析 供求预测 人事政策和决策	探索阶段职业管理： 招聘引进 岗前引导 工作分配与安置 组织社会化 达成心理契约	探索阶段职业问题： 职业或工作选择 现实的冲击 学会与人相处 了解和适应组织情况 明确运动方向 初步规划发展路	企业价值观、发展史、文化传统、行为准则、企业目标、产品等；员工报酬及福利；业务知识、技能、管理实务、其他
职业整合规划： 晋升计划 教育培训开发项目 人员调配方案 激励机制	立业阶段职业管理： 职业咨询和督导 职业绩效和潜力评估 晋升 工作轮换与调配 工作再设计及丰富化 增强组织归属感	立业阶段职业问题： 寻找自己的职业锚 决定职业方向 把握发展机遇 兼顾专业与全面发展 决定职业信心	职业生涯规划 晋升培训 岗位资格培训 轮岗、转岗培训 管理人员开发 技能更新 工作—家庭平衡
更新调整规划： 组织变革与再造 激发创新活力	维持阶段职业管理： 工作分析和再设计 清理人力资源存量 继续教育和再学习 开放职位信息系统	维持阶段主要问题： 成为年轻人的良师益友 利用经验优势 达到职业顶峰	职务轮换 短期任职 技能更新 职业咨询 工作—家庭平衡
老年雇员规划： 提前退休计划 退休计划	离职阶段职业管理： 退休咨询 对外安置	离职阶段主要问题： 发挥余热 做好退休准备 继续工作的准备	退休心理调节 日常起居、健康 财政规划、保险、投资 相关法律法规 退休返聘计划

284

复习思考题

1. 影响个人职业生涯规划的因素有哪些？
2. 新兴职业生涯的特点是什么？与传统职业生涯有什么区别。
3. 个人和组织职业生涯管理的目的是什么？有什么不同
4. 简述个人与组织职业生涯管理的联系。
5. 职业生涯管理的实施意义有哪些？
6. 组织职业生涯管理的通道是什么？

① 蒋宁. 试论企业培训与职业生涯管理的实施方略 [J]. 现代管理科学，2006 (12)：3.

案例分析

苹果公司：以员工的自我管理激发创新

苹果公司凭借其出色的产品享誉全球，曾经连续三年成为全球市值最大公司，其建立了专业化的人才培训制度和以创新为导向的苹果公司研究员计划，公司培养最有创意的员工来生产最有创意的产品。"苹果公司研究员"是苹果公司给予电子科学家的最高荣誉，授予那些为苹果公司做出杰出贡献的员工。"苹果公司研究员"不仅仅是一项荣誉，同时也意味着高额的薪酬和大量的股票期权。而且，"苹果公司研究员"拥有自由做事的权利，可以做任何感兴趣的事情，从而最大限度地激发研究员的创造性。通过实施"苹果公司研究员"计划，苹果公司给研发人员提供工作上、生活上的一切便利，因为苹果公司知道，稳住这些技术人员，不让他们跳槽，是苹果公司将来研发新产品的关键。

当苹果公司受到微软、IBM 强烈冲击后，乔布斯并没有因为公司的不景气而裁掉员工，而是更加注重员工的价值，通过大力度的激励将员工利益与公司利益捆绑到一起，凝聚了人心，从而使苹果研发趋于稳定并保持快速发展。苹果有很棒的医疗保险计划，有慷慨的假期安排。员工们工作都很努力，工作之余可以毫无压力地享受自己的生活——这是苹果一直宣示的理念。

1996 年，苹果公司首次在公司的内联网上运行福利登记系统替代了原来繁琐的书面登记系统，向员工提供了高效、准确、交互式的登记办法，此后，苹果公司开始强调员工的自我管理而非依赖人力资源代表进行管理。

这一转变使绝大多数员工逐步养成了习惯，把网站作为主要信息来源和交易场所，并对自己进行福利管理产生了浓厚的兴趣。苹果公司不断推出新的在线应用软件，包括家庭状况变化登记软件、退休计划登记软件等，以强化员工自助操作的软件环境。例如，如果一名员工选择一项成本较低的医疗计划或是改选另一项比较昂贵的医疗计划，他马上就能看到不同医疗计划对其工资薪资的不同影响结果，员工也乐于自己上网选择福利方案以人为本的员工帮助中心。

苹果公司专门设立员工帮助中心来处理员工的日常学习和咨询事宜。员工在工作、学习中碰到了任何问题，都可以随时通过 iPod、iPhone、iPad 向员工帮助中心求助。接到员工的求助信号后，帮助中心将及时做出解答；员工对答复不满意时，可以进一步追问，直到把问题彻底解决为止。为员工的学习、工作、生活带来了极大的便利。

同时，由于员工帮助中心的高效运作，人力资源部的经理终于有比较充裕的时间来进行战略思考和全局规划。另外，员工帮助中心也成为人力资源部新员工的入职培训基地，新员工在帮助中心可以快速学习到人力资源部的日常工作内容。

分析与讨论：

1. 从苹果公司激发员工创新的过程中，有哪些组织职业生涯管理基本内容？

2. 苹果公司鼓励员工自我管理是否意味着组织不应当参与员工的职业生涯管理？怎么寻求员工职业生涯管理中员工与组织发挥影响的平衡点？

3. 苹果公司对于员工自我管理进行职业生涯规划的态度和做法，规模较小的公司是否也适用？

第十一章 互联网时代下的数字化培训

学习目标

了解互联网时代下数字化培训的基本现状

了解数字化培训与传统培训的区别

掌握多媒体培训、以计算机为基础的培训及 E-learning 的应用

了解如何评估数字化培训的有效性

关键概念

数字化培训

多媒体

以计算机为基础的培训

E-Learning 数字化培训有效性

引导案例

"香港涉及三聚氰胺的液态奶产品在内地没有销售，内地销售的产品均经过国家质检部门检验合格，因此我们不会对内地产品退货。"2008 年 9 月，雀巢中国新闻发言人通过电子邮件向《第一财经日报》作出最新回应。这种基于 IT 技术的信息传播使得雀巢公司的所有员工都了解了什么是三聚氰胺，为什么会发生像三鹿、雅士利、伊利、蒙牛等企业部分批次产品被检出三聚氰胺的事件。

雀巢公司既有专门学习公司"游戏规则"的学校，也通过互联网开设电子学习远程网络教育课程。设在公司本部附近的培训机构 IMD，每期都有来自世界各地雀巢分支机构的大约 20 名管理干部接受封闭性训练。而通过互联网的学习，则请一家软件公司专门设计了特别课程，通过网络

迅速向世界各地的员工传授食品工业的专业知识、了解发展动向、交流经验、提高效率和业务能力。

无论是封闭式学习还是电子学习，课程内容都十分丰富。不仅有销售技巧、开发畅销产品等学了马上就能见效——提高营业额的本领，而且还有公司的理念、与同事沟通交流的方法、经营的基本原则等指导性知识。被称为"百分之四先生"（提出每年销售额年增长率要达到4%）的雀巢公司CEO彼特·布拉贝克每个月也必定与学员们交流心得。全球的雀巢员工可通过密码上网，听老师授课，并可通过"在线"学习或"线下"下载授课内容以备以后利用空闲时间学习。每期网上课程都有考核，成绩合格者方可获得该期学习的结业证书。雀巢公司的电子学习远程网络教育课程已在25个地区推出，利用网络参加学习的员工人数增加很快，预计今后几年将有30%的雀巢员工通过电子学习网络接受职业培训和知识更新教育。根据形势的发展，雀巢将继续发展网络教育，增设网上辅导课程，扩大网上授课范围，以满足广大员工参加职业培训的需要。

第一节　互联网时代下数字化培训概述

288

一、数字化培训现状

科学技术的飞速发展给人们的生活带来了深远的影响，也给培训提供了更多的方法和途径，尤其是信息技术的运用。目前用来支持培训的新技术有专家系统、电子会议软件、电子技术系统等。这些技术除了可用来帮助未参加培训的员工了解有关的培训内容外，还可以让员工按照自己的需求来获取有关信息和决策规则。新技术支持下的培训方式有软件培训、光盘培训、虚拟现实培训、网络培训、互动式视频培训等。

在新的培训模式中，受训者在培训时间、地点、进度、途径以及培训内容方面的自我控制程度都大大提高，使自我方向和行为控制形式的个性化培训成为可能。同时，新技术的使用能提供更多的实践与交流机会，并能及时反馈信息，缩小培训环境与工作环境的差异，以提高培训成果的转化率。基于现代技术的培训方法的影响可以说是革命性的，这是对传统培训方法的变革。虽然这些新的培训方法并不能替代传统的培训方法，但是在与传统方法的配合使用中，却对培训的各个方面都产生了深刻的影响，不仅仅是培训方法的改变，在许多时候是对学习理念的革命性影响。

以计算机、多媒体和网络为基础而设计的培训在培训方法中已经占到很高的比例。而且这种增长势头还在继续。在 1995 年，以新技术为基础发展起来的培训占总培训时间的 17％，而到 2000 年占到了 35％。微型计算机的发展是现代培训技术发展的最大促进因素。计算机技术发展早期，由于没有容量足够大的个人计算机，不能很便利地将其运用到学习者身上。这在很大程度上制约了这一培训技术的发展。而现在个人计算机已普及到组织和员工家庭中，加之软件技术和数字技术日新月异的发展，新的培训技术也就应运而生。网络的发展更是催生了一种全新的学习方式，使现代培训技术的发展进入了全新的时代。

我们在这一章将重点讨论以网络为基础发展起来的 E-Learning 方法。

当然新技术、新方法的使用并不是意味着传统方法的终结。相比较起来，信息技术下的新培训方法需要购买大量设备以及硬软件，成本较高。对于资金紧张，信息化程度低，员工多且集中的劳动密集型企业，传统培训方式可能更适合。

二、运用数字化手段培训的特点

1. 以技术为支持基础

新兴技术培训早期应用诸如电视机、电话等视听设备，现在数字化培训则更多地采用如宽带网络、可视会议、计算机联网实验等手段。

2. 跨边界

通过信息技术提供声音、录像和图片将两个或多个学习点连接起来，它超越了传统课堂的边界，使培训和教育成为没有边界的资源，增加了培训和教育的机会。

3. 学习更以学员为中心

给学员提供了更多自我探索和自我学习的机会。如 E-learning 给学员提供了很多相关网址，学员可自己去搜索和获取有用信息。

近年来，随着信息技术的发展，网络技术越来越广泛地应用于企业之中，E-learning 作为一种新的培训方式，得到了飞速的发展。相对来说，E-learning 的概念更广，因为 E-learning 的本意是指在电脑空间（cyberspace）的学习，指应用因特网（Internet）、企业内部网（intranet）、多媒体、远程学习和电子支持系统等技术手段所进行的跨越时间、空间，在不同时间和地点的学习。在一定程度上，E-learning 包容了上面提到的这些概念。

三、区别与比较

1. 数字化培训与传统培训的区别

数字化培训与传统培训的区别见表11-1。

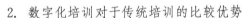

表 11-1　不同培训方式的特点比较

	传统培训	计算机辅助培训	E-learning	多媒体远程培训
跨地域性	无	无	应用地域范围极广	可在几地同时进行
信息流动	双向	通常为单向	通常为单向	多向
组织形式	正规	松散	松散	一定的正规性
安全性	有交通危险	无	无	无
培训内容	会滞后	及时	及时	及时
技术设备要求	低	中	高	极高
对讲师要求	中等	自我学习，教师仅负责回答和咨询	负责回答和咨询	高，同时面对多个培训点和不同培训对象
学员准备性	低	中等	高	高
学员主动性	一般	高	高	高

2. 数字化培训对于传统培训的比较优势

随着多媒体、计算机、互联网等新技术的发展和普及，培训工作也发生了深刻的变化。

首先，新技术使自我学习这种方式成为可能。在当今这个知识经济社会，只有那些具有"持续学习能力"的组织才能在激烈的市场竞争中生存下来，员工的知识需要不断更新，新技术的应用为员工的自我学习创造了便利条件。员工要想提高自身的知识和技能，再也不必脱离工作岗位跑到遥远的地方接受培训，既费时又费力。通过利用新技术，员工完全可以根据自己的需要控制培训的时间和地点，这样就给予员工在学习上更多的自主权。从而既调动了员工的学习积极性，又为企业节省了一大笔差旅食宿费用。

其次，新技术的使用可以使学习和实践活动紧密结合。传统的培训方法，学习和实际常常是分离的。参加培训的员工往往是离开工作岗位来参加学习，而后把在培训过程中所学应用在实际工作中，还需要一个培训成效的转化过程。而在知识经济时代和信息时代，获取手头问题的知识和信息的能力将变得至关重要，所以学习和工作同时进行也就成为亟待解决的问题。新技术的发展给我们提供了这种可能性。通过互联网，员工们可以根据自己的要求来随时获得有关的知识或专家的建议，还可以通过沟通和交换信息解决工作中的实际问题。它甚至可以代替传统的案例分析而直接对当前的实际问题展开讨论，所以培训效果大大提高。

再次，新技术的发展可以使受训者选择自己喜爱的学习方式进行学习。如有些人通过听与说获取信息知识最有效，另一些人则通过画面与图表学习最有效，通过计算机开展的培训（CBT）和多媒体就可以使所有的受训者按照自己的偏好进行选择。

最后，新技术的发展使信息的传递速度大大加快，可以实现电子化培训管理，使培训管理成本大大降低，使资源的利用率大大提高。

3. 数字化培训的应用

实践证明，实行传统培训方式与新技术培训方法结合能取得较好的培训效果。但是，在许多领域里，新技术培训方法已经在某种程度上取代了传统培训方法。如当需要学习操作机械、器具、设备等复杂过程时，虚拟现实最为有效。这些方法实际上是仿真模拟的延伸。当需要学习事实、图表、认知策略（如怎样举行一次有效的会议）及人际交往的能力（如结束交易）时，则最适宜采用光盘、互联网和内部网等培训方法，这些方法是传统培训方法（行为模拟、师带徒）的技术性延伸。

尽管传统培训方式依然有效，但在以下几种情况下，应用新技术培训方法更为有效。一是有充裕的资金来开发和使用某项新技术。二是受训者分布于不同的地域，为此培训的交通费用相当高昂。三是受训者乐于采用网络、个人电脑和光驱等新技术。四是新技术的日益推广是公司的一项经营战略，新技术可以运用于产品制造或服务过程中。五是员工的时间与培训项目日程安排发生冲突。六是现有的培训方法对实践、反馈和评估的实施时间有所限制。

四、未来培训与开发的趋势

1. 新技术在培训中的运用幅度加大

在未来，多媒体、国际互联网和其他新技术的运用将日益广泛。新技术在培训中的作用也会越来越凸显，新技术在培训中的幅度也会越来越大。在未来培训中，新技术开发的费用以及运用新技术培训的费用将会下降，这些新技术可以让培训者把学习环境的许多优点融合于培训之中，同时也会使企业把许多不同地区的员工联系在一起进行集中培训。因而，新技术将会在很大程度上取代部分传统培训方式。

2. 培训部门将加强对智力资本的存储和运用

Lotus 记事本、企业内部网（公司自身的网络系统）等新技术的开发，以及对创建学习型组织的重视，说明公司正在试图通过各种方式来把员工的知识（智力资本）转变为公司的共享资产。培训人员和培训部门还可能要增加某些职能，来管理知识和协调组织学习。

新技术在培训中的广泛运用要求培训者必须充分了解技术，即他们必须了解新技术的优点和弊端，并能有效地处理使用者产生的变革阻力等问题。同时，许多公司还设立了一些新的职位，如知识经理等。知识经理的职责就是挑选有价值的知识并传递给每个员工。

第二节　多媒体在培训中的运用

多媒体培训（Multimedia Training）就是将各种视听辅助设备（或视听媒介，包括文本、图表、动画、录像等）与计算机结合起来进行培训的一种现代技术。随着信息技术的发展，培训工作逐步告别过去单纯的课堂讲授教学方式，跨进多姿多彩的多媒体课堂。多媒体以计算机为基础，使受训者可以用互动的方式接受学习内容。

一、多媒体信息的类型

多媒体信息的类型包括文本、图形、图像、声音、动画、视频影像等。其类型和特点如下。

（1）文本：以文字和各种专用符号表达的信息形式。用文本表达信息给人充分的想象空间，主要用于对知识的描述性表示，如阐述概念、定义、原理以及显示标题、菜单等内容。

（2）图形：又称为矢量图（Vector graghics）。矢量图是用数学方法描述的一系列点、线、弧和其他几何形状，存放这种图使用的格式称为矢量图格式，存储的数据主要是绘制图形的数学描述。特点是存储一幅图形的空间占用小，处理速度快，空间变换方便。采用这种图形方式的软件有 AutoCAD、电子 EDA 辅助设计等。

（3）图像：由若干像素组成，存储这种图的格式称为位图格式，存储的数据是描述像素的数值。

（4）声音：在多媒体信息处理中，根据其内容可分为波形声音、语音和音乐。

（5）动画：利用人的视觉暂留特性，快速播放一系列连续运动变化的图形图像，也包括画面的缩放、旋转、变换、淡入淡出等特殊效果。

（6）视频影像：视频影像具有时序性与丰富的信息内涵，在多媒体中充当重要的角色。

二、多媒体技术的特点

多媒体技术有以下几个主要特点。

（1）多样性：信息载体（表现媒体）和信息媒体（感觉媒体和表示媒体）以多种形式呈现。

（2）集成性：能够对信息进行多通道统一获取、存储、组织与合成。

（3）交互性：是多媒体应用有别于传统信息交流媒体的主要特点之一。传统信息交流媒体只能单向地、被动地传播信息，而多媒体技术则可以实现人对信息的主动选择和控制。

（4）控制性：以计算机为中心，综合处理和控制多媒体信息，并按人的要求以多种媒体形式表现出来，同时作用于人的多种感官。

（5）实时性：当用户给出操作命令时，相应的多媒体信息都能够得到实时动态的控制。

（6）非线性：多媒体技术将借助超文本链接的方法，把内容以更灵活、更具变化的方式呈现给读者。

（7）方便性：用户可以按照自己的需要、兴趣、任务要求、偏爱和认知特点来使用信息，任取图、文、声等信息表现形式。

（8）动态性：用户可以按照自己的目的和认知特征重新组织信息，增加、删除或修改节点，重新建立链接。

三、多媒体培训的特点

多媒体远程培训具有以下特点。

1. 跨地域性

如前所述，远程培训利用现代的信息、通信优势，突破了地域的限制，使得处于不同地区的人能同时学习沟通，共享培训资源，这不能不说是现代科技带来的一个奇迹。与 E-learning 相比，多媒体远程培训已超越了空间的概念，从而免去了受训者的舟车劳顿之苦，也为企业节省了一大笔差旅费。

2. 沟通的多向性

学员和教师如果选择电子邮件或传真的方式，双方的信息传递比口头传递要麻烦得多，互相交流也很难尽兴。在学习过程中很多情况下是单向的沟通，受训者只能从网上下载培训课程，却不能与他人沟通意见和看法，单位时间的信息流量小。

假如没有固定的聊天室，学员由于不知道有谁在参加该培训，只能与教师或有限的几个同事沟通，组织形式过于松散。即使建立了聊天室，也不能保证每位参加培训的学员都上网聊天。

传统的课堂培训是一种双向式的沟通。培训者和学员可在课程当场互通信息，讨论问题，沟通看法。这里的信息从流量和多样性上都高于 E-learning，一个培训班的人都可以共享这些信息。

多媒体远程培训则把双向式沟通发展为多向式沟通，几个培训地点的人可以把各自的观念、问题与大家分享，使得跨地域这一优势进一步得到发挥。在多媒体远程培训中，一个人可了解到其他教学地点的情况，他们的思维方式、处理问题的办法，信息流量比传统教学高出几倍。

3. 及时同步性

这一点主要体现在一些比较大的跨国企业中。通常这类企业会在总部设立培训中心，在传统培训条件下，培训课程从总部向各地推广需要比较长的时间，有时甚至要求员工必须到海外参加培训，因此，各地分支机构的员工接受到相同培训就比较滞后。多媒体远程培训则可以使全球各地的员工同时接受相同的培训。

4. 便捷性

多媒体远程培训由于是跨地区的，使得人们可以不用将很多时间花费在旅途上就可以接受到来自世界其他地方的培训课程，具有便捷性。

美国众多企业已开设了许多远程培训课程，如营销原理、服务性营销、专业化销售、购买者行为、战略营销、基础会计、财务管理、人力资源管理、生产管理等。实际上，任何传统的培训课程经过调整和改进后均能用于远程培训。从我国的情况来看，基于技术的远程培训始于 20 世纪 80 年代初，当时由于"文化大革命"造成的人才断层，急需尽快培养大量人才。为此，采用了以广播电视教学为主的大规模地传递和大规模地接受并加以辅导的传统教学模式。此时，教学研究的重点在于制作了由优秀专家讲授的录像带。这种大规模的教师加媒体的教学传递模式确实为解决当时客观上存在的人才短缺问题起了极大的作用，但是在教学观（目标）上还是因袭传统的教学思想。进入 20 世纪 90 年代，由于以计算机为中心的通信与信息技术的迅速发展，远程培训的传递手段日益多样化，多媒体远程培训也开始在我国教育界和企业界得到广泛应用。

四、多媒体在培训中的运用

多媒体培训使得原来抽象、枯燥的知识变得生动形象，能够更加直观地把培训内容传递给受训者，激发了受训者的学习兴趣和求知欲望，使其更容易接受。这种培训方法将受训者置于"人机"互动的环境中,让受训者通过亲自参与发现问题,系统可以进行及时引导,提供帮助,这就大大加深了受训者对尚未掌握的知识的理解,提高了受训者处理实际问题的能力。最典型的多媒体方式是交互式录像,以计算机为基础时就变成 CD-ROM。

多媒体培训在对员工进行软件和计算机基本应用技能培训时使用频率较高,在进行管理技能和技术技能培训时也有一定程度的应用,多媒体技术与网络的结合更使这一技术获得了快速的增长。制约多媒体技术运用的最大障碍是开发费用。计算机化的多媒体培训教材的开发费用在 2.5 万~25 万美元,而且培训内容难以经常更新。如果通过运用计算机多媒体而获得的节省(主要表现为差旅费、培训师费用)能抵销开发费用,企业才可能进行这种开发。但是,问题是学习内容经常需要更新。这使得开发费用的回收不太容易。另外,计算机多媒体的培训也不是特别适合人际交往能力的培训,尤其是当受训者需要了解、给出微妙的行动暗示或认知过程时更是如此,见表 11-2。

表 11-1 多媒体培训的优缺点

优点	缺点
自我控制进度 培训过程具有互动性 不受地理位置限制 培训内容具有连续性 培训传递方式具有连续性 内置式指导系统 利用多种人体感官 可检测和证实掌握程度 可以不向外人公开	开发成本太高 对某些培训内容不适用 受训者可能缺乏运用新技术的基本知识 不能快速更新 对其效用缺乏统一认识

第三节 以计算机为基础的培训

以计算机为基础的培训(Computer-based Training,CBT)指:首先由计算机给出培训的要求,受训者必须作出回答,然后由计算机分析这些答案,将分析结果反馈给受训者并提出建议的一种互动性培训方式。它包括一系列的互动性录像、计算机硬件、计算机应用程序等设备。以计算机为基础设计的培训与传统的培训比较,最大的优势在于其互动性。而这种互动是学习者自己可以控制的,这不是学习者与培训者的互动,而是学习者与计算机的互动。这就相当于让每个学习者都得到了一位"私人教师",他所获得的反馈是一对一的。学习者可以即时提出问题,而以计算机可以即时给出答案。而以计算机为基础的高级形式，例如智能化的计算机辅助教学（Intelligent Computer－Aided Instruction）还能对学习者回答问题的模式进行智能分析，根据学习者所犯错误的类型提出个性化的学习指导计划。以计算机为基础的培训与传统培训方法比较的第二个好处是学习者在学习过程中真正实现了自我学习，实现了自己对学习过程的控制。计算机培训有助于传授知识，便于受训者进行自我控制和自我强化。受训者能按照自己的速度自行安排培训内容，利用设计好的方案检验自己对于问题的理解，并使受训者能灵活安排培训时间，按照自己的需要随时进行，保证培训具有连续性。这种培训方式可用于指导技术程序和人际交往技能的培训。由于这种培训方式成本低廉，对于规模较小或正处于成长期的企业来说，具有极大的诱惑力。以计算机为基础的培训的优缺点，见表11－3。

表11－3　以计算机为基础的培训的优缺点

优点	缺点
互动 自我控制学习过程 几乎适用于所有的培训工作 常以个人方式进行 提高了培训时间和培训资源的利用率	培训内容在一定程度上受到限制 培训成本非常高 开发难度很大 难以保证受训者切实有效地完成培训内容

296

　　计算机培训的主要形式是计算机辅助教学（Computer－Assisted Instruction，CAI）和智能化的计算机辅助教学（Intelligent Computer－Assisted Instruction，ICAI）。后者是前者的升级发展。

一、计算机辅助教学

　　计算机辅助教学的过程：受训者在特定的软件环境下，通过键盘向计算机提出有关学习项目的请求，计算机接收信息后，通过显示装置向受训者提供其所需要的信息，受训者依此评估自己掌握的程度和了解需要进一步学习的内容。计算机辅助教学软件可以包括各种各样的题目，而且一旦开发出来，成本是很低的。它所包含的内容从基本的阅读和打字，到高级的技术培训、工程设计和机械维护等。有许多软件设计公司专门致力于设计这些软件，因此，可以很方便地在书店或者软件商店购买到。当然，调查显示，如果光碟不是针对企业设计的，材料的有效性就会打折扣。因此，许多公司也可以根据企业的特殊需要为他设计特别的项目。而且，公司自己制作这样的软件也不是很困难的事情。据估计，如果制作一个小时的学习内容，大致会花费2~10个小时。计算机辅助教学软件与多媒体的结合是一大进步。这可以帮助这些学习软件变得更加吸引人。多媒体的平台使学习材料更加生动有趣。由于声音和图像材料常常需要很大容量的储存器，所以，经常被刻录成光碟。例如，AT&T就将过去需要三天完成的导向培训录制到了一张光碟内。通过这张光碟可以解释企业是如何组织的，每个部门之间的关系和任务，一个部门如何与另外一个部门发生关系等。

计算机辅助教学软件比传统的培训方法具有如下优势：第一，具有互动性。它可以根据学习者的水平向他提供不同层次的学习材料。当学习者掌握了一个部分后，才能进入新的部分。计算机辅助教学可以让学习者自己控制速度，从而提高其自我效能。第二，易于"流通"。学习者可以在内部学习系统中获得或者从网络上下载学习材料，而不需要到学习场所。第三，计算机辅助教学本身就带有教学管理功能，能实现指导和教学的管理、记录，自动地将学习者的进度、使用不同材料的情况、学习的成绩和问题记录在案。许多利用计算机辅助教学来开展培训活动的企业发现这是一种能为企业节省不少开支的方法。例如，施乐在利用计算机辅助教学后产生了460万美元的收益；安达信也发现利用光碟替代一个原来需要六周的由培训者指导的项目，使公司在设备、差旅、工资等多方面节省了开支。而同时，却发现学习者学习同样的内容所花费的时间比传统的培训要少。

对计算机辅助教学的批评主要集中在这种方法缺乏人际交流上。这种交流对学习来说是必需的，例如培训者和受训者之间，受训者和受训者之间都需要面对面的交流。而且有的培训，例如人际技能的培训，也必须在人际交流的环境中完成才有效的。另外一种批评指出，计算机辅助教学需要学习者有良好的学习动机，否则，在没有监督的情况下，学习者可能失去学习的动力和积极性。同时，这种方法对学习者的要求也是比较高的，他应该没有使用计算机和网络的障碍，否则，对他来说即使有学习动机也可能不能完成学习任务。

计算机辅助教学包括以下几种形式。

第一，个人练习方式。它的运行过程是：先由受训者掌握某些概念或规则或定理后，由计算机通过一定的程序，向受训者提出有关其所学内容的一系列问题以及某些实例并要求作答，在受训者给出答案后，计算机再给出正确答案，必要时可以做出一定程度的解释，这样不断地强化所有正确的反应，直到受训者达到培训目的为止。这种方式适用于计算机技能的基本训练，语言教学中的基本词汇、语法的掌握，专业基本概念知识的建立，基本规章制度的遵从等。

第二，游戏方式。由于游戏的趣味性能够吸引受训者积极参与，调动他们的学习积极性，因此这种方式已经在实际中得到广泛的应用。尤其对一些原本枯燥乏味的训练内容来说，游戏方式无疑能够收到更好的培训效果。这种方式是通过在计算机上的游戏程序中设计所要培训的内容，然后让受训者在玩游戏的过程中接受培训。值得注意的是，尽管纯娱乐性的游戏具有很大的吸引力，但必须牢记游戏中培养的技能必须与特殊的培训目标相关联。

第三，模拟方式。这里所说的模拟是计算机化的模拟，另外一种对这种方式的说法是虚拟现实（Virtual Reality）。这常常是以计算机为基础开发的三维模拟。通过使用专业设备（佩戴特殊的眼镜和头套）和观看计算机屏幕上的虚拟模型，学习者可以感受到模拟情景中的环境，并与这一环境中的要素，例如设备、操纵器、人物等进行沟通。这一技术还可以刺激学习者的多重感觉。有的设备还具有将环境信息转变为知觉反应的能力。例如，可以通过可视界面、可真实地传递触觉的手套、脚踏和运动平台来创造一个虚拟的环境。利用各种装置，学习者可以将运动指令输入电脑，这些装置就可以让学习者产生身临其境的感觉。

这种方式可以为受训者提供大量的感性经验，模拟真实的生活情景。例如，练习一些不可能亲身体验的培训内容，一些很难做出的教学经验；具有一定危险性并且练习费用昂贵的培训内容等。模拟方式给予受训者在受控制环境中检验各种假设的机会，这样在操作中既不承担现实世界的后果，又不浪费资源。摩托罗拉在高级生产课程上对员工进行寻呼机自动装配设备操作培训时，就采用了虚拟现实的技术。在显示屏上，学习者可以看到实际的工作场所、机器人和装配操作的虚拟世界。他们能听到真实的声音，而且机器设备也能对员工的行动，例如打开开关或者拨号等有所反应。

虚拟现实的优点与一般的非计算机化的虚拟一样，在于它可以使学习者在没有危险的情况下进行那些可能有危险性的操作。研究显示，在工作任务比较复杂或者需要广泛地运用视觉提示的情况下，虚拟现实模拟培训是最有效的。虚拟现实的环境与真实工作的环境没有太大的差异，而且虚拟现实可以让学习者进行连续性的学习，还可以帮助他增强记忆。但是虚拟现实也不是没有缺点的。设备和设计方面的问题都可能使学习者所获得的感觉是错误的，例如空间感是失真的，触觉的反馈不佳，或者感觉和行为反应的时间间隔不真实等，由于学习者的感觉被扭曲，他们可能会出现被称为模拟病的症状，包括恶心、晕眩等，也可能使学习者回到现实工作场景时把握不住真实世界的空间和时间。

第四，考试方式。即由培训者把经过反复论证可用于考试的问题输入计算机中，建立试题库。由受训者在试题库中随机抽取上机答题，然后由计算机根据早已拟订好的标准答案进行评定，确定答题者的不足之处，并安排在下一次培训工作中重点进行解答。

二、智能化的计算机辅助教学

智能化的计算机辅助教学运用了人工智能来进行指导。使用者在自己的界面能与系统进行互动式的沟通。在进入系统后可以进入专家领域，从某个虚拟的专家处获得如何完成任务的信息。专家系统是根据专家多年来对知识、技能和能力的积累开发出来的。专家系统具备某个领域的事实资料、图表和规则的知识库，其还具备决策能力，可以模拟某个专家的推理，并可从事实和图表中获得信息。学习者也可以进入受训者模型领域，通过完成测试来确定自己的水平。在进入培训管理领域时，则可以报告自己的学习行为，汇报学习成绩和结果。系统会自动提供指导，学习者将知道自己下一步应该做什么。而在情景发生器的界面里，则可以对问题的难度进行评价。智能化的计算机辅助教学在灵活性和定量化地测量学习者的绩效方面超越了计算机辅助教学。一般的计算机辅助教学可以让学习者从几个水平的学习材料中选择一个适合自己水平的材料，例如初级、中级和高级。而智能化的计算机辅助教学却可以做到在学习前对受训者进行测试。根据学习者对计算机所问问题的回答错误程度来确定学习者的能力。智能化的计算机辅助教学，更像是给学习者请了一位电子化的"老师"。这个老师会帮助学习者提供个性化的学习建议，鼓励他进行学习实践，通过测验来刺激学习者的学习动机和好奇心。对于具有创造性的学习者来说，这种方法能提供个别的指导。训练可以让受训者在人造的环境中灵活地运用技能。更好的智能化计算机辅助教学甚至允许学习者自己开发培训项目的内容。

智能化的计算机辅助教学项目比一般的计算机辅助教学项目开发起来更难，也没有那么多可供选择的项目。但是，智能化计算机辅助教学的潜力是巨大的。对于技术培训和高级技能的培训，这是最有效的方式。例如，我们可以在这样的系统中训练学习者对高度复杂的系统（例如航天器）进行维修。这一系统之所以有效，是因为它能将某些特殊领域的专家多年积累的知识、技能、能力，尤其是经验智能化。

智能化计算机辅助教学的发展得益于人工智能技术的发展。这一技术能将人的思考过程固化成程序，输入计算机。人工智能技术使智能化计算机辅助教学的前景一片光明。这一技术使计算机能用自然化的语言与学习者交流，也加深了对学习者的了解，而且计算机还可以从学习者那里学习到东西，对系统进行自我改进。考虑到现代计算机科学的飞速发展，无论硬件还是软件；无论人工智能技术还是知识工程（研究如何设计和组织信息以更有效地将知识呈现出来的新兴学科）的发展，都可以使我们大胆地预期，智能化的计算机辅助教学将在不远的将来获得全新的发展。当然，这也离不开我们下面将要讨论的网络技术的发展。

第四节　E-Learning

从 20 世纪末到 21 世纪初的第三次科技革命是以信息技术（Information Technology，IT）为核心，包括了微电子、通信、电子计算机、人工智能、光导、光电子等一系列高科技的大发展。互联网的出现与奇迹般的发展第一次将全世界连接在一起，把人类社会带入了一个全新的数字化文明时代。正如荷兰学者德普雷和蒂森所说的那样，我们正跨入一个由零主宰的时代，在传统经济中，零代表无意义；在知识经济中，零代表一切。以网络为显著特征的零空间，空间共享，摧毁了所有分割行业、市场和地域的界限。人们开始用"E-"构词法来描述和交流未来生活的情境，如 E-Commerce，E-Business 等，正是在这样的背景之下，E-Learning 得以兴起和发展，这是人类学习方式、观念转变的最重要的标志之一。

中国对其的翻译目前主要有这样几种：网络学习、电子学习、数字学习和在线学习等。每一种翻译都从各自不同角度表现了 E-Learning 的特点，我们不对其作出具体区分，笼统称之为 E-Learning。

在 E-Learning 的实践过程中可能出现两种倾向：其一是已经引入了 E-Learning 技术和资源，而人们的学习观念仍停留在传统学习阶段，或者仅仅是将传统学习资料放置在网上，便认为这就是 E-Learning。其二是认为 E-Learning 无非就是利用了网络技术的一些优势，除此之外，并没有什么特殊之处。造成这种现象的最主要原因在于人们对于 E-Learning 的概念或者实践价值缺乏清晰了解。因此，在国外相关研究基础上总结和介绍 E-Learning 的概念及实践价值对于避免这些倾向进而研究、实施 E-Learning 是非常必要的。

一、E-Learning 概念

广义的 E-Leaning 是指运用电子技术进行的学习行为，包括通过所有电子媒介（如因特网、内部网、外部网、卫星广播、视听录像带、互动电视、CD-ROM）发送教学。从这种意义上来说，E-Learning 已经有三十多年的历史了。

目前的 E-Learning 解释主要是指狭义的 E-Learning，狭义的 E-Learning 概念大约是在 1998 年提出来的，根据 Fryer 的观点，以网络为基础的学习有三种类型：桌面指导（Desktop Tutor），在线课堂（Online Class）和超交互模式（Ultra Interactive Model）。该观点将狭义的 E-Learning 与以网络为基础的学习对等。而 Roffe 却认为这种分类和术语没有被普遍采纳，网络为基础的学习仅是第一种类型。Whitlock（2000）指出只有"E-Leaning"才能涵盖所有三个分类的术语。从该角度来说狭义的 E-Learning 与以网络为基础的学习并不完全相同。

E-Leaning 的理论内涵突出地表现在这几方面：①E-Learning 利用现代网络技术手段传送，分配信息、知识给学习者；②在 E-Leaning 条件下信息、知识能得以及时更新，学习者的自主作用得到充分体现，学习的随时、随地和随意性都得以增强，是现代条件下的自我学习方式与网络技术结合的典范；③在 E-Learning 条件下，技术条件很重要，信息技术只是一种工具和手段，所能改变的只是知识交换的渠道和储存系统。若是人们不重视对新技术的运用，则技术本身既无法创造知识，也不能保证或促进知识的形成或共享；④E-Learning 的真谛在于学习本身以及通过学习产生的巨大变革。正如 Alexander（2003）的研究发现，仅仅依靠应用信息技术本身并不改善学习，新技术的应用通常被认为是技术改革，但是真正的改革在于学习和教师的指导活动以及培训教育组织的理念的变革；⑤这给我们理解 E-Learning 时指明了方向，即 E-Learning 时需要相应的技术，但最重要的并不是 E-技术，而是学习观念和思想的变化。

二、E-Learning 的实践价值

据统计，作为 E-Learning 发祥地的美国，通过网络进行学习的人数正以每年 300％以上的速度增长。1999 年，已经有超过 7000 万美国人通过 E-Learning 方式获得知识和工作技能、技巧，超过 60％的企业通过 E-Learning 方式进行员工的培训和继续教育。据美国培训与开发协（ASTD，2001）预测，到 2010 年，雇员人数超过 500 人的公司 90％都将采用 E-Learning 培训，E-Learning 正成为知识经济时代的正确选择。人们对 E-Leaning 的认识也逐步加深。权威的 Taylor Nelson Sofresd 对北美的市场调查表明，有 94％的机构认识到了 E-Learning 的重要性，有 85％的公司准备继续增加对 E-Learning 的投入，而 54％的公司已经或预备应用 E-Learning 来学习职业与商务技能，雇员在 1000 人以上的公司 62.7％都实施了 E-Learning。E-Learning 的现在应用以及未来的可能应用充分说明了 E-Learning 的价值及潜力。我们在学习理论内涵以及相关组织实践基础上进行总结。认为 E-Learning 的实践价值主要表现在其成本—效率、服务特点、速度特点以及可持续性方面，也正是由于这些方面使得 E-Learning 在企业实践中得以广泛应用。

首先，E-Learning 的成本—效率表现在干相对于传统的非 E-Learning 来说，E-Learning 少了一些花费项目，例如不需要花费旅途、课堂指导、管理控制等相关费用；减少传统培训时所需的教室等资源；免除因员工流失而增加培训资源于新

员工之上，使现有培训资源能得以充分利用。尽管 E−Learning 在其他资源和设施方面的投资较大（如网络建设和电脑等设施），是传统学习投资的 1~3 倍，但由于在信息交互方面节省较多，大多数情况下，在 E−Learning 方面的最初投资在第一年内就可收回成本。其实，相对于传统学习来说，E−Learning 资金节约的最大部分不是授课成本或差旅成本和生活成本，而是机会成本。例如当雇员接受传统培训时，其工作岗位可能由其他人代替，或空缺，此时，个人的生产力是零。而在 E−Learning中，员工学习的随时随地性减少了其离开岗位的可能性。更重要的是，E−Learning 的随时随地性和规模可变性，使人们可以在任何时间、任何地点执行 E−Learning 计划，学习人数增多也不需要追加成本和时间，对于大量学习者，平均每个人所需要的学习成本较低。

其次，E−Learning 的成本—效率特点还表现在能促进知识及时更新、单位产品成本降低和个人平均学习成本降低等方面。E−Learning 能使员工更好、更快地接受新知识，进而满足时代发展、技术更新、企业变革和市场多变的需要，提高知识更新频率。由于 E−Learning 的个性化设计，学习者可以按其自己的特点安排学习进度，跳读自己知道的材料。而不会像传统学习那样可能由于知识、信息的过时导致延误知识传授、占用更多成本；也减少因知识、技能过时使产品生产效率降低或服务水平下降、顾客忠诚度降低、市场份额下降而导致企业利润受损的可能性。E−Learning 发送的学习方法对于提高员工学习能力和知识应用能力具有更好的促进作用，从而能使员工终身受益，正所谓"授人以鱼，不如授人以渔"，有利于员工终身学习，在企业中易形成持久的学习曲线，即在生产过程中，产品的单位成本随企业通过学习、积累知识和经验而降低。

根据 Training Magazine 的数据，那些实施了 E−Learning 的公司可以节约 40%~50% 的培训费用，员工用于学习的时间可以压缩 40%~60%，学习效率反而更高。从 1999 年 8 月起，思科就把 80% 的内部培训内容用网上培训的方式实现，结果节省了 60% 的培训开销。

E−Learning 的服务特点。在服务提供方面，E−Learning 与营销服务一样，具有无形性、不可分性，除此之外，还具有特殊性。

（一）IE−Learning 服务是因变量和自变量的结合

一般情况下，E−Learning 服务不会轻易变化。而当外部因素变化时，E−Learning会及时更新以满足柔性要求，如在知识、内容、信息更新的条件下，E−Learning 的服务会顺应要求及时现代化；或者，企业内外部环境变化，企业组织结构变革，基本战略变化，企业文化变革等情况下，E−Learning 计划需要重新开发和制订。否则，发送的学习信息都是一致的，不会因个人的意志而变化。但是由于 E－Learning 方式的应用，将影响员工的培训、开发方式，因此对于企业培训来说，E－Learning 又是自变量。

（二）lE－Learning 服务的柔性

lE－Learning 服务的柔性主要表现在以下几个方面：服务信息的更新、提供、反馈、共享的及时性；服务的空间虚拟和时间的弹性，跨越空间，不受时间地点的制约；服务内容的一般性与特殊性，不受学习者个人特点的限制，将一致化和定制化相结合，使服务对象扩大化；服务对象的自主性，即对服务信息、内容、时间、地点、学习过程的自我选择和自我管理。

（三）lE－Learning 服务的不易消失性

E－Learning 内容信息通过网络提供，虚拟空间存有 E－Leaming 的信息内容，是智力资本（信息和已掌握的能力）的储存场所，只要企业员工通过互联网或内部网就能得到提供的服务。而且，员工可以通过其他资源，与其他受训者一起分享信息，并将自身知识和对培训的感悟储存到数据库中，从而为其他雇员提供帮助。

（四）lE－Learning 服务的可利用性

虽然网络空间是虚拟的，E－Learning 对于需要的人员具有可利用性，而且是很容易利用、很方便，使学习者能随时随地进行学习。但其前提应该是 E－Learning 的质量，包括辅助设施，如果设备过时，如低速的调制解调器，或者基础设施不可靠，其服务的可利用性将受到影响。

E－Learning 的速度特点：第一，开发速度快。E－Learning 初创和运行快。第二，交互速度快。借助互联网成内部网的优势。E－Learning 内容、信息能快速发送给每个需要其内容的人。在相同数量信息方面所花费的时间比传统学习少 25%～60%。全业学习者只需要利用手边的计算机上网即能进行学习。第三，转变速度快。E－Learning 随着企业内外环境的变化，或知识信息更新，应分配新信息或修改信息的需要而转变的速度快，也即能及时更新内容，满足现代化的要求，这也是 E－Learning 最基本的标准之一。

（五）lE－Learning 的可持续性

E－Learning 成为一种学习形式，逐渐形成自身的教育体系，成为企业投资于教育的楷模。其持续性的特点表现在能促进员工持续学习上。

（六）lE－Learning 的全员性

在 E－Learning 条件下，充分利用互联网和内部网等现代技术于学习过程，人们可以在不同地点，甚至不同时间解决同一难题，共享信息，提高雇员参与率。

（七）lE-Learning 的重复性

员工可以重复学习（overlearning）新技术、新知识，了解整个生产或服务过程及各部门之间的关系，提高系统理解力，同时不断革新并输送高质量的产品及服务，提高创新能力，有利于延长学习者保持知识、技能或行为方式的时间。

（八）lE-Learning 的适应性

第一，防止知识过时，努力培育适应时代要求和企业要求的新人，以适应时代发展、环境的变化，适应社会需求；第二，学习者在 E-Leaning 中的自主性保证了学习目标与自身行动的紧密相关性，也保证了个人发展和企业发展的相互适应性；第三，信息一致化和定制化使学习计划、方法和内容适应学习者的具体要求和组织的创新目标。

（九）lE-Learning 的超前性

学习者信息的及时反馈和内外环境变化信息的及时收集和处理，成为开发 E-Leaning 计划和预测未来学习要求的基础，可以更好地针对组织和个人的发展现状和可能出现的问愿，进行具有针对性、预见性和超前性的培训开发，为企业准备好足够的人力资本和必需的人力资本，为个人职业生涯发展和企业持续发展作出贡献。

当然，E-Learning 也并不是十全十美的，也存在一些不足之处，比如不是所有的学习都能通过电子发送，尤其是当学习者需要了解或给出微妙的行为暗示或认知过程时更是如此，这样限制了 E-Learning 的使用。确定什么地方运用 E-Learning 和什么地方不适合 E-Learning 是最重要的决策之一。而且对员工的自我管理和控制、自我效能要求高。同时对于学习者来说往往存在判断的问题（problem of judgment），伦理的问题（problem of ethics）和距离的问题（problem of distance）。因此，在理解和实施 E-Learning 时需要充分认识到其优点和不足。发扬其好的方面，克服其不利之处。E-Learning 的不足之处也隐含了一层意思，即在这些方面也需要通过传统学习来弥补，而不能完全抛弃传统学习。

虽然广义的 E-Learning 方法，如基于电视会议、CD-ROM 也在中国企业得到了应用，但目前通行的 E-Learning 概念对于中国企业来说还是比较生疏和新颖的。而中国企业引入 E-Learning 却有比较好的氛围。就宏观方面来说，"科教兴国"战略的实施，"素质教育"的大力推行，为 E-Learning 的兴起创造了良好的社会环境；电信技术的迅猛发展，网络的普及为中国的 E-Learning 提供了坚实的技术基础。因此，中国企业引入和实践 E－Learning 的前提是在于对其的正确理解。

三、E－Learning 的影响

（一）改变了学习者的认知过程

文本、图形、图像、音频、视频等媒体手段的合理应用，使学习内容有形、有声、有色，具有很强的直观性，能够引导学习者直接认识事物的发展规律和本质属性。

（二）充分实现了个性化学习

在互联网上，每一位学习者都可以根据自己的学习特点，在自己方便的时间从互联网上自由地选择适合的学习资源，按照适合于自己的方式和速度进行学习。在 E－Learning 方式下，学习可以不由教师来督促完成，而是能够根据学习者的兴趣和自我的督促能力被自我定制。通过网络，学习者得到多元化的资信，接触到更多的专业知识，只要课程架构完整，内容兼具深度及广度，便可以不必再顾虑工作繁忙、家庭责任、时间紧等让自己难以分身的状况。另外，基于网络的培训，彻底打破了时空的限制，只要在空闲时候，连上网络，便可自由自在地学习线上提供的各式各样适合自己的课程，方便员工从不同的侧面提高自己的综合素质，为自身的职业发展奠定良好的基础，从而提高公司的业绩，并加强员工队伍的稳定性和人力资源的储备。

305

（三）提高了学习者的学习效率

互联网有很多提升学习效率的工具软件，善用搜索引擎就能大大提升学习的效率。传统的线上学习都是必须要靠着专属的桌上型电脑与宽频网络来达成，但是现在 E－Learning 则快速结合 PDA 科技，使网络上的内容信息可通过 PDA（掌上设备）科技数位的运用，随时随地自网络撷取新知，虽然目前仍需借由线路进行传输，但笔记本型电脑与 PDA 间已可通过红外线传输进行资料撷取。未来在宽频以及无线技术趋于成熟后，企业当中专业的教育训练知识传递等，都可凭借无线宽频的传输，适时到达关键人物手中。越轻便的设备，越能改善学习教材的可用性，方便学习者在任何地方、任何时候接受学习的指导。而且指导者或监督者可以随时随地经由网络，了解储存在资料库中学习者的行为模式以及学习成果。信息化则会为有效提升学习者学习效果提供了有效的计划和决策制定。

（四）降低了企业的培训成本

现在，许多基础工作均需要专精的技能，传统的管理领域已经迅速成为电子商务应用的领域。至少，大部分的员工都必须学会基础计算机技能，连接网络，使用基本的应用软件来完成日常工作。E－Learning 下，企业利用网络的开放性，将教材数字化之后放在网络上，有心学习或有需要的员工便可以进行资料下载、研读，不必受制于时间和空间。E－Learning 方式，使企业通过更广泛的集成、标准化和信息服务外包来降低成本，如此企业将可节省可观的培训成本，而且在教材设计与课程管理方面更为方便。同时，网络培训在一定程度上减少了甚至避免了传统培训所必需的差旅费、住宿费以及误工费等，从而大大降低了培训成本。

（五）学习效果显著，大大提升了组织整体培训效能

E－Learning 所具有的流程固化性、可追索性、可跟踪性、互动性、及时性等技术优势，可以使培训前评估、培训中、培训后行为转化以及高度承诺的管理实践之间产生良性高效的互动协同。同时，方便、高效的网络培训方式使不同知识背景和工作经验的员工统一在相对一致的知识和技能层面成为可能，有利于在企业内部形成一种健康向上的、统一的企业文化，增强企业凝聚力。另外，由于 E－Learning 所涉及的培训内容可以统一规划，覆盖面广泛，组织中的每一个学习者都可获得相应的培训，因此可以大大提升组织整体培训效能。

四、E－Learning 的学习策略

事实上，能充分利用互联网的强大功能进行学习已成为现代人的一个重要标志。当把 E－Learning 作为行动贯彻时，学习者必须要掌握 E－Learning 的学习策略。由于 E－Learning 改变了人们学习知识和获取新技能的方式，因此它的学习策略跟学习者个人的知识管理能力和发展水平密切相关。而在掌握学习策略的过程中，首先要掌握的技能就是管理和规划：规划学习任务、学习的时间安排，管理学习资信来源、学习的内容，挖掘数据的信息内涵，等等。下面，我们就从文件管理、资信管理和知识创新管理三方面来介绍。

（一）文件内容的管理

E－Learning 最基本的策略就是要进行文件管理。进行文件管理有多种方式，最简单的方式就是通过文件夹管理磁盘文档，还可以用专门的软件工具进行数据库层面的文件内容管理。进行磁盘文件管理首先要根据自己的实际业务需要，建立不

同类别的文件夹。文件夹名称易于辨认，分类基本不重叠，这样就能够对已有的内容进行快速查找，在需要的时候能够及时访问，提高资料的利用效率。

（二）信息的管理

如果说文件内容管理的是已经定型的数据内容，那么信息的管理就是管理正在发生发展中的信息。这类数据的管理主要涉及个人通信簿管理、邮件内容管理、收藏夹管理。通信簿管理就是管理自己的人际网络。有人说学会学习或知识管理是"you know who，who do what"，由此可见对人际网络信息管理的重要性。而邮件管理就是要管理人际交往中的通信信息，根据自己的应用便捷程度，对邮件进行分类、标志、备份等，使其容易提取和查询。在信息管理中，还有就是对收藏夹的管理。收藏夹通常用来存放一些网站地址，为了提升收藏夹的管理和利用效率，目前有很多的收藏夹管理优化软件，提供更多更实用的功能，如生成网页、便于共享等。如在社会性软件（Social Software）发展的一款中，出现了共享书签（http：//del. icio. us/）软件。

（三）知识创新的管理

307

进行文件内容管理、信息管理，其最终目的就是为了知识的应用和创新服务。知识的创新工作不是一蹴而就的，而是需要时间的酝酿，很多的思考和想法需要不断的发展，才能最终成形和迸射出火花。知识的创新还要有集思广益和分享的环境及氛围，因此为了促进知识的创新，需要对学习者个体的思想进行管理，并能通过这样的管理促进其与外界的交流分享，形成能够不断产生知识创新的实践社团。如利用 blog 以 E 化个人的工作笔记，通过 wiki 进行协同创作。总之，对于E-Learning，强调的就是要在行为的习惯中融入学会学习的理念，并善用各种学习资源，提升学习者的学习能力，进而应用到企业中去，引领企业走向具有应变能力的学习型组织来面对瞬息万变的市场。

五、运用 E-Learning 应注意的问题

（一）需求评估

（1）确认网络学习和企业经营需要之间的联系。

（2）说服管理层投资。

（3）确保员工有机会运用网络技术。

（4）向信息技术专家咨询系统需求。

（5）确认具体的培训需求（知识、技能、能力、行为）。

（二）设计与方法

（1）结合学习原则（实践、反馈，有意义的资料，吸引学员主动参与，激发多种感官兴趣）。

（2）保持学习模块简短。

（3）根据网络宽带设计课程或增加网络带宽。

（4）避免使用插件。

（5）允许学员开展合作。

（6）考虑采取混合指导法。

（7）使用游戏和仿真模拟，以增强学员的兴趣。

（8）合理组织学习材料。

（三）评估

（1）确保学员和管理者共同承担完成课程和学习的责任。

（2）在大规模开展网络学习前，开展一次正规的评估（试验性测试）。

（3）企业在做 E-Learning 项目评估时，建议用项目收益率取代投资回报率（ROI），因为用项目收益率时，凡是用到 E-Learning 的培训项目，节约的资金和覆盖的学员都是可以明确计算出来的。

308

第五节　数字化培训的有效性

由于应用新兴技术的培训和传统的培训在很多方面有所不同，人们非常想知道这种以技术为载体的培训是否有效以及哪些因素会影响应用新兴技术的培训的有效性。一些学者在这方面进行了研究。

一、对应用新兴技术的培训的有效性研究的回顾

应用新兴技术的培训有效性的研究，可追溯到对利用视觉、听觉等辅助手段进行的远程教育和学习的研究。早在 1939 年就有学者对远程教育进行了研究，20 世纪 60 年代，一些学者对上百个比较应用技术的远程课程和传统的课堂教学的研究进行了回顾。早期的研究着重于将远程教育与传统的面对面的教育方式进行比较，其关注点是在远程教育条件下，学员的学业成绩会有何不同。学员的学业成绩往往

被当作教学有效性的一个关键指标。这方面的研究有比较一致的结果，认为如果这类课程或培训设计得好的话，学员的学业成绩和传统的面授没有差异或只有很小的差异。早期研究中另外一些是关于远程教育的方法的，这类研究关注的是这些方法的相对优点，从而为获得预期效果提供建议。早期研究的另外一个发现是，在远程教育中，学员会感觉到和老师或其他学员的互动与传统课堂相比相对不足。在一项研究中，当问及学员"如果可以选择，远程课程或者面授课程你会选择哪个"时，大多数学员选择后者。这个结果反映出虽然在学业成就上远程学习和传统的面授并没有太大的差异，但远程学习可能在其他方面如互动上存在不足。最近的研究认为，多媒体技术的应用事实上增加了老师和学员之间以及学员之间沟通的机会，对过去远程课程的互动不足是一种改进。但在实际应用中，如何把这种技术的先进性与人的因素结合起来，使应用新兴技术的培训更有效，仍然是一个值得探索的课题。

二、应用新兴技术的培训有效性的评估

一些学者认为，对远程培训的研究应该超越仅仅把学业成绩作为课程和学习的质量的指标。韦伯斯特（Webster，1997）根据莱德纳和贾维帕斯（Leidner and Jarvenpa's，1995）提出的学习结果分类标准，认为以技术为基础的远程学习的结果（有效性）可以扩展为学员的投入和参与、认知投入、技术自我效能感、对使用的技术的态度、技术的有用性、对以技术为媒介的远程学习的态度及远程学习的优势和不足。他们所做的研究提供了一个更宽泛的以技术为基础的远程学习的研究框架。研究发现，技术的可靠性与学习结果中的对技术的态度、技术有用性及对远程学习的态度正相关；技术的质量与学习结果中的技术自我效能感、对技术的态度、对远程学习的态度及远程学习的优势正相关；研究也发现，学员觉得远程学习技术的媒体丰富性比传统的面对面的教学要差；在远程学习中，互动式的教学方式与学员的投入和参与、认知投入、对技术和远程学习的态度等学习结果正相关；在远程学习中，同伴的态度与投入和参与、认知投入及对远程学习的态度有关。研究还表明，远程学习结果的有效性与教员对技术的掌握、对远程学习的态度有关。

有关远程学习的另外一个新近研究是由康奈尔大学和上海交通大学联合进行的对多媒体国际人力资源管理远程课程的研究（Cavanaugh，Milkovich and Tang，1999，2000）。该研究以由美国、中国、委内瑞拉和斯洛文尼亚四个国家的学员和经理人员参加的一个基于可视会议、课程网站、电子邮件等多媒体手段的国际人力资源管理远程课程为基础，探讨人的因素（自我效能感、学员和教师对技术的使用）、技术特征（技术可靠性）和学习环境（学员对多媒体学习的态度，所知觉到

的"连接性")与多媒体培训有效性（一般有效性、特定有效性、学习有效性）的关系。该研究系统地探讨了在多媒体学习中人和技术的因素以及它们的相互作用对采用多媒体技术的远程学习有效性的效应，并且从多个方面考察了学习有效性。研究用问卷调查的方法，对学员进行了前测和后测。研究发现，后测的技术效能感与有效性反应显著相关；技术的使用与部分有效性指标（一般与特定有效性）显著相关，技术可靠性与所有有效性指标显著相关。同时研究还发现，技术自我效能感与多媒体学习团队之间有相互作用，这种相互作用对有效性反应有影响。该研究还探讨了过去几乎没有人实证研究过的"连接性"，即学员知觉到的和主课堂（教师所在地）之间的联系程度，发现连接性知觉与有效性指标显著相关，而且这种连接性知觉受到技术使用和技术可靠性的影响。综合上述，可以认为应用新兴技术的培训的有效性比一般传统培训的有效性在评估指标和影响因素上更为复杂。可以用图11-1来说明应用新兴技术的培训的有效性模型。

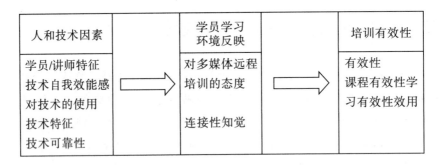

图11-1　应用新技术进行培训的有效性模型

上述人和技术因素中，探讨比较多的是自我效能感。自我效能感最初源自班杜拉的社会认知理论（Bandura，1977，1978，1986，1989）。班杜拉认为，以往理论和研究主要集中于人们知识获取和行为的反应类型方面，却忽视了这些知识和行为之间相互作用的过程。他用自我效能感这个概念来反映个体对自己在某一水平完成某一任务能力的判断。"一个人对其完成特定工作或任务的一种信念"，简言之，即个体对自己能够完成任务的能力的信心。它并不着重考虑人们所拥有的技能，而注重人们对用这些技能能做什么的判断。

自班杜拉提出自我效能感的概念后，在组织行为研究领域中，自我效能感已受到广泛关注。大量的结果表明人们对能力的知觉或自我信念是成就获得中最主要的中介结构（Druckman and Bjork，1994）。自我效能感的研究有非常一致的结论。如自我效能感与工作绩效有关（Gist，1992）。研究表明，那些认为他们能胜任某项任务的人往往比那些认为自己不能胜任或会失败的人要做得好。研究认为自我效能感和学习成就、培训反应和培训后的绩效、问题解决以及对新技术的适应有关。

自我效能感的作用表现在三个方面：一是人们的自我效能感影响其行为选择，人们倾向于回避那些超过其能力的工作环境，而愿意承担那些能够干好的任务；二是人们对自我效能感的判断直接影响其努力程度和坚持性，自我效能感越强者会越努力，并越能坚持下去，以更大的努力去迎接挑战；三是自我效能感影响人们的思维模式和情感反应模式。自我效能感低的人在与环境相互作用时，会过多地想到个人的不足，并且高估潜在的困难，自我效能感高的人则把注意力和努力集中于组织与工作的要求。

由于应用新兴技术的培训对学员提出了更高的要求，因此可以预想，那些具有较高自我效能感的学员会对这些新型的学习任务更有信心，也比较能够坚持下去。这里我们用技术自我效能感这样的概念来更好地体现应用新兴技术的培训的"基于技术"的特点，这里技术自我效能感指学员对自己应用技术来进行学习的能力的看法。在上面提到的这些研究中，均发现技术自我效能感会影响人们对多媒体远程培训有效性的看法和实际培训效果。

复习思考题

1. 互联网时代下常用的数字化培训技术有哪些？与传统培训有何区别？
2. 传统培训与数字化培训在实际应用中应如何选择？
3. 多媒体培训有什么优点和缺点？
4. 计算机辅助教学如何实施？
5. E-Learning 培训的特点是什么？
6. 可以从哪些方面评估数字化培训是否有效？

311

案例分析

优秀的企业必须有优秀的员工队伍来支撑，而优秀的员工队伍离不开有效的培训机制。对此神州数码人力资源总监深有体会，并一直在不断改善神州数码的培训系统。"员工的技能是企业效益的保证。企业如果没有一整套连续的员工培训计划，是无法保证企业长远发展的。因此，对于神州数码来说，我们必须持之以恒地坚持对员工的培训和教育，保证员工知识的常学常新，这就是我们建立 E-Learning 在线培训系统的原因。"神州数码人力资源总监如是说。

E-Learning 系统选定 Lotus 平台

从 2002 年开始在"IT 服务中国"的口号下，神州数码加快了向服务转型的力度。公司战略转型对员工技能提出了新的要求。神州数码的办公软件一直沿用 IBM 的 Lotus，员工非常习惯使用这套软件。这个软件包里的 LearningSpace 模块包括了 E-Learning 系统，自然 LearningSpace 就成为首选。

2002 年年底，在神州数码确立了基于 Lotus 的 E-Learning 系统的方案。方案建立在 IBM 的 Lotus LearningSpace 系统和 Domimo 系统组合的在线培训系统解决方案之上，利用 Lotus 系列产品的良好协调性，通过 IearningSpace 在 Web 端建立在线培训系统，通过 Notes 应用将 Domino 邮件系统通信录中的人员导入在线系统作为学员，通过 Notes 应用建立申请、审核系统，从而很好地解决了在线培训的一系列问题，为企业建立高效的在线培训提供了一套完整、成熟的在线培训（E-Learning）解决方案。

2003 年下半年，在线培训系统开始试运行。由于培训系统和 Lotus 紧密集成，员工非常容易地接受了这个系统。从 2004 年年初开始，系统已经正式开始使用。目前 E-Learning 系统开设了 13 门课程，以基础知识为主，不少员工已经习惯通过这个系统来"充电"，特别是和所从事的工作密切相关的一些课程更是备受青睐。

远程培训和面对面一个也不能少

神州数码人力资源总监介绍说，为了保证 E-Learning 系统的培训效果，最初神州数码曾经制订了一个奖惩计划，要求每个员工必须修完一定学分，但在执行时发现，那些学分比较多的往往是整天在办公室的人，而那些在外出差较多的员工，修完学分很困难。不得已才改变思路，从满足员工的学习需求着手，一方面千方百计地寻找与员工工作密切相关的课程，和岗位结合起来，让员工在线学习相关的基本理论，然后在应用中消化。另一方面还和面对面的交流结合起来，在进行面对面的有老师辅导的课程之前，将相关课程放到 E-Learning 上，供员工学习。这样，既提高了员工学习的积极性，也保证课堂式教学的效果。

神州数码专门负责 E-Learning 系统管理的培训主管表示，在企业实施E-Learning培训的优点在于成本低、互动性好、不受时间和地域限制，可以为员工提供更多的选择，很适合像神州数码这样分公司较多，员工在外时间比较长的企业，但是，企业也决不能把员工的培训都建立在 E-Learning 基础之上，比较好的办法，是能够将两者结合起来，利用 E-Learning 为课堂式的教学打下基础，配合课堂式的培训来为员工答疑解惑，只有这样才能收到比较好的效果。

（案例来源：计算机世界）

分析与讨论：

1. 神州数码第一阶段培训为何效果欠佳?

2. 神州数码使用了什么培训方式和技术?

3. 神州数码的数字化培训具体起到了那些作用?

参考文献

[1] 石金涛,唐宁玉. 培训与开发 [M]. 5 版. 北京：中国人民大学出版社，2021.

[2] 颜世富. 培训与开发 [M]. 北京：北京师范大学出版社，2007.

[3] 袁声莉，刘莹. 培训与开发 [M]. 北京：科学出版社，2012.

[4] 大卫·D. 迪布瓦. 胜任力 [M]. 北京：北京大学出版社，2005.

[5] 薛琴. 胜任力及相关概念辨析 [J]. 商场现代化，2008 (3)：277－278.

[6] 叶茂林，杜瀛. 胜任特征研究方法综述 [J]. 湖南师范大学教育科学学报，2006，5 (4)：101－104.

[7] 德西蒙·RL，沃纳·JN，哈里斯·DM. 人力资源开发 [M]. 3 版. 北京：清华大学出版社. 2003.

[8] 斯旺森·RA，霍尔顿·EF. 人力资源开发 [M]. 王晓晖，译. 北京：清华大学出版社. 2008.

[9] 诺埃，R. A.，徐芳. 雇员培训与开发. 北京：中国人民大学出版社，2007.

[10] 石金涛. 培训与开发 [M]. 2 版. 北京：中国人民大学出版社，2009.

[11] 赵曙明. 人员培训与开发——理论、方法、工具、实务 [M]. 北京：人民邮电出版社，2014.

[12] 刘建荣. 个人及组织因素对企业培训效果影响的理论与实证研究 [D]. 上海：华东师范大学，2005.

[13] 史娜. 人力资源培训与开发实用教程 [M]. 北京：北京邮电大学出版社，2014.

[14] 李前兵，周昌伟. 员工培训与开发 [M]. 南京：东南大学出版社，2013.

[15] 金延平. 人员培训与开发 [M]. 5 版. 沈阳：东北财经大学出版社，2019.

[16] 杨生斌. 培训与开发 [M]. 西安：西安交通大学出版社，2006.

[17] 王希华. 现代学习理论评析 [M]. 北京：开明出版社，2003.

[18] 唐宁玉，刘帮成. 知识经济时代企业培训的最新发展趋势 [J]. 商业研究，2003 (13)：62－64.

[19] 曹思明. 员工培训与企业人力资源发展的新趋势分析 [J]. 人力资源管理，

2015 (08)：16.

[20] 梁艳. 员工培训与企业人力资源发展的新趋势分析 [J]. 企业改革与管理，2014 (20)：70.

[21] 吕国芳. 员工培训与企业人力资源发展的新趋势分析 [J]. 当代经济，2013 (08)：54-55.

[22] 苟晓霞. 21 世纪我国企业管理培训内容、方式和方法的改革 [J]. 甘肃社会科学，2001 (01)：91-92.

[23] 金延平. 人员培训与开发 [M]. 沈阳：东北财经大学出版社，2006.

[24] 陈胜军. 培训与开发 提高、融合、绩效与发展 [M]. 北京：中国市场出版社，2010.

[25] 杜跃平，王林雪，等. 员工培训与开发管理 [M]. 西安：西安电子科技大学出版社，2020.

[26] 赵耀. 员工培训与开发 [M]. 北京：首都经济贸易大学出版社，2012.

[27] 李燕萍. 培训与开发 [M]. 北京：北京大学出版社，2007.

[28] 胡欣，袁秋菊. 培训与开发 [M]. 重庆：重庆大学出版社，2017.

[29] 王保中. 本真学习的构想 兼议代表性典型学习理论 [M]. 哈尔滨：哈尔滨出版社，2021.

[30] 张奇. 学习理论 [M]. 武汉：湖北教育出版社，1999.

[31] 路海东，倪牟双. 现代学习理论与学习心理分析 [M]. 天津：天津教育出版社，2017.

[32] 李璐，云年奉. 当代学习理论十三讲 [M]. 北京：中国商业出版社，2016.

[33] 吴国来，张丽华，等. 学习理论的进展 [M]. 天津：天津科学技术出版社，2008.

[34] 石金涛，唐宁玉. 培训与开发 [M]. 北京：中国人民大学出版社，2013.

[35] 王丽莹，潘淑贞. 人力资源培训与开发 [M]. 广州：华南理工大学出版社，2011.

[36] 曲孝民，郗亚坤. 员工培训与开发 [M]. 沈阳：东北财经大学出版社，2009.

[37] 周红云. 员工培训：技术与策略 [M]. 北京：中国劳动社会保障出版社，2013.

[38] 方承武，张迎红. 浅议工作分析 [J]. 安徽工业大学学报（社会科学版），2008，25 (2)：57-58.

[39] timothy t. baldwin, j. kevin ford. transfer of training: a review and directions for future research [J]. Personnel Psychology，1988，41 (1)：

63—105.

[40] Foxon M．Process approach to the transfer of training：part 1：the impact of motivation and supervisor support on transfer maintenance ［J］．Ajet Publications，1993，9（2）：130—143.

[41] 徐芳．培训与开发理论及技术［M］.上海：复旦大学出版社，2005.

[42] 陈丽，谢浩，郑勤华．我国教育现代化视域下终身学习的内涵与价值体系［J］.现代远程教育研究，2022，34（04）：3—11.

[43] 丁桂凤．人力资源开发与管理［M］.北京：中国经济出版社，2016.

[44] 金延平．人员培训与开发［M］.辽宁：东北财经大学出版社，2006.

[45] 张伟强．关于企业组织发展与员工职业生涯发展［J］.科学学与科学技术管理，2006（01）：103—106.

[46] 蒋宁．试论企业培训与职业生涯管理的实施方略［J］.现代管理科学，2006（12）：3.

培训与开发大纲

317

321

第五节　数字化培训的有效性

一、对应用新兴技术的培训的有效性研究的回顾

二、应用新兴技术的培训有效性的评估